VERLAG ANTJE
KUNSTMANN

Sascha Müller-Kraenner

ENERGIESICHERHEIT

Die neue Vermessung der Welt

Verlag Antje Kunstmann

INHALT

EINLEITUNG

WAS IST ENERGIESICHERHEIT?

Was ist Energiesicherheit? Die Bundesregierung und die Europäische Kommission verstehen darunter die Bereitstellung von preisgünstiger, verlässlicher und umweltfreundlicher Energie. Auf diese allgemeine Definition könnte man sich ohne Weiteres einigen. Doch der Teufel steckt wie üblich im Detail. Was eigentlich bedeutet eine verlässliche Energieversorgung? Welchen Preis, sowohl finanziell als auch politisch, sind wir bereit, dafür zu zahlen? Und wie wird sichergestellt, dass beim Zugriff auf Energieressourcen die Belange des Umweltschutzes, aber auch Transparenz, Menschenrechte und Demokratie nicht unter den Tisch fallen? Hierum geht es in der aktuellen politischen Debatte: welcher Weg zu mehr Energiesicherheit der richtige ist.

An der Energiefrage lässt sich aber auch zeigen, wie sich die Außenpolitik im 21. Jahrhundert verändert hat. Bei der Suche nach Öl, Geld und Macht scheint für die edlen Prinzipien des Völkerrechts und für das feinziselierte Instrumentarium der internationalen Diplomatie kein Platz mehr zu sein. Der Kampf um die letzten Ressourcen wird mit harten Bandagen ausgetragen; die Sicherung der nationalen Energieversorgung ist für jedes Land knallharte Realpolitik. Bündnisse werden nicht mit denjenigen geschlossen, die man mag, sondern mit denen, die man braucht. Das vorliegende Buch beschreibt, wie sich die Machtverhältnisse der Welt schon heute entlang der Frage verschieben, wer die verbleibenden Energieressourcen und den Zugang zum Weltmarkt kontrolliert. Es zeigt auf, wie die Politik reagieren muss, um die sich abzeichnenden Ressourcenkonflikte kooperativ und friedlich zu lösen.

Russland, China, die Europäische Union und natürlich die USA sind die vier Hauptakteure, die sich im Großen Spiel des 21. Jahrhunderts gegenüberstehen. Anders als beim »Great Game« des 19. Jahrhunderts, als Russland und England in den Wettlauf um die Kontrolle Zentralasiens traten, handelt es sich heute nicht ausschließlich um ein Ringen um politische und wirtschaftliche Einflusszonen. Es geht auch darum, welche Spielregeln auf den Energiemärkten im Besonderen und in der Welt von morgen im Allgemeinen gelten sollen. Dabei stehen sich zwei Philosophien gegenüber: eine neue Großmachtpolitik, wie sie die USA durch die militärische und politische Neuordnung des Nahen Ostens, wie sie Russland und China durch die expansive Politik ihrer staatlichen Energiekonzerne in Afrika und Zentralasien betreiben; oder eine Politik, die – um Ressourcenkonflikte zu entschärfen – auf Klimaschutz, Energieeinsparung, erneuerbare Energien und internationale Kooperation setzt.

Russland hat eine Schlüsselstellung für die zukünftige Energieversorgung Europas und Asiens. Deswegen ist es wichtig, zu verstehen, wohin Russland steuert und wer die Männer sind, die zurzeit im Kreml das Sagen haben. Russlands innenpolitische Entwicklung hat auch Auswirkungen auf sein Verhalten gegenüber seinen Nachbarn und dem Rest der Welt. Wie zu Sowjetzeiten gehen eine immer autokratischere Innen- und eine imperiale Außenpolitik Hand in Hand. Dabei setzt die neue russische Großmachtpolitik auf die Macht von Gazprom, nicht auf die Waffen der Roten Armee. Die Europäische Union muss sich entscheiden, wie sie mit dem unheimlichen Koloss in ihrer Nachbarschaft umgehen will. Wird Russland zum strategischen Partner, wie es in den wohllautenden Erklärungen europäischer Gipfeltreffen immer heißt, oder wächst im Osten ein Konkurrent und Gegner heran, gegen den Europa sich politisch und wirtschaftlich rüsten muss?

Auch für China und Indien, die beiden aufstrebenden Mächte des 21. Jahrhunderts, gehören Energie- und Außenpolitik eng zusammen. Die Region und ihr dynamisches Wirtschaftswachstum sind höchst abhängig von Energieimporten, sowohl aus dem Nahen Osten als auch aus Russland und Zentralasien. Die asiatischen Schwellenländer und ihre Ökonomien reagieren deshalb auf Krisen und Kriege in diesen Regionen höchst empfindlich.

Die meisten Öl- und Gasvorkommen in der Region selbst liegen unter dem Meeresspiegel. Die Oberhoheit über diese Gebiete ist heiß umkämpft und sorgt dafür, dass die Spannungen zwischen China und seinen Nachbarn steigen und regionale Kooperation auf anderen Gebieten erschwert wird. Chinas staatliche Ölkonzerne drängen zudem mit hoher Aggressivität auf den Weltmarkt, ohne Rücksicht auf Umweltprobleme und Menschenrechte zu nehmen.

Die Europäische Union ist die größte Wirtschaftsmacht der Welt, verfolgt aber bisher keine eigenständige Energiepolitik. Ohne eine gemeinsame europäische Energiepolitik kann es aber auch keine überzeugende EU-Außenpolitik geben. Sonst bleibt die EU in einer zentralen ökonomischen Überlebensfrage erpressbar. Da Europa auf absehbare Zeit von Energieexporten aus seiner südlichen und östlichen Nachbarschaft abhängig sein wird, darf die gemeinsame Energiepolitik sich nicht auf die EU im engeren Sinne beschränken, sondern muss die angrenzenden Länder Osteuropas sowie des Nahen und Mittleren Ostens einbeziehen. Entscheidend dabei ist das Verhältnis der EU zu Russland. So wie Russland den Doppelkontinent Eurasien geografisch verbindet, so verknüpfen der Energietransport und Handel Eurasien nicht nur wirtschaftlich, sondern zunehmend auch politisch miteinander. Weitere Schlüsselländer sind dabei die Ukraine, die Türkei und die Staaten des südlichen Kaukasus. Sie dienen als politische Brücke und Transitländer für den Energieimport in die EU. Deshalb müssen diese Länder politisch und wirtschaftlich stärker an die EU herangeführt werden.

Europas Energiepolitik muss aber auch Alternativen zu der wachsenden Abhängigkeit von Energieimporten aus seinen Nachbarregionen entwickeln. Dazu gehört, die Energieeffizienz der europäischen Wirtschaft weiter zu verbessern und die Führungsrolle des alten Kontinents bei den erneuerbaren Energien weiter auszubauen.

Auf der Suche nach den letzten Öl- und Gasvorkommen des Planeten geraten sowohl Umwelt als auch Demokratie unter Druck. In der Arktis, auf den Weltmeeren, in tropischen und nordischen Wäldern wird bisher unberührte Natur durch den Rohstoffabbau bedroht. Für den Transport von Öl und Gas werden neue Schneisen durch Gebirge, Eis und Wälder geschlagen. Giftige Abfälle und Unfälle bedrohen einheimische Tier- und Pflanzenarten und entziehen der einheimischen Land- und Jagdwirtschaft damit die Grundlage. Die Menschen vor Ort werden meist nicht gefragt, wenn das Energieministerium aus der Hauptstadt oder der multinationale Ölkonzern aus dem Ausland bei ihnen bauen und investieren.

Wo das Öl regiert, kommt die lokale Mitbestimmung meist zu kurz. Die Verletzung von Menschenrechten und die Störung traditioneller Lebensweisen der einheimischen Bevölkerung führen zu sozialen Konflikten und politischer Instabilität. Die Interessenvertretungen indigener Völker und internationale Umweltverbände werden bei ihrem Versuch, der Kolonisierung der letzten Naturparadiese durch die internationalen Energiekonzerne Einhalt zu gebieten, von den Regierungen oft alleingelassen.

Wenn das Zeitalter der fossilen Energien wirklich zu Ende geht, stellt sich – vielleicht schneller als gedacht – die Frage, was danach kommt. Nicht jeder Tropfen Öl, nicht jeder Kubikmeter Gas und nicht alle Kohle werden noch gefördert werden. Natürliche Herausforderungen und politische Krisen machen die Erschließung der verbleibenden fossilen Ressourcen schwieriger und teurer. Gerade die Ärmsten der Welt sind deshalb die Hauptbetroffenen. Sie werden ihre Öl- und Gasrechnung in Zukunft schlicht nicht mehr bezahlen können. Deswegen sucht die Energiewirtschaft mit Hochdruck nach Alternativen. Dabei stehen sich zwei Strategien diametral gegenüber: der verstärkte Ausbau der Atomenergie, eventuell ergänzt durch futuristische Fusionsreaktoren, einerseits sowie eine anspruchsvolle Klimaschutzpolitik, die auf Energieeinsparung und erneuerbare Energien setzt, andererseits. Im Zeitalter des internationalen Terrorismus steigt jedoch auch die Sorge vor der nuklearen Proliferation. Nicht nur aus umwelt-, sondern auch aus sicherheitspolitischer Sicht gehört den erneuerbaren Energien deshalb die Zukunft.

Doch die Wende »Weg vom Öl« erfordert nicht nur entsprechende betriebswirtschaftliche Weichenstellungen der einzelnen Energieunternehmen sowie eine volkswirtschaftliche Entscheidung jedes Staates über seinen Energiemix; sie kann letztendlich nur durch internationale Kooperation geleistet werden: durch eine internationale Energiediplomatie.

Die Menschheit steht vor der Alternative, ob die Entscheidung über ihre gemeinsame Energiezukunft friedlich fällt oder ob in naher Zukunft Ressourcenkriege drohen. Das Gefüge völkerrechtlicher Verträge und Institutionen, die den Bereich der internationalen Energiepolitik regeln, ist jedoch noch lückenhaft. Eine neue Weltumweltorganisation und eine Agentur zur Förderung erneuerbarer Energien könnten etablierte Einrichtungen wie die Internationale Energieagentur ersetzen.

Wie sieht also eine weltweite Energiepolitik aus, in der nicht das Recht des Stärkeren, sondern die Stärke des Rechts regiert? Wie können knapper werdende Ressourcen gemeinsam bewirtschaftet und Ressourcenkriege abgewendet werden? Wie kann verhindert werden, dass beim Zugriff auf die letzten Rohstoffe unberührte Naturräume unwiederbringlich zerstört werden? Und wie sieht letztendlich eine internationale Energiepolitik aus, die nicht nur sichere, preiswerte Energie zur Verfügung stellt, sondern auch die Menschheitsfrage des Klimaschutzes beantwortet?

KAPITEL 1

VOR EINER NEUEN ENERGIEKRISE

Die Welt steht vor einer neuen Energiekrise. Im Gegensatz zu den Ölkrisen der siebziger und achtziger Jahre handelt es sich nicht um einen der bekannten zyklischen Preisanstiege, sondern um einen langfristigen Trend zur Ressourcenverknappung, der durch den Eintritt wichtiger Schwellenländer wie Indien und China auf den Weltenergiemarkt hervorgerufen wurde. Den knapper werdenden Vorräten an Öl und Gas steht ein stetig wachsender Bedarf gegenüber. Nur Kohle scheint über einen längeren Zeitraum in ausreichendem Maße vorhanden zu sein. Die Verbrennung aller fossilen Kohlevorräte wäre jedoch eine enorme Umweltbelastung, weil sich dadurch der weltweite Ausstoß des Treibhausgases Kohlendioxid nochmals erhöhen würde. Neben der Energiekrise rückt auch die drohende Klimakrise immer mehr ins Bewusstsein von Politik und Öffentlichkeit. Die ersten Auswirkungen des globalen Klimawandels sind in der Arktis und anderen empfindlichen Ökosystemen schließlich schon heute zu beobachten.

Die sich abzeichnende Energiekrise droht außerdem, die politischen Gewichte auf der Welt zu verschieben. Die verbleibenden Öl- und Gasvorräte konzentrieren sich am Persischen Golf, in Zentralasien und Russland. Für Europa besteht daher die Gefahr, in die Abhängigkeit politisch instabiler und undemokratisch verfasster Länder, der neuen Energiegroßmächte der Zukunft, zu geraten. Wenn es Europa und anderen Ländern aber gelingt, auf erneuerbare Energien zu setzen, können sich auch die Machtverhältnisse im geopolitischen Kräftespiel wieder zu ihren Gunsten ändern.

Business as usual

Die Internationale Energieagentur (IEA) in Paris wurde nach der ersten Ölkrise 1973 gegründet; sie beobachtet die Entwicklung der weltweiten Energiemärkte. Ihr jährlicher World Energy Outlook veröffentlicht regelmäßig erhobene Daten über die Trends des Energieverbrauchs, der Förderung und Preisentwicklung in allen großen Industrie- und Schwellenländern. Ein Blick auf die neuesten von der IEA veröffentlichten Zahlen lohnt sich, um zu verstehen, welche dramatischen Entwicklungen sich in den weltweiten Energiemärkten abzeichnen und welche politischen Herausforderungen darin liegen.

Im World Energy Outlook 2005 hat die IEA ein Szenario für den Zeitraum von 2005 bis 2030 erstellt. Grundannahme ist, dass die Energiepolitik der großen Industrie- und Schwellenländer sich in diesem Zeitraum nicht wesentlich ändert. Die Amerikaner nennen so etwas »business as usual«, das heißt »die Geschäfte laufen weiter wie bisher«. Bei Fortsetzung der heutigen Trends sowie auf Grundlage der erwarteten Entwicklung der Weltwirtschaft haben die Experten der IEA errechnet, dass der weltweite Energieverbrauch bis 2030 um 50 Prozent ansteigen wird.

Nach diesem Trendszenario wird die Energieversorgung auch 2030 im Wesentlichen auf fossilen Energieträgern beruhen. Der globale Verbrauch von Öl, Gas und Kohle wird demnach weiter zunehmen. Der Hauptteil des Anstiegs erfolgt in den großen Schwellenländern Indien und China. In der Folge wird der Ausstoß des Treibhausgases CO_2 jährlich um 1,6 Prozent ansteigen. Ziel der UN-Klimakonvention, die 1992 auf dem Weltgipfel von Rio verabschiedet wurde, war, diesen Trend bis zum Jahr 2000 umzukehren und den CO_2-Ausstoß unter den Stand von 1990 zu senken. Dieses Ziel ist heute schon nicht mehr zu schaffen. Der Anteil der Kernenergie würde bei Fortsetzung des jetzigen Trends sinken, da derzeit weniger neue Reaktoren geplant als stillgelegt werden. Der Anteil erneuerbarer Energien wie Sonne, Wind, Wasser und Biomasse würde schneller steigen als der aller anderen Energieformen. Da die erneuerbaren Energien ihr Wachstum auf niedrigem Niveau beginnen, würden sie trotz einer hohen jährlichen Steigerungsrate von erwarteten 6,2 Prozent jedoch auch 2030 nur zwei Prozent des gesamten Primärenergiebedarfs decken.

Der jährliche Energiereport des deutschen Bundeswirtschaftsministeriums bestätigt die Zahlen der IEA. Für Deutschland würde demnach bis 2030 der rechnerisch zusammengenommene Anteil der nichtfossilen Energien, also von Atomenergie und erneuerbaren Energien, bei Fortsetzung jetziger Trends, also einem moderaten Ausbau der erneuerbaren Energien bei gleichzeitigem Ausstieg aus der Atomenergie, eher ab- als zunehmen. Der Anteil von Öl und Erdgas am Energiemix würde im gleichen Zeitraum von 59 auf 70 Prozent steigen. Das Wirtschaftsministerium weist außerdem darauf hin, dass die europäische Produktion aus den Öl- und Gasfeldern der Nordsee weiter zurückgehen, also die Importabhängigkeit von Russland und dem Nahen Osten wachsen wird.

Dabei bereitet den Ministerialexperten die politische Entwicklung in beiden Regionen Sorgen. Die politischen Transformationsprozesse in Russland sind noch nicht abgeschlossen. Niemand weiß, ob Russland sich langfristig zu einer stabilen Demokratie und Marktwirtschaft entwickeln wird. Der Nahe Osten ist sicherheitspolitisch die Krisenregion Nummer eins. Eine verlässliche Energieversorgung aus dieser Region ist also nicht sichergestellt. Hinzu kommt, dass bisher weder Russland noch die meisten Golfstaaten Mitglieder der Welthandelsorganisation WTO sind. Im Fall eines Handelskonflikts ist für sie also nicht einmal das Streitschlichtungsinstrumentarium der WTO anwendbar. Das Bundeswirtschaftsministerium prognostiziert deshalb, dass bei wachsender Abhängigkeit von den genannten beiden Exportregionen die Energiesicherheit Deutschlands wohl abnehmen wird.

Insgesamt geht die IEA davon aus, dass die vorhandenen Ressourcen an fossilen Energieträgern ausreichen werden, auch die Weltwirtschaft von 2030 anzutreiben. Die Prognose der IEA ist allerdings mit Unsicherheiten behaftet. Da ihrer Grundannahme zufolge in den kommenden Jahren neue Ölfelder entdeckt und damit weitere Raffineriekapazitäten eröffnet werden, geht sie von einer nur moderaten

Erhöhung des weltweiten Ölpreises – und des daran gekoppelten Gaspreises – aus. Für 2010 prognostizierte sie im Jahr 2005 einen durchschnittlichen Preis von 35 US-Dollar pro Barrel Öl, der bis 2020 auf 37 US-Dollar und bis 2030 auf 39 US-Dollar ansteigen würde. Doch bereits Mitte 2006, während der politischen Krisen im Irak, Iran und Libanon, bewegte sich der Preis pro Barrel knapp unter 80 US-Dollar, war also mehr als doppelt so hoch.

Zu Recht weisen die Experten der IEA darauf hin, dass Naturkatastrophen, politische Krisen und Kriege die Energiesicherheit für die Verbraucherländer erschüttern können, auch wenn die weltweiten Öl-, Gas- oder Kohlevorräte rein mengenmäßig ausreichen. Besonders beunruhigt zeigt sich die IEA jedoch über die wachsende Asymmetrie zwischen wenigen Export- und vielen Konsumentenländern. Insgesamt würde bei Fortsetzung der jetzigen Trends die Abhängigkeit der Welt von einigen öl- und gasexportierenden Ländern, vor allem des Nahen und Mittleren Ostens, dramatisch anwachsen. Für Westeuropa wächst außerdem die Abhängigkeit von Erdgasimporten aus Russland. Westeuropa und Ostasien haben im Vergleich zu dem dritten Pol der industrialisierten Welt, Nordamerika, nur geringe eigene fossile Energievorräte. Neben dem Verlust an Energiesicherheit ist es vor allem der steigende Ausstoß an Treibhausgasen bei ungebremster Verbrennung fossiler Energien, der den Experten der IEA Sorgen macht. In den Schlussfolgerungen des World Energy Outlooks 2005 heißt es deswegen: »Es wird weithin anerkannt, dass der Ausgang dieses Referenzszenarios unerwünscht und nicht nachhaltig ist.«

Peak Oil – das Ende des billigen Erdöls

Ein Gespenst geht um in der Energiebranche. Es nennt sich »Peak Oil« und verkündet das Ende des Ölzeitalters – oder doch zumindest das Ende der Verfügbarkeit eines billigen, scheinbar unerschöpflichen Schmierstoffs für die Weltwirtschaft. In einer Zeitungsanzeige des amerikanischen Ölkonzerns Chevron hieß es unlängst: »Wir haben 125 Jahre gebraucht, um die erste Billion (1.000 Milliarden) Barrel Öl zu verbrauchen. Die nächste Billion werden wir schon in 30 Jahren schaffen.« Gemeint ist damit die Förderung der gesamten Branche, nicht nur der Firma Chevron. Die Frage ist nur, ob die nächste nicht auch die letzte Billion ist. Mit dem Zeitpunkt und den Folgen des Peak Oil beschäftigt sich ein veritabler neuer Wissenschaftszweig. Kjell Aleklett, Physikprofessor an der Universität im schwedischen Uppsala, hat die Association for the Study of Peak Oil and Gas (ASPO) gegründet und beschäftigt sich wissenschaftlich mit diesem Thema. Aleklett veröffentlicht Nachrichten und Zeitungsartikel, die belegen, dass es mit Öl und Gas langsam, aber stetig bergab geht. In seinem Blog www.peakoil.net, einem Diskussionsforum im Internet, diskutieren Geologen, Energiehändler und Ölexplorationsexperten über ihre gemeinsame Sorge, dass das Ende des Ölzeitalter näher sein könnte, als man denkt.

Peak Oil bezeichnet den Zeitpunkt, ab dem die weltweite Gesamtförderung von Rohöl ihren Höhepunkt erreicht hat und anschließend zurückgeht. Nach Angaben der Ölgesellschaft BP reichen die geschätzten Reserven an Rohöl weitere 40 bis 50 Jahre. Seit Anfang der achtziger Jahre wird mehr Öl gefördert als neues gefunden, und die Lücke öffnet sich immer weiter. Auf vielen alten Ölfeldern lohnen sich langfristige Investitionen nicht mehr. Die alten, maroden Förderanlagen und die rostigen Tanker werden deswegen weitergenutzt, bis die Quelle versiegt ist. Dann werden sie, da das Ölzeitalter ohnehin zu Ende geht, verschrottet.

Die Reserven der verschiedenen Hauptförderländer reichen unterschiedlich lange. Während Saudi-Arabien jährlich 1,5 Prozent seiner Reserven fördert, sind es in Afrika drei und in Russland fünf Prozent. Grob gerechnet werden Russlands Ölreserven deshalb in 20 Jahren aufgebraucht sein. Hinzu kommen weitere Ressourcen, die momentan nicht unter wirtschaftlich und technisch vertretbarem Aufwand gefördert werden können. Bei steigenden Ölpreisen kann sich das aber ändern. Schließlich gibt es noch die unkonventionellen Ölquellen wie Ölschiefer und -sande, die erheblich länger reichen würden.

Das üblicherweise zitierte Verhältnis von Reserven und statistischem Verbrauch ist allerdings irreführend, da damit fälschlicherweise suggeriert wird, dass man bis zur Erschöpfung aller Reserven eine konstante Förderung aufrechterhalten könne. Wichtig ist deswegen der Zeitpunkt, ab dem die Förderung abnimmt. Die oben erwähnte ASPO glaubt, dass dieser Zeitpunkt schon 2010 erreicht sein könnte. Die Bundesanstalt für Geowissenschaften rechnet mit dem Peak Oil bis zum Jahr 2025. Spätestens ab dann steht Öl als billiger und scheinbar unerschöpflicher Rohstoff nicht mehr zur Verfügung, und es beginnt die Mangelwirtschaft – oder die Suche nach Alternativen. Wichtigste Folge des Ölmangels jenseits des Peak Oil sind steigende Preise, da das Angebot die Nachfrage nicht mehr befriedigen kann. Nicht alle können diese Preise bezahlen. Sie erleben eine neue Form der Armut, die so genannte »Energiearmut«.

Die verbleibenden Vorräte konzentrieren sich wie gesagt in immer weniger Regionen. Etwa 70 Prozent der konventionellen Erdöl- und 65 Prozent der Erdgasreserven befinden sich in einem relativ eng begrenzten Gebiet. Dieses Gebiet, die sogenannte strategische Ellipse, reicht vom Nahen Osten über den kaspischen Raum bis nach Nordwest-Sibirien. Auf diesen Raum konzentrieren sich deswegen auch die Überlegungen außenpolitischer Strategen in Washington, Moskau oder Peking. Hier findet das Große Spiel (Great Game) um die letzten Ressourcen des fossilen Energiezeitalters statt. Andere Regionen, vor allem das energiearme Europa, geraten in eine immer stärkere Importabhängigkeit, sollte es ihnen nicht gelingen, die fossilen Energien durch erneuerbare Energien zu ersetzen und die Effizienz der Energienutzung drastisch zu erhöhen.

Ein illustratives Beispiel, wie das Ende des Ölzeitalters aussehen könnte, bietet das Nordseeöl. Nach dem ersten Ölpreisschock Anfang der siebziger Jahre half die Entdeckung neuer Ölvorkommen unter der Nordsee den Westeuropäern, von Importen aus den arabischen OPEC-Ländern unabhängiger zu werden. Auch wenn Öl aus der Nordsee erheblich teurer war als die Importe vom Persischen Golf, so wurde doch die Marktmacht der OPEC gebrochen. Dazu kamen neu entdeckte Ölvorkommen in Alaska. In den neunziger Jahren drängten außerdem Russland und die zentralasiatischen Staaten auf den internationalen Ölmarkt.

Heute geht die Förderung aus der Nordsee zurück. Bis 2020 werden die meisten Quellen erschöpft sein. Großbritannien ist heute schon wieder zum Nettoimporteur von Erdölprodukten und Erdgas geworden. Norwegen, die zweite Nordsee-Ölgroßmacht, erschließt Gasfelder in seinem arktischen Norden und möchte mit einer Pipeline entlang seiner Küste der Ostseepipeline und dem russischen Handel mit Flüssiggas Konkurrenz machen. Norwegen wird auf absehbare Zeit Westeuropas einziger Energieexporteur sein.

Die durchschnittlichen Kosten für die Förderung eines Barrel Rohöl sind zwischen 1995 und 2005 von fünf auf zehn US-Dollar gestiegen. Der Grund dafür ist, dass die meisten billig zu erschließenden, nah an der Oberfläche liegenden Ölquellen langsam versiegen und die Förderung in unzugänglicheren Regionen teurer ist. Auch die Kosten für die Förderausrüstung, etwa Stahl oder Bohrtürme, steigen weiter. Für die immer komplizierter und technisch anspruchsvoller werdende Ölförderung in den Tropen, unter dem Meeresboden (*offshore*) oder in der Arktis macht sich schon jetzt ein gravierender Mangel an Fachkräften bemerkbar. In Ländern mit schlechten Ausbildungssystemen, beispielsweise den ölexportierenden Staaten Zentral- und Südafrikas, nimmt dieser Fachkräftemangel dramatische Formen an. Dazu kommt, dass westliche Techniker und Experten wegen der schlechten Sicherheitslage nur ungern in diesen Ländern arbeiten. So werden in Nigeria Mitarbeiter internationaler Ölfirmen regelmäßig attackiert oder entführt. Die Folgen des Technikermangels sind Produktionsausfälle und eine steigende Zahl von Unfällen.

Auch die Politik hat erkannt, dass das Ölzeitalter langsam zu Ende geht. US-Präsident Bush forderte in seiner Rede an die Nation Anfang 2006 überraschend, Amerika aus seiner Ölabhängigkeit zu befreien. Bush gab sogar zu, die USA seien »süchtig nach Öl«. Das amerikanische Verteidigungsministerium lässt sich vom Papst der alternativen Energien, Amory Lovins, beraten, wie das Endspiel des Ölzeitalters gewonnen werden kann (»Winning the Oil Endgame«). Schwedens Regierung hat erstmals einen Plan vorgelegt, wie ein fortgeschrittenes Industrieland bis zum Jahr 2020 ohne Ölimporte auskommen kann. Der Energiekonzern BP nennt sich in einer Anzeigenserie nicht mehr »British Petroleum« sondern »Beyond Petroleum« – und gibt damit zu erkennen, dass er für seine Geschäfte auch jenseits des Erdöls eine Perspektive sieht. Mit Öl macht der BP-Konzern aber immer noch sein Hauptgeschäft.

Trotzdem wird weiter in die Fortsetzung des Öl- und Gaszeitalters investiert. Die IEA nimmt an, dass bis zum Jahr 2030 weltweit insgesamt 13 Billionen US-Dollar in die Zukunft der Energieversorgung fließen werden. Zu entscheiden ist nur, in welche Technologien diese Investitionen gesteckt werden. Eine der größten Ölfirmen der Welt, die britische BP, plant jährliche Investitionen von 15 Milliarden US-Dollar sowie weiteren zwei Milliarden durch ihre russische Tochterfirma TNK-BP. Mit diesem hohen Investitionsbedarf rechtfertigen die Energiemultis auch ihre Gewinnabschöpfung in Zeiten hoher Öl- und Gaspreise.

Kann der Peak Oil verschoben, kann das Ölzeitalter verlängert werden? Wenn man die ganzseitigen Anzeigen studiert, die Firmen wie Chevron und Shell zum Thema Peak Oil geschaltet haben, dann lautet die Antwort »Ja«. Die Frage aber ist: um welchen Preis?

Ölsande – Kanadas Saudi-Arabien

Illustrativ ist die jahrzehntelang vorgetragene Saga um das angeblich unerschöpfliche Potenzial der Ölsande Kanadas und Venezuelas. Schon Anfang der siebziger Jahre erschien in der deutschen Illustrierten »Stern« ein mit spektakulären Bildern aufgemachter Artikel über die kanadischen Ölsande. Dort, in der westkanadischen Provinz Alberta, machten die Reporter die Zukunft unserer Energieversorgung jenseits von OPEC und Ölembargo aus.

Öl- oder Teersande bergen potenziell gigantische Reserven an noch unerschlossenen Rohölvorräten. Dabei handelt es sich um mit Öl durchtränkte Erd-, Schiefer- oder Sandschichten, die es in einer Vielzahl von Ländern gibt. Die größten Lagerstätten finden sich in der kanadischen Provinz Alberta, am Orinoko-Fluss in Venezuela und in den Weiten Russlands. Allein die kanadischen Reserven werden größer eingeschätzt als die konventionellen Ölreserven Saudi-Arabiens.

Die Ölsand-Großmacht Kanada könnte theoretisch also den Saudis Konkurrenz auf dem Weltölmarkt machen und damit das geostrategische Gleichgewicht massiv verändern.

Natürlich wäre genau das schon längst passiert, wenn es nicht auch ein paar Probleme bei der Sache gäbe. Denn nicht nur die Kosten liegen erheblich über denen der konventionellen Energieförderung, sondern auch der Aufwand an eingesetzter Energie, Wasser und Naturressourcen.

Ölsande werden mit Schaufelbaggern im Tagebau gewonnen. Wer einmal die Braunkohletagebaugebiete von Garzweiler oder in der Lausitz gesehen hat, weiß, dass danach eine wenig romantische Mondlandschaft zurückbleibt. Anschließende Renaturierungsmaßnahmen, so sie denn überhaupt durchgeführt werden, können die verlorene Natur nicht wieder herstellen, sondern produzieren eine arten- und abwechslungsarme Ersatzlandschaft. Aber die ursprüngliche Natur, die es beispielsweise in Kanada noch gibt, kann nicht wieder zurückgeholt werden. Der Ölsandabbau im Westen Kanadas ist außerdem um Dimensionen größer angelegt als der Kohletagebau, wie wir ihn aus Deutschland kennen. Ganze Wälder werden heute dafür abgetragen, Flüsse umgeleitet und Menschen umgesiedelt. Bei Unfällen können Gewässer und Trinkwasser mit Öl verunreinigt werden.

Ein Viertel des Energiegehalts des gewonnenen Rohöls muss für die aufwändige Förderung und Aufbereitung der Teersande sowie die anschließende Renaturierung aufgewendet werden. Das Öl wird durch Wasserdampf aus dem Sand herausgepresst, der durch die Verbrennung von Erdgas erhitzt wurde. Von der kanadischen Regierung wurde sogar schon erwogen, ein eigenes Atomkraftwerk zu errichten, um die notwendige thermische Energie zur Wasserdampferzeugung bereitzustellen. Neben dem hohen Energieverbrauch sind auch die benötigten Wassermengen ein Problem: Das Wasser muss anschließend aufwändig gereinigt und über eigens angelegte Kanäle in das denaturierte Flusssystem zurückgeleitet werden.

In den abgelegenen Fördergebieten Sibiriens oder am tropischen Oriniko wäre die Gewinnung vermarktbaren Öls aus Schiefer und Sand keinesfalls kostengünstiger. Die Umweltauswirkungen des großflächigen Abbaus von Ölsand im Tagebau können dort nur geschätzt werden. Während jedoch in der Demokratie Kanada die Medien und Umweltverbände für ein Mindestmaß an Transparenz und Kontrolle sorgen, spielt sich die Ölexploration an den letzten Grenzen der Tropen oder der Arktis weitgehend unter Ausschluss der Öffentlichkeit ab.

Die Ölsande Kanadas sind nur ein – wenn auch besonders illustratives – Beispiel dafür, dass die Erschließung neuer Öl- und Gasvorkommen immer teurer, immer schwieriger und auch immer gefährlicher für Mensch und Natur wird. Die ersten Ölquellen Nordamerikas und im Mittleren Osten wurden noch dadurch entdeckt, dass Öl natürlich an die Oberfläche trat. Viele dieser Quellen waren seit der Antike bekannt: In Mesopotamien wurden Teer und Öl zur Dichtung von Booten und als medizinische Wundersalbe genutzt. Im heutigen Aserbaidschan entstand der Feuerkult des Zarathustra dort, wo sich an der Erdoberfläche austretende Ölquellen selbst entzündeten. Solche leicht zugänglichen Quellen werden heute nicht mehr neu gefunden, und die meisten bekannten sind inzwischen erschöpft. Es muss immer tiefer gebohrt werden, durch härteren Stein, durch Eis oder unterm Meeresboden. Da die globale Ölindustrie auf der Suche nach den letzten Verstecken des Schwarzen Goldes mittlerweile in die letzten Wildnisse vordringt, steigt auch der Preis für die Natur.

Alternative Erdgas

Gleichzeitig wird deutlich, dass auch die lange gefeierte Alternative Erdgas nicht unbegrenzt und billig zur Verfügung steht. Das Peak Gas, also der Scheitelpunkt der weltweiten Gasförderung, liegt allerdings weiter in der Zukunft als der Höhepunkt der Ölförderung. Viele Länder sind gerade erst dabei, Kraftwerke und Wärmeerzeugung von Öl oder Kohle auf Erdgas umzustellen. Erdgas hat eine Reihe von Vorteilen. Es verbrennt schadstoffarm und hat einen geringeren CO_2-Gehalt pro Energieeinheit als Kohle und Öl. Viele Umweltpolitiker, die dafür eintreten, langfristig komplett auf erneuerbare Energien umzustellen, akzeptieren Erdgas als Übergangslösung. Für diese umweltpolitische Strategie stellen die neuerdings stark ansteigenden Gaspreise ein massives Problem dar.

Oftmals tritt Erdgas auf schon erschlossenen Ölfeldern auf, wurde bisher jedoch unzureichend genutzt. Vielerorts wird das austretende Erdgas weiterhin abgefackelt und erzeugt damit keine Energie, wohl aber das Treibhausgas CO_2. Das Potenzial der Erdgasnutzung aus vorhandenen Quellen ist also erheblich. Seitdem die systematische Erkundung begonnen hat, werden außerdem jährlich mehrere große neue Erdgasfelder entdeckt.

Der Transport von Erdgas zum Kunden erfolgt in der Regel über Pipelines. Da es über längere Strecken immer aufwändiger wird, den Gasdruck in solchen Rohrleitungen aufrechtzuerhalten, gilt als Faustregel, dass Gaspipelines eine maximale Reichweite von 4.000 km haben. Deswegen gibt es bisher keinen globalen Gasmarkt, sondern nur regionale Netzwerke.

Das könnte sich mit dem zunehmenden Trend zur Verwendung von Flüssiggas (Liquid Natural Gas, LNG) ändern. Erdgas kann unter Druck und niedrigen Temperaturen verflüssigt werden. Der Vorteil liegt einerseits darin, dass so das Volumen des Erdgases reduziert wird. Außerdem kann es wie Öl mit Tankern zu seinem Zielort transportiert werden. Die größte Flüssiggasanlage der Welt wird momentan für den ostasiatischen Markt auf der russischen Pazifikinsel Sachalin errichtet. Von der arktischen Jamal-Halbinsel aus soll LNG mit Tankschiffen nach Nordamerika exportiert werden. Neben Europa und den ostasiatischen Staaten hätte Russland damit einen dritten Abnehmermarkt für seine Gasexporte. Auch Nigeria und Algerien setzen auf Flüssiggasexporte nach Europa. Japan und China interessieren sich besonders für den von Pipelines unabhängigen Zugang zum sauberen Erdgas.

Durch die unbegrenzte Transportfähigkeit von Flüssiggas per Tanker wird der Markt für Erdgas zum Weltmarkt. An den Küsten Nordamerikas und Ostasiens werden derzeit überall Flüssiggas-Terminals errichtet. Auf den Werften herrscht ein Auftragsboom für neue Tankschiffe.

Bisher bildet sich der Erdgaspreis nicht am Markt. Die meisten Lieferverträge sehen eine langfristige Preisbindung vor. Nur so waren die immensen Investitionen in das gigantische Pipelinenetz möglich, das beispielsweise Ost- mit Westeuropa verbindet. Enge Bündnispartner Russlands, beispielsweise das diktatorisch regierte Weißrussland, erhalten Preisnachlässe. Der Gaspreis für die Ukraine soll zwar stufenweise erhöht werden, wird aber weiterhin durch die Beimischung billigeren turkmenischen Erdgases niedrig gehalten. Ansonsten ist der an den weltweiten Spotmärkten gehandelte Gaspreis an den Ölpreis gekoppelt. Diese Koppelung wird, wenn beide Produkte zukünftig unabhängig voneinander gefördert und gehandelt werden, über kurz oder lang aufgehoben werden.

Erdgas ist wahrscheinlich der für politische Krisen anfälligste Rohstoff, der auf dem Weltmarkt gehandelt wird. Die festen Pipelines sind teuer, haben lange Bauzeiten und sind danach nicht mehr zu verlegen und umzuleiten wie ein Öltanker. Wer auf Gas setzt, setzt deswegen auf zweierlei: auf die wechselseitige Abhängigkeit von Produzent und Verbraucher sowie auf die Diversifizierung der Quellen. Europa hat das Glück, von erdgasexportierenden Ländern umgeben zu sein. Auch wenn einige osteuropäische Länder ihr Gas fast ausschließlich von Russland beziehen, so hat die EU insgesamt eine diversifizierte Versorgerstruktur. Die EU versucht außerdem, die sie umgebenden Länder nicht nur als Rohstoffimporteure zu betrachten, sondern sie Schritt für Schritt in den gemeinsamen europäischen Markt zu integrieren. Der Grundgedanke dabei ist, dass durch gegenseitige Abhängigkeit politische Zusammenarbeit und letztendlich Stabilität entsteht. Das außenpolitische Konzept der Europäischen Nachbarschaftspolitik, an dem die EU auch ihre finanziellen Hilfen für die Länder Osteuropas und Nordafrikas ausrichtet, stellt deswegen das gemeinsame Management der Energieressourcen in den Mittelpunkt.

Kohle

Am längsten reichen noch die weltweiten Steinkohlevorräte. Neben Russland, den USA, Australien und Südafrika weisen auch China und Indien immense einheimische Steinkohlelager auf, die noch lange nicht ausgeschöpft sind. Die IEA schätzt, dass allein in diesen beiden Ländern der Kohleverbrauch bis 2030 um 60 Prozent steigen wird. Auch in den USA und Russland ist die Kohle mit Abstand die reichhaltigste fossile Energiequelle. Selbst in Deutschland, das sonst kaum eigene fossile Energievorräte besitzt, liegen noch bedeutende Stein- und Braunkohlevorkommen unter Tage. Würde jedoch alle bekannte Steinkohle auf die bisherige Weise in thermischen Kraftwerken und ohne CO_2-Filter verbrannt, hätte das unabschätzbare Negativfolgen für das globale Klima. Da jedoch weder die großen Schwellenländer noch Russland und die USA auf die Nutzung dieser preisgünstigen einheimischen Energiequelle verzichten werden, müssen bei der Kohleverbrennung möglichst saubere und effiziente Technologien zum Einsatz kommen, um die Umweltauswirkungen in Grenzen zu halten.

Grundsätzlich stehen drei Möglichkeiten zur Verfügung, um die Kohleverbrennung umweltfreundlicher zu machen. Neben hocheffizienten thermischen Kraftwerken kann die Kohle verflüssigt und als vielfältig verwendbarer Treibstoff eingesetzt werden. Außerdem ist es möglich, das bei der Verbrennung fossiler Energieträger entstehende Kohlendioxid technisch abzutrennen und unter der Erde zu lagern, sodass es nicht in die Atmosphäre gelangt.

Die Steigerung des Wirkungsgrades konventioneller Kohlekraftwerke ist ein erster wichtiger Schritt. Vor allem in Ländern wie Russland, Osteuropa, Indien und China, die alle zu den größten Kohlekonsumenten weltweit gehören, besteht ein enormes Potenzial zur Verbesserung der Energieeffizienz. Der Erhöhung der Energieausbeute pro Einheit Kohle sind jedoch technisch Grenzen gesetzt. Der höchste erreichte Wirkungsgrad liegt bei 65–70 Prozent. Bei der anschließenden Rauchgaswäsche, also dem Herausfiltern von Schwefel und anderen giftigen Stoffen aus den Kaminen, geht ein Teil der gewonnenen Energie wieder verloren. Moderne Kraftwerke mit aufwändiger Abgasreinigung können wirtschaftlich außerdem nur als Großanlagen gebaut werden. Deswegen eignen sie sich schlecht für die Wärmeversorgung von Industrieanlagen und Haushalten durch Kraftwärmekopplungsanlagen. Wärme kann wirtschaftlich nämlich nur über verhältnismäßig kurze Strecken transportiert werden. Die meiste Abwärme aus großen Kraftwerken wird deshalb in die Atmosphäre abgestrahlt.

Die Verflüssigung von Kohle hat in Deutschland einen schlechten Ruf. Im Dritten Reich und später in der DDR wurde im sächsischen Chemiedreieck Treibstoffersatz aus Braunkohle hergestellt. Inzwischen hat sich aber durch den Einsatz von Katalysatoren, Informationstechnologie und moderner Messtechnik die Qualität der aus Kohle hergestellten Mineralölprodukte sehr verbessert. Schadstoffe können in der flüssigen Phase problemlos abgetrennt werden. Der Wirkungsgrad liegt in Versuchsanlagen bei bis zu 95 Prozent. Die Kohleverflüssigung löst außerdem ein Problem, das viele erneuerbare Energien haben: Der flüssige Energieträger kann gut gelagert und auch als Kfz-Treibstoff verwendet werden. Bei bleibend hohen Ölpreisen trägt sich die Kohleverflüssigung auch wirtschaftlich. Sie ist deshalb eine wirkliche Alternative zum Erdöl. Die südafrikanische Firma Sasol, die ihre Methode zur Kohleverflüssigung während des Wirtschaftsboykotts in der Apartheidszeit entwickelt hatte, stellt verflüssigte Kohle für 25 US-Dollar pro Barrel her und liegt damit deutlich unter den zukünftig zu erwartenden Rohölpreisen. Selbst für deutsche Kohle gelten Produktionskosten von etwa 60 US-Dollar pro Barrel als realistisch. Im Jahr 2006 lag der Weltölpreis monatelang über diesem Wert. Kohle kommt auf der Erde so häufig und in solchem Umfang vor, dass der weltweite Kohlemarkt für politische Krisen weit weniger anfällig ist als der Öl- und Gasmarkt. Die meiste deutsche Importkohle kommt heute aus der stabilen Demokratie Australien. Aus klimapolitischer Sicht ist die Kohleverflüssigung allerdings noch ungünstiger als ihre Verbrennung. Schließlich muss für die Umwandlung der Kohle in Treibstoff zusätzliche Energie aufgewendet werden.

Grundsätzlich ist es möglich, die Kohleverbrennung dadurch klimafreundlicher zu gestalten, dass das Treibhausgas CO_2 herausgefiltert wird. Dann könnte die Bedeutung der Kohleverbrennung auch in den westlichen Industriestaaten wieder wachsen. Dieselbe Technik der CO_2-Ausscheidung und -Lagerung ließe sich bei Öl- und Gaskraftwerken einsetzen. Der Stromkonzern Vattenfall plant in der ostdeutschen Lausitz ein erstes CO_2-freies Kraftwerk auf Braunkohlebasis. British Petroleum entwickelt ähnliche Projekte für Kalifornien und Schottland. Doch auf dem Weg zum routinemäßigen Einsatz dieser Technik müssen noch einige Probleme gelöst werden. Bei den bisherigen CO_2-Filtertechnologien sinkt die Energieausbeute der Kraftwerke erheblich. Dadurch wird die Technik vor allem für Entwicklungsländer zu teuer. Ein internationaler Klimaschutzfonds könnte jedoch die Kostendifferenz übernehmen. Bei den bisherigen Pilotanlagen des schwedischen Energiekonzerns Vattenfall in der Lausitz sowie ähnlichen Plänen der RWE für Nordrhein-Westfalen handelt es sich, gemessen an den Tausenden traditionellen Kohlekraftwerken, die derzeit vor allem in China, Indien und anderen Entwicklungsländern gebaut werden, außerdem nur um den berühmten Tropfen auf den heißen Stein. Die entscheidende Zukunftsfrage für die Kohle heißt: Bleibt es bei wenigen CO_2-freien Pilotanlagen mit Alibifunktion, oder wird die kostspielige moderne Abscheidetechnik flächendeckend und weltweit in modernen Kraftwerken eingesetzt?

Vor einer Entscheidung über den großflächigen Einsatz dieser neuen Technologie sollte aber das grundsätzliche Problem gelöst werden, wo das abgetrennte CO_2 anschließend gelagert wird. Bisher wurde vorgeschlagen, es entweder in alten Öl- und Gaslagerstellen, in Salzstöcken oder unter dem Meeresboden unterzubringen. Über das langfristige Verhalten dieser CO_2-Blasen weiß die Wissenschaft jedoch noch zu wenig, um einen großflächigen Einsatz dieser Technik guten Gewissens empfehlen zu können.

Energiearmut

Der neue Fluch, der auf den ärmsten Ländern der Welt liegt, heißt Energiearmut. Unter den 85 Prozent aller Länder, die Öl importieren müssen, befinden sich nicht nur die wohlhabenden Industrieländer oder die Wachstumsökonomien China und Indien, sondern auch die Ärmsten der Armen in Schwarzafrika, Lateinamerika oder Zentralasien. Steigende Preise haben auf diese Länder überproportional hohe Auswirkungen. Steigen die Energiepreise weiter, droht den ärmsten Entwicklungsländern eine neue Schuldenkrise. Nach Berechnungen der Weltbank kostet ein Anstieg der Rohölpreise um zehn US-Dollar die Industriestaaten ein halbes Prozent Wirtschaftswachstum. Für die ärmsten Länder, deren Energiekostenanteil an der Herstellung von Gütern in der Regel erheblich höher liegt, können die Einbußen bis zu dreimal so hoch sein.

Energiearmut trifft nicht nur die Wirtschaft dieser Länder, sondern auch ihre Bürger. Die Mieter in der Ukraine können angesichts steigender Gaspreise bald ihre Heizkosten nicht mehr bezahlen. Wer sich die teure Energie nicht leisten kann, muss frieren. Schulkinder in Afghanistan können abends nicht mehr lernen, weil der Strom abgeschaltet wird. Menschen in energiearmen Ländern, Stadtteilen oder Haushalten haben geringere Chancen, im Leben weiterzukommen. Viele Regierungen der ärmsten Länder müssen am Schul- und Gesundheitssystem sparen, um die Rechnungen für die Ölimporte zu begleichen. Energiearmut versperrt den Weg für Entwicklung.

In manchen Ländern, die auf dem Weltmarkt zu den Energieexporteuren zählen, leiden die eigenen Bürger trotzdem unter Energiemangel. Der Grund sind regionale und soziale Ungleichheiten. In Nigeria, dem größten Erdölexporteur Afrikas, bilden sich vor den Tankstellen der Hauptstadt Lagos lange Autoschlangen. Nigeria exportiert zwar Öl, hat aber keine ausreichenden eigenen Raffineriekapazitäten. Das Nigerdelta, in dem das meiste Öl des Landes gefördert wird, zählt gleichzeitig zu den ärmsten Regionen Nigerias. Die meisten Dörfer haben keinen Stromanschluss. Geheizt wird mit Holz.

Selbst in Russland, dem größten Erdgasproduzenten weltweit, sind zahlreiche Dörfer von der Moderne abgeschnitten. Im Winter stockt in den Städten der Nachschub. In manchen sibirischen Dörfern sieht man die Fackeln der Erdgasbohranlagen in der Ferne leuchten und muss trotzdem mit Holz heizen.

Energiearmut trifft nicht nur die Wirtschaft armer Länder und führt zu einem Verlust an Gestaltungschancen für die dort lebenden Menschen, sondern erschüttert auch die Stabilität fragiler Staaten und junger Demokratien. Die einseitige Entwicklung des exportorientierten Energiesektors geht auf Kosten anderer Sektoren der Volkswirtschaft. Dadurch wachsen bestehende soziale Unterschiede und steigen politische Spannungen. Dabei macht es meist keinen Unterschied, ob private multinationale Konzerne oder staatliche Energieunternehmen die Branche beherrschen. In Russland, dem Iran oder Venezuela ging die Verstaatlichung der Energieindustrie auch mit einem Abbau der Demokratie und einer aggressiven Außenpolitik einher.

Die beste Chance für arme Länder, der Falle Energiearmut zu entkommen, bestünde darin, ihren eigenen nachhaltigen Weg in der Energieversorgung zu gehen. Die ineffiziente Wirtschaft der am wenigsten entwickelten Länder verbraucht heute doppelt so viel Energie pro Einheit wirtschaftlicher Leistung wie die der westlichen Industrieländer. Das Energieeinsparpotenzial wäre enorm, wenn in die entsprechende technische Ausstattung investiert würde. Eine weitere Alternative zum Import teurer fossiler Energieträger wäre es, einheimische Ressourcen besser zu nutzen. In vielen landwirtschaftlich geprägten Entwicklungsländern kann Biomasse zum Heizen sowie zur Elektrizitätserzeugung und Äthanol aus Getreide als Benzinersatz genutzt werden. Wind- und Solarenergie sind vor allem für abgelegene Standorte, die durch das nationale Elektrizitätsnetz nicht erreicht werden können, eine gute Alternative. Moderne Entwicklungszusammenarbeit stellt deshalb den Zugang aller zu erschwinglicher Energie aus erneuerbaren Quellen in ihren Mittelpunkt.

Klimasicherheit

Die neue Energiekrise ist auch eine Klimakrise. Wer von Energiesicherheit redet, wird deshalb zukünftig auch von Klimasicherheit sprechen müssen.

Anfang 2007 soll der neue Bericht des Intergovernmental Panel on Climate Change (IPCC), dem Wissenschaftlerrat, der für die Vereinten Nationen den weltweiten Klimawandel beobachtet, erscheinen. Die Erkenntnisse der Wissenschaftler sind alarmierend. Schon jetzt weiß man, dass die Konzentration der den Treibhauseffekt beeinflussenden Gase Kohlendioxid (CO_2), Methan und Stickoxid heute höher ist als zu irgendeinem Zeitpunkt in den vergangenen 650.000 Jahren. Zwischen 1999 und 2004 stieg der CO_2-Gehalt der Atmosphäre um jährlich 0,5 Prozent. Insgesamt hat sich die Erdoberfläche seit Anfang des 20. Jahrhunderts um 0,65 Grad Celsius erwärmt.

Jared Diamond, Professor für Geographie an der Universität von Kalifornien und Gewinner des Pulitzer Preises für sein Buch »Guns, Germs, and Steel« über die natürlichen Grundlagen unterschiedlicher menschlicher Zivilisationen, beschäftigt sich in seinem neuen Werk »Collapse« damit, wie unterschiedliche Kulturen auf ökologische Krisen erfolgreich reagieren oder untergehen.

Vor einigen Sommern besuchte Diamond die beiden Milchviehhöfe von Huls und Gardar und stellte verblüffende Ähnlichkeiten fest. Beide gehörten zu den größten und technisch bestausgerüsteten Gütern der Gegend und ihre Besitzer zu den Stützen ihrer Gemeinschaft. Auch die Probleme beider Betriebe ähnelten sich. Beide lagen zu weit im Norden, um das Vieh das ganze Jahr auf die Weide zu lassen, und arbeiteten deshalb lange am Rand der Wirtschaftlichkeit. Der wesentliche Unterschied zwischen Huls und Gardar besteht jedoch in ihrer heutigen Situation. Die Huls Farm im Bundesstaat Montana ist ein prosperierender Familienbetrieb in einem der Landkreise mit dem höchsten Bevölkerungswachstum der USA. Der Wikinger-Hof von Gardar dagegen liegt seit 600 Jahren zerstört und verlassen an der Westküste Grönlands.

An diesen und anderen Fällen vollzieht Diamond nach, wie die Zerstörung der natürlichen Lebensgrundlagen zur Degradation oder zum vollkommenen Verschwinden historischer Zivilisationen geführt hat. Zum Vergleich beschreibt er Gesellschaften, die dieselben oder ähnliche Herausforderungen erfolgreicher gemeistert haben, und sucht nach Parallelen in modernen Gesellschaften. Seine Grundfrage ist, warum Gesellschaften durch ökonomische und kulturelle Entscheidungen ihre eigenen Lebensgrundlagen unterminieren, auch wenn die Zeichen an der Wand deutlich lesbar sind. Am Ende des Buchs schlägt er vor, aus dem historischen Versagen anderer zu lernen.

Opfer historischer Umweltzerstörung waren auch die Zivilisationen der Osterinseln oder der Maya. Die Wikingerkultur überlebte zwar auf den Färöer, Shetland und Island, passte sich den extremeren Bedingungen auf Grönland jedoch nicht ausreichend an. Andere Kulturen reagierten auf anfängliche Umweltzerstörung mit gesellschaftlichen Innovationen, Beispiele sind die Einführung einer nachhaltigen Forstwirtschaft in Japan und Deutschland im 19. Jahrhundert.

Das Ende der Arktis

Grönland und der Untergang seines Wikingervolks stehen im Mittelpunkt von Jared Diamonds Buch. Doch auch dem Grönland von heute drohen Umweltveränderungen. Am 8. November 2004, wenige Tage nach der Wiederwahl von US-Präsident George W. Bush, wurde das von einem Team von 300 international renommierten Wissenschaftlern verfasste »Arctic Climate Impact Assessment« veröffentlicht. Die Initiative dafür lag beim Arctic Council (Arktischer Rat), der zwischenstaatlichen Organisation der Anrainerstaaten der Arktis. Das Ratsmitglied USA hatte eine Veröffentlichung des Berichts vor den Präsidentschaftswahlen verhindert.

Wichtigste Feststellung ist, dass sich die Arktis momentan doppelt so schnell erwärmt wie der Rest der Erde. Die Eisdecke über dem Nordmeer und das Eisschild auf Grönland beginnen abzuschmelzen. Sollte das gesamte Inlandeis Grönlands schmelzen, würde der Meeresspiegel weltweit um sieben Meter ansteigen. Noch dramatischer würde der Anstieg ausfallen, wenn auch das Eis der Antarktis schmilzt. Der Zerfall des westantarktischen Eisschildes, der in den vergangenen Jahren durch Umweltsatelliten beobachtet wurde, könnte demnach eine größere strategische Bedrohung für die weltweite Sicherheit darstellen als das iranische Nuklearprogramm.

Der Arktische Rat ist eine internationale Organisation eigenen Charakters. Neben den acht Anrainerstaaten sind auch sechs Dachorganisationen indigener Völker dort Mitglied. Diese haben, um das Beispiel Russland zu nehmen, einen anderen Blick auf die Region und ihre Naturressourcen als die Zentralregierung in Moskau. Für fast alle Mitgliedstaaten der Organisation ist die Arktis politische und ökonomische Peripherie. Die Organisationen der Indigenen sind deswegen der Motor der Organisation.

Das Internationale Arktische Wissenschaftskomitee (International Arctic Science Committee; IASC) ist aus dem Zusammenschluss von 18 nationalen Wissenschaftsakademien entstanden. Vor allem in Russland und den USA nehmen die Wissenschaftsakademien eine bedeutende Rolle als unabhängige Berater ihrer Regierungen wahr. Die US-Akademie warnt ihre Regierung seit Jahren vor den Folgen des globalen Klimawandels. Die russische Akademie der Wissenschaften war schon zu Sowjetzeiten einer der Zufluchtsorte ökologisch denkender Forscher und Intellektueller.

Innerhalb des Arktischen Rats ist es vor allem die Regierung Kanadas, die den Klimawandel in der Region zu einem Thema ihrer öffentlichen Diplomatie gemacht hat. Die Regierung in Ottawa arbeitet dabei eng mit dem Sekretariat des Rats in Kopenhagen, Indigenenvertretern und Nichtregierungsorganisationen zusammen. Im Rahmen einer Medienkampagne hat der Arktische Rat außerdem die »New York Times« auf seine Seite gebracht, die seit anderthalb Jahren kontinuierlich über die Problematik berichtet. Andere internationale Medien, die sich gern von der »New York Times« inspirieren lassen, greifen das Thema seitdem auf.

Für die indigenen Kulturen der Arktis beschleunigen die Klimaveränderungen den Wandel, dem sie ohnehin ausgesetzt sind. Die Ökonomie, aber auch die Kultur der Inuit beispielsweise ist eng mit der Nutzung weniger Tierarten verbunden. Der Rückgang der Meeressäuger, aber auch des Fischereiertrags führt zur Umstellung der Ernährung auf importierte verarbeitete Lebensmittel. Damit einher geht das Ansteigen von Zivilisationskrankheiten. Gebrauchsgegenstände und Kunsthandwerk aus tierischen Produkten bildeten die zweite Basis der Inuit-Ökonomie. Auch diese Grundlage einer selbst versorgenden Ökonomie ist bedroht, ohne dass Alternativen sichtbar wären.

Aber auch die Grundlagen der modernen Ökonomie sind in der sich wandelnden Arktis gefährdet. In der Russischen Föderation ist die Industrialisierung der Arktis – und damit die Ablösung indigener

Ökonomien – schon seit Sowjetzeiten deutlich weiter fortgeschritten als in Kanada, Alaska oder den skandinavischen Staaten. Im arktischen Teil Sibiriens werden Öl und Gas gefördert, in der Tundra wird im großen Stil Forstwirtschaft betrieben. Durch den Klimawandel wird auch diese Nutzung vor neue Herausforderungen gestellt. Industrieanlagen, Wohngebäude, Straßen, Flughäfen und Pipelines sind alle auf Permafrostboden gebaut. Wenn dieser sonst dauerhaft gefrorene Boden wegen der wärmer werdenden Temperaturen im Sommer anfängt zu schmelzen, werden Fundamente und Verkehrswege beschädigt. Gebäudeschäden sind inzwischen in allen arktischen Siedlungsanlagen Russlands zu besichtigen. Neuere Industrieanlagen haben Fundamente, die durch den Permafrost hindurchreichen. Sie sind aber nur mit immensen Kosten zu errichten.

Die Eindämmung der Klimakatastrophe

Ein Anstieg des Meeresspiegels um einen Meter, wie er möglicherweise schon bis Ende dieses Jahrhunderts zu erwarten ist, ließe sich durch normale Küstenschutzmaßnahmen, wie Dammbauten, nicht mehr bewältigen. Flache Küstenregionen und kleine Inselstaaten wie die Malediven, Tuvalu oder Tonga würden ganz oder teilweise überflutet und verschwinden. Die Folge wären regionale Konflikte um die knapper werdenden Flächen an bebaubarem und landwirtschaftlich nutzbarem Land sowie Flüchtlingsströme aus den betroffenen Regionen.

Das Office of Net Assessment (ONA) ist der interne Thinktank des – besser als Pentagon bekannten – US-Verteidigungsministeriums. Aufgabe des ONA ist es, über langfristige Gefahren nachzudenken, die den USA und ihrer Sicherheit drohen könnten. Ende 2003, als in der Führungsspitze des Pentagon der Krieg im Irak und der Kampf gegen den Terrorismus geplant wurde, veröffentlichte das ONA einen Bericht über die Klimakatastrophe. Die Vordenker des Pentagon befürchten ein Schreckensszenario aus Naturkatastrophen, Flüchtlingsströmen und Ressourcenkriegen, das schon in den nächsten 20 Jahren zu Millionen von Toten führen könnte. Wie aber werden die

USA sich gegen diese neue Gefahr wappnen? Eine Möglichkeit wäre, durch vorsorgende Politik das Risiko bleibender Klimaschäden und deren sicherheitspolitischer Folgen zu verringern. Möglich wäre aber auch, um das eigene Land einen Schutzwall zu errichten – nicht nur gegen die steigenden Wassermassen, sondern auch gegen die Flüchtlinge aus den Teilen der Welt, die sich teure Anpassungsstrategien und Umsiedlungsmaßnahmen für die betroffene Bevölkerung nicht leisten können. Die Frage ist, ob wir in solch einer Welt leben möchten. Ein Schutzwall gegen die Umweltflüchtlinge der Zukunft ließe sich wohl nur durch eine Diktatur nach innen und militärische Mittel nach außen aufrechterhalten.

Längst beschäftigen sich auch die Schöpfer der Fantasiewelten Hollywoods mit solchen Schreckensszenarien. In seinem Film »The Day After Tomorrow« erzählt der Filmproduzent Roland Emmerich die Geschichte eines Klimaforschers, der – wie der Rest der Welt – vom Einsetzen eines abrupten Klimawandels überrascht wird. Es kommt zu riesigen Stürmen, Los Angeles wird von Tornados verwüstet, New York versinkt unter einer gigantischen Flutwelle, und eine Eiszeit bricht über die gesamte Nordhalbkugel der Erde herein. Auf der Flucht kommt auch der Vizepräsident der USA ums Leben. Wenn man seine Gesichtszüge betrachtet, so sieht er Präsident George W. Bushs Vizepräsident Dick Cheney ähnlich. Cheney, selbst ehemaliger Spitzenmanager des Ölserviceunternehmens Halliburton, ist einer der Architekten der aktuellen Energiepolitik der USA. Sein Energieplan setzt auf Erhöhung des Angebots, vor allem durch die Erschließung zusätzlicher Lagerstellen fossiler Energien, statt auf Energiesparmaßnahmen und Klimaschutz.

Vom Klimawandel besonders betroffen sind die Bewohner von Küsten und erosionsgefährdeten landwirtschaftlichen Anbaugebieten, ebenso wie die Bewohner besonders empfindlicher Ökosysteme der Tropen und der Arktis. Doch während den indigenen Völkern zusammen mit der einheimischen Fauna die Lebensgrundlage wegschmilzt, wittern Anrainerstaaten wie Russland sogar neue wirtschaftliche Möglichkeiten. Russland und die USA setzen darauf, dass bei weiter ansteigenden Temperaturen die Schifffahrtswege der Arktis zukünftig auch im Winter offen bleiben werden. Dann könnten Öl und Flüssiggas aus der nordamerikanischen Arktis und aus dem russischen Eismeer per Tanker ungehindert auf den Weltmarkt fließen. Während einzelne findige Unternehmen vom Klimawandel profitieren könnten, sind sich Wirtschaftswissenschaftler – beispielsweise der Yale-Ökonom William Nordhaus – einig, dass die Gesamtkosten der zu erwartenden Klimaveränderungen in jedem Fall deutlich über dem Gewinn aus möglichen positiven Effekten liegen werden. Der ehemalige Chefökonom der Weltbank, Nicholas Stern, errechnete im Auftrag der britischen Regierung volkswirtschaftliche Kosten des Klimawandels von 5–20 Prozent der weltweiten Wirtschaftsleistung. Nicht eingerechnet sind dabei die Kosten von Kriegen und Krisen, zu denen es bei den zu erwartenden politischen Verwerfungen kommen dürfte.

Wie der Zusammenbruch einer modernen Gesellschaft im Zeichen der Klimakatastrophe aussehen könnte, ließ sich besichtigen, nachdem der Hurrikan Katrina im August 2005 die Stadt New Orleans und weite Teile der US-Golfküste zerstört hatte. Amerikanische Umweltschützer stellten unmittelbar nach dem Sturm die Frage, welchen Anteil der globale Klimawandel an Katrina gehabt haben könnte. Auch wenn sich individuelle Naturereignisse nie eindeutig dem langfristigen Trend weltweiter Erderwärmung zuordnen lassen, so gibt es doch klare statistische Hinweise dafür, dass die Intensität der Stürme im subtropischen Wettersystem der Karibik in den letzten Jahrzehnten konstant gestiegen ist. Die Klimaforschung vermutet den Grund darin, dass die gestiegene Oberflächentemperatur des Meerwassers im Golf von Mexiko Instabilitäten in der unteren Atmosphäre und dadurch eine schnellere Bewegung der Luftmassen bewirkt. Das nationale Hurrikan-Zentrum der USA behauptet, dass Zahl und Intensität der Stürme als Teil eines natürlichen Zyklus schwanken. Dieser Zyklus wird aber offenbar durch den menschengemachten Klimawandel überlagert, der seine Spitzenausschläge verstärkt.

Schließlich zeigt Katrina, wie teuer es sein wird, die Küsten der Welt vor den steigenden Fluten und wachsenden Stürmen des Treibhauszeitalters zu schützen. Selbst wenn es den USA gelingt, das wieder aufgebaute New Orleans mit Dämmen nach niederländischem Vorbild vor dem nächsten Sturm der Kategorie 5 zu sichern, so fehlen zahlreichen Küsten- und Inselstaaten der Dritten Welt die Mittel für solch kostspielige Infrastrukturinvestitionen. Die Bahamas und Bangladesh können sich nicht mit Dämmen umgeben. Deswegen drängen diese Länder in den internationalen Klimaverhandlungen seit Jahren auf die Einrichtung eines Investitionsfonds, um Schutzmaßnahmen gegen den Klimawandel bezahlen zu können.

Die doppelte Energiekrise

Die Welt steuert derzeit auf eine doppelte Energiekrise zu. Die Daten der Internationalen Energieagentur (IEA) und des Intergovernmental Panel on Climate Change (IPCC) müssen im Zusammenhang gelesen und interpretiert werden. Das heißt, dass sich die Energiepolitik der Zukunft nicht nur an der sinkenden Verfügbarkeit der fossilen Brennstoffe ausrichten kann, sondern auch die begrenzte Belastbarkeit der natürlichen Ökosysteme und der Atmosphäre in Betracht ziehen muss. Wenn das Referenzszenario für die Entwicklung des Energieverbrauchs der nächsten Jahrzehnte nach Aussagen der IEA nicht nachhaltig ist, dann brauchen wir alternative Entwicklungspfade.

Es gibt drei Wege, auf die doppelte Krise unserer Energie- und Klimasicherheit zu reagieren:

Erstens können wir unseren Energieverbrauch durch neue sparsame Technologien senken. Zweitens kann jedes Land seine Importabhängigkeit dadurch verringern, dass fossile Energien wie Öl und Gas durch erneuerbare Energien ersetzt werden. Ein stärkeres Setzen auf Atomkraft ist dagegen keine gute Alternative, da sie neue Abhängigkeiten schafft und das Proliferationsrisiko erhöht. Schließlich könnten verbindliche Regeln für Handel und Investitionen, vereinbart in gemeinsamen Institutionen wie der Europäischen Energiecharta und der Welthandelsorganisation, für eine Verrechtlichung der Energiepolitik sorgen. Alle diese Ansätze ergeben nur dann Sinn, wenn zumindest im europäischen Rahmen gemeinsam gehandelt wird.

KAPITEL 2

DAS GROSSE SPIEL UM DIE VERMESSUNG DER WELT

Das neue Sorgenkind der Weltgemeinschaft heißt Energiesicherheit. Die politische Disziplin, die dazu dient, Staaten »energiesicher« zu machen, könnte man als Energieaußenpolitik bezeichnen. Laut Bundesaußenminister Steinmeier wird der Erhalt globaler Sicherheit im 21. Jahrhundert »untrennbar auch mit Energiesicherheit verbunden sein«. Die Auseinandersetzung um die weltweiten Energieressourcen ist längst zu einem wichtigen Element der Außen- und Sicherheitspolitik der großen Wirtschaftsmächte geworden. Sie ist Teil einer Rückkehr zur Geopolitik, des Kampfes um eine neue Weltordnung. Schon heute führt dieser Kampf zu außenpolitischen Spannungen und weltweit geänderten Machtverhältnissen. Die USA und Europa genauso wie die aufstrebenden Wirtschaftsmächte China und Indien befinden sich im Wettlauf miteinander um einen sicheren Zugang zu den letzten Öl- und Gasreserven der Welt. Russlands neue imperiale Außenpolitik baut auf die Macht seiner Energiekonzerne. Die Welt wird neu vermessen, die Kräfteverhältnisse zwischen den großen Mächten werden neu bestimmt. Wichtig dabei ist allerdings, dass der legitime Wettbewerb um wirtschaftliche Zukunftschancen friedlich und nach allgemein akzeptierten Regeln abläuft und andere Interessen, wie der Schutz von Umwelt und Menschenrechten, mitberücksichtigt werden.

Energiesicherheit in Krisenzeiten

Als Winston Churchill, damals Minister für die britische Flotte, am Vorabend des Ersten Weltkriegs die Kriegsschiffe der Royal Navy von Kohlebefeuerung auf Öl umstellen ließ, befürchteten seine Kritiker, dass das aus Persien importierte Öl – im Gegensatz zur Kohle aus Wales – bald ausgehen könnte. Auf die Frage nach der Sicherheit der neumodischen Energiequelle Öl in Krisenzeiten hatte Churchill eine Antwort parat: »Sicherheit und Verlässlichkeit liegen darin – und nur darin –, dass wir die Auswahl haben.« Diese Auswahl hatte England – im Gegensatz zu seinem baldigen Kriegsgegner Deutschland – wegen der gerade entdeckten Ölvorkommen in Persien.

Churchills Regel, dass Energiesicherheit zu einem wesentlichen Teil darin besteht, eine Versorgung aus mehreren Quellen sicherzustellen, gilt auch heute noch. Keine Macht der Welt verlässt sich bei ihrer Energieversorgung allein auf das Funktionieren der globalen Märkte. Energiesicherheit war immer auch Bündnis- und Außenpolitik. Anders als 1910 spielen heute aber auch die Grenzen, die der Umwelt- und Klimaschutz der Expansion unserer Weltwirtschaft auferlegt haben, eine zentrale Rolle.

Heute genießt das Thema Energiesicherheit wieder so viel Aufmerksamkeit wie seit der Ölkrise der siebziger Jahre nicht mehr. Seit dem Eintritt Chinas, Indiens und anderer großer Schwellenländer in die Weltwirtschaft werden Öl und Erdgas knapp. Die Preise sind auf einen historischen Höchststand gestiegen. Außerdem hat eine Reihe von politischen Krisen und Naturkatastrophen am Anfang des neuen Jahrtausends deutlich gemacht, wie verwundbar das weltweite Energiesystem ist. Dazu gehören der Krieg im Irak, die Krise um das iranische Atomprogramm, die neue aggressive Außenpolitik Russlands und natürlich der Hurrikan Katrina, der im Sommer 2005 die Ölförderung im Golf von Mexiko lahmlegte. Sollte es in mehreren der genannten Regionen gleichzeitig zu einer Krise kommen, könnte die Versorgung des Weltmarkts mit Öl und Gas tatsächlich ernsthaft gefährdet sein. Allein das Wissen um die Möglichkeit einer solchen Konstellation hält die Preise hoch. Irans fundamentalistischer Präsident Ahmadinejad nutzte dieses Wissen, als er im Moment des Libanonkriegs ankündigte, der Ölpreis könne auf 200 US-Dollar pro Barrel steigen. Venezuelas populistischer Präsident Chavez zielt auf die Psychologie der internationalen Ölhändler, wenn er zum wiederholten Mal mit einem Exportstopp in die USA droht. Auch die Gas-Supermacht Russland kokettiert mit der Drohung, ihre Exporte zukünftig von Westeuropa nach Ostasien umzuleiten. Auch wenn eine solche Drohung technisch schwer umsetzbar und höchstens langfristig realistisch ist, so tut sie doch beim Empfänger ihre Wirkung. Das Gefühl der Abhängigkeit vom russischen Gas hat die politischen Beziehungen zwischen Russland und dem Westen schon jetzt zu Moskaus Gunsten verändert. Sowohl die europäischen wie auch die ostasiatischen Staaten versuchen derzeit, möglichst langfristige Lieferverträge mit Russland abzuschließen. Sie sind dabei bereit, für das Ziel der Versorgungssicherheit über einen längeren Zeitraum Vertragsbedingungen zu akzeptieren, die über den aktuellen Weltmarktpreisen liegen.

Dabei hat der Begriff Energiesicherheit für unterschiedliche Länder verschiedene Bedeutung. Für Europa und Nordamerika bedeutet er weiterhin – im Churchill'schen Sinn – die Notwendigkeit der Diversifizierung und den Zugang zu unterschiedlichen Energieversorgern und -quellen. So definiert jedenfalls das 2006 erschienene Grünbuch Energie der Europäischen Kommission den schillernden Begriff. China und Indien befürchten, dass ihrer rapide wachsenden Wirtschaft der Energienachschub ausgeht und sie deswegen ihr volles Entwicklungspotenzial nicht entfalten können. Japan, das alle fossilen Ressourcen auf dem Seeweg importieren muss, strebt vor allem offene Weltmärkte an und die Möglichkeit, überall auf der Welt frei investieren zu können. Auch die USA bevorzugen einen liberalisierten Weltenergiemarkt ohne staatliche Beschränkungen. Die amerikanischen Energiekonzerne nehmen schon heute eine dominante Rolle im weltweiten Ölhandel ein und wollen diese gerne weiter ausbauen. Russland, Saudi-Arabien und die anderen großen Öl- und Gasexporteure meinen die Sicherung verlässlicher Absatzmärkte, wenn sie von Energiesicherheit sprechen.

Für langfristig stabile Weltenergiemärkte müssen außerdem sowohl die Produktions- als auch die Transport- und Verarbeitungskapazitäten Sicherheitsmargen aufweisen. Sonst ist das System insgesamt nicht krisenresistent. Je dezentraler ein Energiesystem aufgebaut ist, desto weniger Pipelines und Schifffahrtswege müssen bewacht werden, und desto weniger kann ein terroristischer Anschlag an der

Straße von Hormuz die Börsenkurse an der Wall Street zum Einsturz bringen. Die erneuerbaren Energien können, wenn sie zu einer größeren Unabhängigkeit von Importen und einer vielfältigeren Energieversorgungsstruktur führen, einen Gewinn an Energiesicherheit bringen, solange nicht nur das Erdöl aus Saudi-Arabien durch den Biosprit aus Brasilien abgelöst wird.

Wichtig sind Transparenz und der freie Zugang zu verlässlichen Informationen über Fördermengen und Reserven. Nur so können Preisspekulationen verhindert und der Verdacht zerstreut werden, dass die Förderung und der Export bestimmter Energieträger künstlich niedrig gehalten wird, um die Preise hochzuhalten. Die westlichen Industrieländer befürworten deshalb, dass bedeutende Schwellenländer wie China und Indien mittelfristig der Internationalen Energieagentur (IEA) beitreten. Die IEA sammelt und veröffentlich international vergleichbare Daten über Energieproduktion und -handel und liefert damit eine verlässliche Grundlage für energiepolitische Entscheidungen von Staaten und Privatunternehmen. In autoritär geführten Staaten wie Russland und China werden Wirtschaftsdaten, wie die Höhe des Energieverbrauchs und der einheimischen Reserven, oftmals wie Staatsgeheimnisse gehütet.

Eine sichere Energieversorgung gehört zu den Grundvoraussetzungen einer funktionierenden Wirtschaft. Heute, in Zeiten der wirtschaftlichen Globalisierung, schaffen es nur wenige Länder, sich bei der Energieversorgung vollkommen unabhängig von Importen zu halten. Zu den wenigen Ausnahmen gehören kleine, von der Natur besonders begünstigte Länder. So kann Island seinen Energiebedarf fast vollständig aus einheimischer Wasser- und Geothermalenergie decken. Langfristig möchten die Isländer sogar ihre Erdöleinfuhren durch flüssigen Wasserstoff aus erneuerbaren Energien ersetzen. Im Gegensatz zu Island ist Deutschland weder eine Insel, noch verfügt es über die natürlichen Voraussetzungen, seine Energieversorgung autark sicherzustellen. Deutschland und die meisten anderen Länder sind darauf angewiesen, beim Thema Energie mit ihren Nachbarn und anderen, weiter entfernten Ländern zusammenzuarbeiten.

Im Zeitalter der Industrialisierung fand der Aufbau der nationalen Energieindustrie in den meisten Ländern unter staatlicher Regie statt. Heute hat sich in allen westlichen Ländern eine Mischung von Markt und Staat, von öffentlichen und privaten Versorgungsunternehmen herausgebildet. Die Mitgliedstaaten der Europäischen Union beschlossen in den neunziger Jahren, einen gemeinsamen Energiebinnenmarkt zu schaffen und ihre Energiemärkte zu liberalisieren. Seitdem wurden, beispielsweise in Deutschland und Großbritannien, zahlreiche ehemals staatliche Energieunternehmen privatisiert. Außerdem werden die nationalen Energiemärkte innerhalb der EU schrittweise für Unternehmen aus den anderen Mitgliedstaaten geöffnet. Wirtschaftliche Integration kann, wie in der Europäischen Union, zur politischen Integration führen. Gegenseitige Abhängigkeiten schaffen den Anreiz, Probleme in gemeinsamen politischen Institutionen zu lösen. Wirtschaftliche Autarkie, auch was die Energieversorgung angeht, ist in einer sich globalisierenden Weltwirtschaft ohnehin nicht mehr möglich. Ressourcennationalismus und der Versuch, aus dem Weltmarkt auszutreten, funktionieren nicht. Die politische Kontrolle über die Energiemärkte sollte deswegen über internationale Kooperation und Abkommen erfolgen und nicht dadurch, dass der eigene Öl- oder Gasreichtum zum Instrument einer autoritären Innenpolitik oder einer imperialen Außenpolitik wird.

Kritische Energieinfrastruktur

Die Energieinfrastruktur gehört zu den verletzlichsten Teilen moderner Gesellschaften. Nach den Terroranschlägen vom 11. September 2001 ist vielen bewusst geworden, wie schnell ein mit relativ bescheidenen technischen Mitteln durchgeführter Angriff die wirtschaftlichen Grundfesten der größten Industriemacht der Welt beschädigen kann. Der Flugverkehr in den gesamten USA kam eine Woche lang zum Stillstand. Die Verkehrsverbindungen der Millionenstadt New York waren erst zwei Jahre später wieder vollständig instand gesetzt. Die Börse in der neben dem World Trade Center gelegenen Wall Street wurde mehrere Tage geschlossen – nicht zuletzt deshalb, weil Zugangswege und Datenleitungen schwer beschädigt worden waren. Die Energieinfrastruktur moderner Industriegesellschaften ist mindestens genauso verletzlich wie Verkehrswege und Datenleitungen. Was würde passieren, wenn sich der nächste Anschlag gegen eine der großen internationalen Öl- und Gaspipelines richtet?

Besonders gefährdet durch terroristische Anschläge und militärische Auseinandersetzungen sind atomare Anlagen und Atomtransporte, ob auf dem Wasser, zu Lande oder in der Luft. Nach dem 11. September 2001 gab es konkrete Hinweise darauf, dass Terroristen auch Anschläge auf westliche Atomanlagen geplant hatten. Die AKWs in den USA und einigen westeuropäischen Ländern wurden daraufhin für mehrere Tage bis Wochen heruntergefahren.

Der Neujahrstag 2006 lieferte ein anschauliches Beispiel dafür, wie es zu einer Unterbrechung unserer scheinbar sicheren Öl- und Gasversorgung kommen könnte. Für zwei ehemalige Sowjetrepubliken, das Kaukasusland Georgien und die Ukraine, begann das Jahr 2006 mit einer Gasversorgungskrise. Während die russische Lieferfirma Gazprom der Ukraine den Gashahn zudrehte, weil diese den sprunghaft erhöhten Preis für russisches Erdgas nicht zahlen wollte, beschädigten oder zerstörten fast zeitgleich drei Sprengstoffexplosionen die wichtigsten Versorgungsleitungen, die von Russland aus Richtung südlicher Kaukasus liefen. Die russische Gasversorgung für Armenien und Georgien wurde damit vollständig unterbrochen. Hinzu kamen Sabotageakte an einigen wichtigen Überlandleitungen in Georgien selbst, sodass die Hauptstadt Tiflis und weite Landesteile während der kältesten Wintertage nicht beheizt werden konnten. Universitäten und Schulen blieben geschlossen. Das wirtschaftliche Leben kam weitgehend zum Stillstand, da Produktionsanlagen nicht betrieben werden konnten. Während das mit Russland politisch verbündete Armenien den Engpass mit eigenen Gasvorräten überbrücken konnte, gelang es Georgien nur dank eilig abgeschlossener Lieferverträge mit Aserbaidschan und dem Iran, die Versorgung der eigenen Bevölkerung nach mehreren Wochen wiederherzustellen. Bis heute bleibt unklar, ob islamische Separatisten, kriminelle Organisationen oder der russische Geheimdienst hinter der Anschlagserie standen. Die georgische

Regierung beschuldigte den russischen Geheimdienst der Sabotage mit dem Zweck, das Land im Streit um die Separatistenrepublik Südossetien unter Druck zu setzen. Gut ins Bild passt außerdem, dass die russische Energiewirtschaft plant, sich massiv in Georgien einzukaufen. Georgien geriete so dauerhaft in die Abhängigkeit russischer Staatsbetriebe und damit des Kreml.

Der Konflikt zwischen Russland und Georgien hat auch eine überregionale Dimension. Um sich gegen Russlands regionale Dominanz zu wehren, möchte Georgien, so schnell es geht, der NATO beitreten. Die USA unterstützen die Regierung Saakaschwili in diesem Anliegen. Schließlich wurde in den vergangenen Jahren mit amerikanischer Unterstützung eine wichtige Ölpipeline vom Kaspischen Meer durch Georgien – und an Russland vorbei – in die Türkei gebaut. Die europäischen NATO-Partner sind skeptischer, wollen in die regionalen Konflikte im Kaukasus nicht hineingezogen werden und sind an einem Konfrontationskurs mit Russland, ihrem Hauptgaslieferanten, keinesfalls interessiert.

Öl- und Gaspipelines verlaufen oft über lange Strecken durch kaum besiedeltes und deswegen nur mangelhaft überwachtes Gebiet. Viele der wichtigsten Pipelines, ob im russischen Osten, den chinesischen Provinzen Tibet und Xinjiang, im südlichen Tschad oder im Norden des Irak, verlaufen durch Krisen- und Kriegsregionen. Die Gefahr von Terroranschlägen durch Rebellengruppen und separatistische Bewegungen ist also nicht von der Hand zu weisen, und die Wiederherstellung zerstörter Pipelines und Energieversorgungseinrichtungen ist nicht nur langwierig, sondern auch teuer. Ist der Schaden erst einmal angerichtet, so dauert es auch nach Beendigung der Kampfhandlungen oftmals erhebliche Zeit, bis der vorherige Zustand wieder hergestellt ist. Die iranische Ölindustrie leidet immer noch an den Folgen des Krieges gegen den Irak in den achtziger Jahren. Im Irak selbst brach die Ölproduktion nach dem Sturz Saddam Husseins zusammen und kommt erst mühsam wieder auf die Beine. Während des Kosovokrieges versuchte die NATO, bei ihren Luftangriffen die Energieinfrastruktur Serbiens intakt zu lassen. Trotzdem führte die Zerstörung mehrerer Brücken durch Luftangriffe dazu, dass der Schiffsverkehr entlang der Donau über einen längeren Zeitraum lahmgelegt wurde. Der Treibstofftransport per Schiff wurde dadurch auch für benachbarte Staaten wie Ungarn unterbrochen.

Auch der Transport von Öl und zukünftig Flüssiggas per Schiff über See birgt Gefahren. Während des iranisch-irakischen Krieges in den achtziger Jahren beschossen beide Seiten regelmäßig auf dem Persischen Golf verkehrende Tankschiffe, auch wenn sie unter neutraler Flagge fuhren.

Im unmittelbaren Radius des Krisenherdes Nahost befinden sich die Seefahrtsstraße von Hormuz, über die Öltanker aus dem Irak, Saudi-Arabien, Iran und Kuwait den Persischen Golf verlassen, sowie die wichtigste Schifffahrtsroute der Welt, der Suez-Kanal. Über 80 Prozent der japanischen und koreanischen sowie die Hälfte der chinesischen Ölversorgung gehen über die Straße von Malakka, eine Meerenge zwischen Indonesien und Malaysia. Alle diese Schifffahrtsrouten werden von der US-Flotte überwacht. Die USA haben nach dem Zweiten Weltkrieg faktisch das britische Empire als Polizist der Weltmeere abgelöst. Andere Länder, die ebenfalls von Ölimporten aus dem Nahen Osten abhängig sind, beispielsweise China, sehen diese dominante maritime Rolle der USA mit Unbehagen.

Die Europäische Kommission stellte – in einer nicht veröffentlichten Studie zur Vorbereitung ihres Grünbuchs Energie – deswegen besorgt fest: »Die Konkurrenz mit Japan um Öl und Gas aus dem Persischen Golf und Russland wird zukünftig härter werden. Japan und China werden ihren maritimen Versorgungsrouten mehr Aufmerksamkeit widmen und ihre Marine in der Region einsetzen. Auch Indien wird stärker in den Konkurrenzkampf um diese Ressourcen eintreten und mit seiner Marine Einfluss auf die Region nehmen.«

Neuausrichtung der Militärstrategie

Wegen dieser besonderen Gefährdung steht der Schutz der Energieinfrastruktur bei allen großen Mächten im Zentrum ihrer Militärstrategie.

Das wichtigste Ölexportland der Welt, Saudi-Arabien, wurde in den vergangenen Jahren systematisch mit US-Militärtechnik ausgerüstet, um seine umfangreiche Ölinfrastruktur gegen terroristische Anschläge verteidigen zu können. Nach ihrem absehbaren Abzug aus dem Irak wollen die USA weiterhin Truppenkontingente im Land stationiert lassen. Die bisher geplanten Kasernenstandorte befinden sich nicht zufällig in der Nähe der großen Ölförderanlagen des Irak. Die neue Ölpipeline vom aserbaidschanischen Baku bis zum türkischen Mittelmeerhafen Ceyhan wird durch AWACS-Flugzeuge der NATO beobachtet. Neben NATO-Partner Türkei wurde auch Georgien mit moderner US-Militärausrüstung, angeblich sogar mit unbemannten Militärflugzeugen – sogenannten Drohnen – ausgerüstet. Besonders brisant ist sowohl im Fall Saudi-Arabiens als auch beim Irak und Georgien, dass damit neue Waffen in Krisengebiete geliefert werden, die im Zweifelsfall nicht nur zum Schutz der Energieinfrastruktur, sondern auch für andere Zwecke eingesetzt werden können.

Auch die Bundeswehr soll zukünftig vermehrt Aufgaben der Sicherung der deutschen Energie- und Ressourcenversorgung und der freien Handelswege übernehmen. Die nach den Anschlägen vom 11. September vom Deutschen Bundestag beschlossene Operation »Enduring Freedom« beinhaltet bereits, die Seefahrtswege am Horn von Afrika – einer der wichtigsten weltweiten Tankerrouten – militärisch abzusichern. In dem 2005 an die Öffentlichkeit gelangten Entwurf des neuen Bundeswehrweißbuchs zur Sicherheitspolitik heißt es etwas holprig: »Sicherheitspolitik muss auch auf geografisch entfernte Regionen zielen, um Spannungen und Feindschaften zwischen Ethnien, regionalen Krisen, Staaten, in denen sich organisierte Kriminalität und Terrorismus ausbreiten, sprunghaft wachsenden Gesellschaften, die keine Zukunftsperspektive bieten, entgegenzuwirken. Die Vertiefung und Entwicklung guter Beziehungen zu strategischen Schlüsselstaaten in den verschiedenen Regionen, Beiträge zur Bewältigung von Krisen und Konflikten sowie zur Förderung regionaler Stabilität sind wichtige Handlungsfelder deutscher Sicherheitspolitik. Hierbei gilt es wegen der Import- und Rohstoffabhängigkeit Deutschlands, sich insbesondere den Regionen, in denen kritische Rohstoffe und Energieträger gefördert werden, zuzuwenden.« Diese lange Liste von Aufgaben gehört bisher nicht zum Auftrag der Bundeswehr. Um eine Militarisierung der deutschen Außenpolitik abzuwenden, sollte es so auch bleiben.

Die hochkomplexe Energieinfrastruktur unserer globalisierten Wirtschaft kann nicht militärisch verteidigt werden. Dagegen können sowohl unsere Energieversorgungssysteme als auch die politischen Rahmenbedingungen so gestaltet werden, dass das Risiko militärischer Angriffe und terroristischer Anschläge minimiert wird. Statt die Wachmannschaften von Kraftwerken zu verstärken, paramilitärische Einheiten entlang wichtiger Pipelines zu postieren, sollte die zukünftige Energieinfrastruktur von vornherein so ausgerichtet werden, dass sie weniger verletzlich ist. Das bedeutet eine Abkehr von zentralen Großtechnologien hin zu dezentralen Netzwerken. Durch die Stärkung einheimischer Energiequellen, beispielsweise aus erneuerbaren Energien, und eine Diversifizierung der Einfuhren kann die Abhängigkeit von wenigen Versorgungsrouten vermindert werden. Die beste Rückversicherung gegen die Bedrohung unserer Energieinfrastruktur bietet allerdings eine Politik, die politische Spannungen reduziert und die regionale Zusammenarbeit fördert.

Blut für Öl?

Als die USA und ihre Verbündeten 1991 gegen den Irak Krieg führten, lautete die Parole der Friedensdemonstrationen in ganz Westeuropa »Kein Blut für Öl«. Wurde der erste Irakkrieg wirklich geführt, um das besetzte Kuwait von der irakischen Armee zu befreien, oder ging es in Wirklichkeit um amerikanische Ölinteressen? Letztere haben sicherlich eine Rolle gespielt. Hätte der irakische Diktator Saddam Hussein die Kontrolle über die kuwaitische Ölproduktion erlangt, wäre Irak zum größten Ölförderer der Welt aufgestiegen. Die hochgerüstete irakische Armee hätte außerdem die nahe gelegenen saudischen Ölfelder bedroht. Nicht nur für die USA, sondern für alle Öl importierenden Länder wäre diese Dominanz unerträglich gewesen.

Der Kuwaitfeldzug war nicht der erste Krieg, in dem der Faktor Öl eine entscheidende Rolle spielte. Als Winston Churchill, Großbritanniens Marineminister im Ersten Weltkrieg, die britische Flotte von Kohle auf Öl umrüstete, erzielte er dadurch einen kriegsentscheidenden Vorteil. Großbritannien konnte diese Strategie nur deswegen erfolgreich verfolgen, weil es kurz zuvor in Persien ein großes Ölvorkommen entdeckt hatte. Parallel dazu gelang es den Briten, den deutschen Ölnachschub aus Rumänien erfolgreich zu sabotieren.

Im Zweiten Weltkrieg wollte Hitlers Wehrmacht mit dem Russlandfeldzug auch die Ölfelder im Kaukasus für die deutsche Kriegsführung sichern. Einer der Gründe, warum Nazideutschland den Alliierten schließlich im Krieg unterlag, war die angloamerikanische Seeblockade, die die deutsche Wirtschaft effektiv von der Rohstoffeinfuhr, und nicht zuletzt Ölimporten, abschneiden konnte.

Während der Suezkrise 1956, als die ehemaligen Kolonialmächte Frankreich und Großbritannien versuchten, in Ägypten ein ihnen gewogenes Regime zu errichten und den Suezkanal unter ihre Kontrolle zu bringen, stellten sich die USA gegen ihre westlichen Verbündeten und auf Seiten des ägyptischen Diktators Nasser. Seitdem haben die Amerikaner die Rolle der Schutzmacht des Kanals und der gesamten Tankerrouten vom Persischen Golf bis ins Mittelmeer inne. Seit der Suezkrise und dem Wegfall der ehemaligen Kolonialmächte sind die USA der Garant der politischen Ordnung im Nahen Osten. Lange bestand die amerikanische Politik darin, prowestliche Diktatoren wie den Schah von Persien und das saudische Königshaus zu stützen und gegen sowjetischen Einfluss zu schützen. Seit dem Aufstieg der Islamisten und den Terroranschlägen des 11. September ist offensichtlich, dass diese politische Strategie langfristig zur Destabilisierung der Region, zur Delegitimierung der USA in der islamischen Welt und zum Aufstieg terroristischer Bewegungen führt.

Auch der zweite Irakkrieg, mit dem die Amerikaner – und eine diesmal deutlich kleinere »Koalition der Willigen« – Saddam Hussein 2003 auch ohne UN-Mandat endgültig stürzten, wurde nicht wegen der Gräueltaten des irakischen Diktators oder seiner vermeintlichen Massenvernichtungswaffen geführt, sondern um auf diese Weise den ganzen Nahen und Mittleren Osten unter amerikanischer Führung politisch neu zu ordnen. Diese neue Ordnung sollte zwei Zielen dienen: die Quellen des Terrorismus auszutrocknen und die Ölquellen weiter sprudeln zu lassen. Seitdem herrscht im Irak Bürgerkrieg, und die Ölproduktion ist auf einen tieferen Stand gesunken als zur Zeit des UN-Embargos gegen den Irak nach dem ersten Golfkrieg.

Der wirtschaftliche Nutzen einer militärischen Sicherung der Ölquellen ist ohnehin zweifelhaft. So berechnete das amerikanische Energieministerium schon vor dem Ausbruch des zweiten Golfkriegs, dass unter Einbeziehung der Kosten für das militärische Engagement der USA in der Region der Ölpreis eigentlich bei 100 Dollar pro Barrel liegen müsste.

Waffe Energie

In der heutigen globalisierten Welt ist es offensichtlich nicht möglich, die eigene Energieversorgung mit militärischen Mitteln allein zu sichern. Wie sieht es aber mit einer Strategie aus, die Kontrolle über wichtige Energieressourcen oder zentrale Elemente der internationalen Energieinfrastruktur als Waffe zu nutzen?

Seit der ersten Ölkrise 1973, als die arabischen Ölstaaten die Lieferungen für die westliche Welt erst unterbrachen und dann die Preise anhoben, wird Öl als politische Waffe verwendet. So zündete Saddam Hussein nach der amerikanischen Invasion im Irak 1991 die Ölfelder im Süden des Landes an. Momentan droht der Iran im Streit um sein Nuklearprogramm damit, eine weltweite Ölkrise auszulösen. Zumindest die Märkte nehmen die Drohung ernst. Nach jeder Rede, in der der radikalreligiöse iranische Präsident Ahmadinejad den Ton im Konflikt mit den USA verschärft, steigt der Preis pro Barrel Rohöl an, da die Analysten an den internationalen Rohölbörsen eine Zuspitzung der politischen Lage im Nahen Osten und daraus erwachsende Turbulenzen auf den internationalen Energiemärkten fürchten.

Schon 1980 sagte US-Präsident Carter unter dem Eindruck der sowjetischen Invasion in Afghanistan und des islamistischen Umsturzes im Iran in seiner jährlichen Rede an die Nation: »Jeder Versuch, die Kontrolle über den Persischen Golf zu erlangen, wird als Angriff auf die nationalen Interessen der Vereinigten Staaten betrachtet. Ein derartiger Versuch wird mit allen zur Verfügung stehenden Mitteln, inklusive militärischer Gewalt, abgewehrt.« Die sogenannte Carter-Doktrin war geboren. Seitdem taucht das Thema Energiesicherheit in jeder Neuauflage der Nationalen Sicherheitsstrategie der USA an zentraler Stelle auf.

Das US-Verteidigungsministerium hat schon lange erkannt, dass die Abhängigkeit der USA von Ölimporten die Sicherheit des Landes nicht erhöht, sondern verringert. Nicht nur ist die Energieversorgung der größten Wirtschaftsmacht der Welt anfällig für Preisschwankungen, Ressourcenverknappung und politisch motivierte Embargos der Ölstaaten; auch der außenpolitische Preis, den die USA für die Sicherung ihrer weltweiten Ölversorgung zahlen müssen, ist in den letzten Jahren ständig gestiegen. Im politischen Washington ist es inzwischen ein Glaubenssatz, dass die wirtschaftliche Abhängigkeit von der saudischen Theokratie, die immerhin Osama bin Laden hervorgebracht hat, reduziert werden muss. Die Sicherung von Ölressourcen steht außerdem in einem ständigen Widerspruch zu anderen Zielen der US-Außenpolitik, wie der Förderung der Demokratie und der Eindämmung des russischen Einflusses in Osteuropa und Zentralasien. Schließlich sind die USA im Run auf das letzte Öl und Gas in einen gefährlichen Wettlauf mit dem Konkurrenten China geraten.

James Woolsey, unter US-Präsident Clinton kurzzeitig Direktor der CIA und inzwischen einflussreicher Strippenzieher in Washington, hat eine Organisation aus dem Kalten Krieg wiederbelebt, das »Committee on the Present Danger (CPD)«. Damals diente die Organisation der Enttarnung von Kommunisten und der propagandistischen Unterfütterung des amerikanischen Rüstungswettlaufs mit der Sowjetunion. Heute hat sich das CPD vorgenommen, das Thema Energiesicherheit auf die Tagesordnung zu setzen. Nach Woolseys Einschätzung erfordert die nationale Sicherheit eine völlig neue Energiepolitik und einen sparsameren Umgang mit Öl. Die Sicherheit Amerikas sei dadurch bedroht, dass die US-Energieimporte radikalislamischen Regimes wie Saudi-Arabien zufließen.

Es ist deswegen kein Zufall, dass das Pentagon die letzte Studie des Energiesparpapstes Amory Lovins teilweise finanziert hat. Das Buch heißt »Winning the Oil Endgame« und beschreibt ein ganz anderes Großes Spiel als dasjenige, das auf dem geopolitischen Schachbrett Zentralasiens stattfindet. Die Regeln des Spiels heißen Innovation und Energieeffizienz. Dieses Ziel soll erreicht werden, indem die Kräfte des freien Markts sich gegen die Interessen der etablierten Energiemultis durchsetzen. Lovins beweist damit, dass strategisches Denken auch anders aussehen kann, als Bohrtürme und Soldaten auf einer großen Landkarte hin- und herzuschieben. Auch der einflussreiche »New York Times«-Kolumnist Tom Friedman argumentiert, dass die energiepolitische Abhängigkeit inzwischen zur zentralen Sicherheitsfrage der USA geworden ist.

Das Desaster im Irak hat in weiten Teilen des außenpolitischen Establishments der USA zu einem Umdenken geführt. Der Glaube an die zentrale Rolle militärischer Stärke ist verloren gegangen. Das Erklärungsmodell der Clinton-Administration für die Veränderungen in der Welt war die wirtschaftliche Globalisierung. Nach dem 11. September 2001 begann die Bush-Regierung, die Welt ausschließlich durch die Brille des Krieges gegen den Terrorismus zu betrachten. Heute schwingt das Pendel zurück. Langsam, aber sicher setzt sich auch in den USA die Einsicht durch, dass die großen Herausforderungen des globalen Wandels nur durch internationale Kooperation und eine Vielfalt politischer Instrumente bewältigt werden können. Die wichtigste Waffe gegen die Waffe Energie ist, folgt man den Argumenten von Amory Lovins, Tom Friedman oder des ehemaligen US-Vizepräsidenten Al Gore, eine nachhaltige Umgestaltung unserer Energiepolitik.

Am nachdrücklichsten verfolgt das neue Russland unter Präsident Putin seine außenpolitischen Ziele unter Einsatz der Waffe Energie. Die Rote Armee hat sich aus Osteuropa und Zentralasien schon längst zurückgezogen. Stattdessen wird Russlands Einfluss in seinem alten Herrschaftsgebiet durch Investitionen der großen Ölkonzerne im benachbarten Ausland und durch das Pipelinenetz von Gazprom garantiert. Russlands Energiekonzerne versuchen, begleitet durch politische Abkommen und die Stationierung russischer Truppen, Einfluss und Marktanteile in Zentralasien und im Südkaukasus hinzuzugewinnen. In den westlichen Nachbarländern Weißrussland und Ukraine übt Russland Druck aus, um die Öl- und Gastransitleitungen zu erwerben, die durch diese Länder in Richtung Westen verlaufen. Russland möchte sich als größter Energielieferant für den Westen unverzichtbar machen und dadurch wieder zur Weltmacht aufsteigen.

China ist inzwischen der zweitgrößte Energiekonsument nach den USA. Dem wachsenden Bedarf stehen jedoch nur beschränkte nationale Energieressourcen gegenüber. Die chinesische Führung selbst macht sich zunehmend Sorgen darüber, dass eine Unterbrechung der Energieversorgung zu einer Schwächung des Wirtschaftswachstums und – dadurch ausgelöst – zu sozialen Unruhen und einer Bedrohung des Regimes führen könnte, das sich vor allem durch die gute wirtschaftliche Entwicklung legitimiert. Auf diese Herausforderung reagiert China mit einer breit angelegten internationalen Energiestrategie. Kern dieser Strategie ist es, über eine direkte Kontrolle der Ölproduktion in wichtigen Exportländern durch staatliche chinesische Ölfirmen den Direktexport nach China zu sichern. Auf dem Weltölmarkt kollidieren die chinesischen Interessen schon heute mit denen der USA. Zwischen China und den USA hat inzwischen auch ein Wettlauf um geopolitische Einflusssphären und Lieferverträge begonnen. Die staatlichen chinesischen Energiekonzerne sind in der Frage, mit wem sie sich einlassen, nicht zimperlich: China kauft auch von Pariastaaten wie dem Sudan und hat langfristige Lieferverträge mit politischen Antagonisten der USA wie dem Iran und Venezuela geschlossen. Im Wettbewerb mit den USA dringen chinesische Ölfirmen nach Afrika und Lateinamerika vor. Begleitet wird der wachsende wirtschaftliche Einfluss Chinas durch diplomatische Initiativen, mit denen China sich als regionales Gegengewicht zu den USA positionieren möchte. Besondere sicherheitspolitische Brisanz entwickelt Chinas Energiehunger in seiner eigenen Nachbarschaft. Vor seinen Küsten möchte China Öl- und Gasvorkommen erschließen – und gerät so in territoriale Konflikte mit seinen Nachbarländern Japan, Vietnam oder den Philippinen. Über das Bündnis mit Russland soll die

Lieferung über Land, über die Rückgewinnung Taiwans der Seeweg gesichert werden. Bei all diesen Bemühungen stößt China an amerikanische Einflusszonen.

Ein neues »Great Game«

Im ausgehenden 19. Jahrhundert verglich Lord Curzon, der britische Vizekönig in Indien, Zentralasien mit einem Schachbrett. Auf diesem Brett finde ein großes Spiel, das »Great Game« um Macht und Einflusszonen statt. Die Spieler im 19. Jahrhundert hießen Russland und Großbritannien. Russland wollte nach der Eroberung der zentralasiatischen Khanate immer weiter nach Süden, bis nach Afghanistan und Persien, vordringen. Großbritannien wollte seine Besitzungen in Indien und die Seewege dorthin sichern sowie den russischen Vormarsch stoppen. Nachdem in Persien Öl gefunden wurde, ging es aber auch darum, diesen neuen Rohstoff für die britische Flotte zu sichern. Russland und Großbritannien einigten sich schließlich darauf, das Persische Reich in Einflusszonen zu teilen. Die koloniale Erfahrung aus dieser Zeit ist bis heute eine wichtige Quelle des iranischen Nationalismus sowie Wunsches, Atommacht zu werden.

Auch heute stoßen die Großmachtinteressen in Zentralasien zusammen. An der Neuvermessung der Region, bei der es vor allem um die dort befindlichen Energieressourcen geht, beteiligen sich diesmal Indien, China und Russland, aber auch der Iran und die USA. Russland und die USA versuchen, ihren regionalen Einfluss durch Militärbasen abzusichern. China und Indien investieren massiv in die Öl- und Gasförderung sowie in den Pipelinebau. Der Iran versucht, sich als Kooperationspartner für die energiehungrigen asiatischen Wachstumsökonomien aus seiner politischen Isolation zu befreien. Der Europäischen Union fehlt bisher eine Strategie für die Region, auch wenn europäische Unternehmen in ganz Asien investieren und sich aktiv an der Erschließung von Energieressourcen beteiligen. Dabei könnte die Europäische Union mit ihrer Erfahrung regionaler wirtschaftlicher und politischer Integration ein Modell für die asiatischen Nationalstaaten in ihrem Ringen um Einflusssphären darstellen.

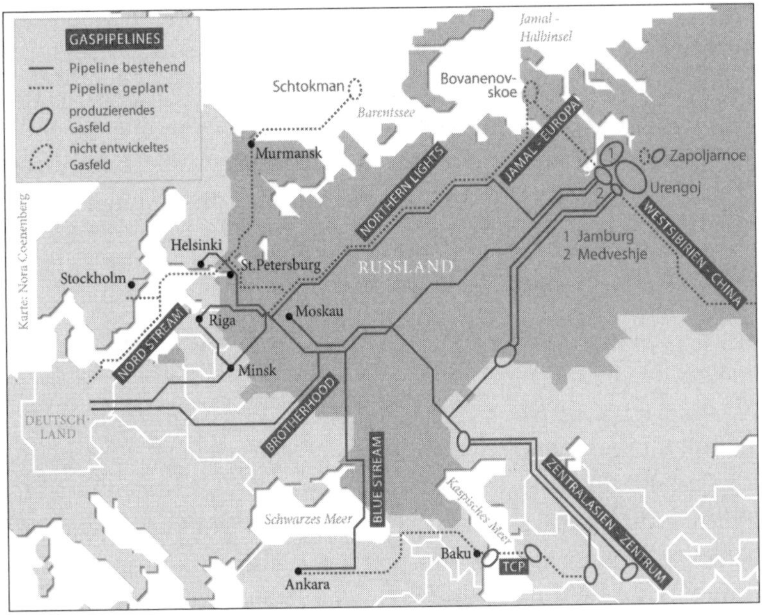

Die wichtigsten Gaspipelines im Westen Russlands

Um die Startaufstellung des Großen Spiels zu verstehen, lohnt sich ein Blick auf die Karte der großen Öl- und Gaspipelines, die den eurasischen Doppelkontinent wie ein Spinnennetz überziehen. Die tragenden Fäden dieses Netzes gehen von Russland aus und befinden sich unter der Kontrolle der Pipelinemonopolisten Gazprom (Erdgas) und Transneft (Öl). Europa bezieht schon heute den Großteil seiner Erdgasimporte und einen wachsenden Anteil seines Öls über das russische Netz. China und die anderen Länder Ostasiens wollen demnächst ebenfalls von Russlands Reserven profitieren. Beide Seiten, sowohl Europäer als Asiaten, befürchten, dass ihre Abhängigkeit vom russischen Transportmonopol in Zukunft weiter wächst. Deswegen sind sie dabei, alternative Pipelinerouten zu errichten. Die USA importieren zwar bisher kaum Öl und Gas aus Russland, sehen aber den wachsenden regionalen Einfluss Moskaus mit Unbehagen. Außerdem möchte Washington den Zugang amerikanischer Firmen zu den Energiereserven Zentralasiens und des kaspischen Raums sichern. Die

Amerikaner unterstützen deswegen den Wunsch der zentralasiatischen Staaten, sich aus der energiepolitischen Umklammerung Russlands zu befreien. Gleichzeitig versuchen die USA, dem wachsenden chinesischen Einfluss entgegenzutreten. Außerdem möchten die USA den Iran isolieren. Ein Blick auf die Landkarte zeigt allerdings, dass die Zahl der Landrouten für neue Pipelines, die sowohl um Russland und seine Verbündeten als auch um den Iran herumführen, begrenzt ist. Deswegen sind die USA bei der Auswahl ihrer Bündnispartner auch nicht wählerisch und lassen sich mit zweifelhaften Regimes wie der Regierung Alijev in Aserbaidschan oder dem autokratisch geführten Kasachstan ein.

Die beiden zentralen Projekte der amerikanischen Zentralasienpolitik sind die schon erwähnte Baku-Tiflis-Ceyhan (BTC)-Pipeline und das Bündnis mit Kasachstan. Schon fertig gestellt ist die BTC-Pipeline, die Öl aus dem kaspischen Raum per Schiff in die aserbaidschanische Hauptstadt Baku und von dort über das georgische Tiflis zum türkischen Mittelmeerhafen Ceyhan transportiert. Eine weitere transkontinentale Gasleitung soll vom Osten Kasachstans über Usbekistan und Turkmenistan, unter dem Kaspischen Meer durch den südlichen Kaukasus und von dort in den Westen führen. Kasachstan hält sich allerdings auch die Bündnisoption mit Russland offen. So unterzeichnete der nationale Pipelinebetreiber am gleichen Tag, als US-Vizepräsident Cheney im Mai 2006 das Land besuchte, ein Abkommen mit Russland und China, um Öl von Westsibirien nach China zu exportieren. Auch Indien will den Ölimport aus Kasachstan und dem benachbarten Turkmenistan verstärken. Der Transport liefe über das bis heute von US- und NATO-Truppen politisch kontrollierte Afghanistan.

Die energie- und sicherheitspolitischen Interessen der USA in der Region vermischen sich. Seit den Terroranschlägen vom 11. September 2001 haben die USA ein Netz von Militärbasen in den zentralasiatischen Staaten ausgebaut. Der Kaukasusstaat Georgien soll sogar in die NATO aufgenommen werden. Die offizielle Begründung für das wachsende regionale Engagement der US-Militärs sind der islamische Terrorismus und der Militäreinsatz in Afghanistan. Gleichzeitig wird damit aber das geostrategische Terrain gegenüber den Großmachtkonkurrenten Russland und China abgesteckt.

Während in den Staaten Ost- und Südasiens die Wirtschaft boomt, spitzen sich in den ehemaligen Sowjetrepubliken Zentralasiens ökonomische und politische Krisen zu. Turkmenistan und Kasachstan haben sich zwar zu bedeutenden Öl- und Gasexporteuren entwickelt, ihre interne wirtschaftliche Modernisierung ist aber stecken geblieben. Hinter der scheinbar friedlichen Fassade dieser autoritär geführten Länder wächst die Gefahr des politischen Extremismus. In Zentralasien versuchen alle Länder, die Begehrlichkeiten Russlands, Chinas und der USA gegeneinander auszuspielen. So beherbergt Kirgisien sowohl eine russische als auch eine amerikanische Militärbasis. Beide Basen liegen nur 25 km auseinander.

Die Widersprüche der US-amerikanischen Zentralasienpolitik lassen sich anhand eines Besuchs von US-Vizepräsident Cheney in der Region erzählen. Im Mai 2006 reiste Cheney nach Osteuropa und Zentralasien. In Zagreb traf er sich mit den Verteidigungsministern Kroatiens, Mazedoniens und Albaniens und versprach ihren Ländern die baldige Aufnahme in die NATO. Die Erweiterung der NATO, vor allem um die Staaten der ehemaligen sowjetischen Einflusszone, ist erklärtes Ziel der USA. Einerseits wollen die USA die NATO von einer rein transatlantischen Organisation zu einem globalen Bündnis der Demokratien ausbauen, andererseits verbindet sich damit eine geostrategische Eindämmungsstrategie gegenüber den Konkurrenten Russland und China. Der Faktor Energie spielt eine Schlüsselrolle. Von Zagreb reiste Cheney nach Vilnius weiter. In der litauischen Hauptstadt hielt er eine Rede auf die Demokratie in Osteuropa und kritisierte die Außenpolitik Russlands. Er warf Russland vor, seine Öl- und Gasexporte »als Mittel der Einschüchterung und Erpressung zu verwenden, entweder durch den Versuch, das Angebot zu manipulieren oder den Transport zu monopolisieren«. Damit hatte Cheney in der Sache Recht. Sein Plädoyer für mehr Demokratie und freie Märkte kontrastierte jedoch auffällig mit der nächsten Station seiner Reise, einem Besuch in der kasachischen Hauptstadt Astana.

Das Schlüsselland für die wirtschaftliche und politische Zukunft

Zentralasiens ist Kasachstan. Der Präsident Kasachstans, Nursultan Nasarbajev, wurde im Dezember 2005 mit 91 Prozent der Stimmen wiedergewählt. Seit 1989 steht er unangefochten an der Spitze des Landes. Davor, in der Sowjetunion, war er Spitzenfunktionär in der Kommunistischen Partei. Von Demokratie war bei Cheneys Besuch weniger die Rede. Denn Kasachstan hat Öl.

Kasachstan ist ein säkulares muslimisches Land in einem schwierigen außenpolitischen Umfeld und mit einer sich verschlechternden Menschenrechtssituation. Aber Kasachstan ist auch eines der rohstoffreichsten Länder der Erde. Am wichtigsten allerdings sind die großen Öl- und Gasfelder, die unter dem Kaspischen Meer liegen. Kasachstan produzierte im Jahr 2005 1,2 Millionen Barrel Öl. Im Jahr 2010 will Kasachstan die Ölexportriesen Kuwait und Nigeria überholen. Bis 2015 soll die Produktion auf drei Millionen Barrel gesteigert werden. Die Ölexporte Kasachstans werden künftig vor allem nach China gehen. Auch die USA haben Interesse bekundet. Chinas Rolle als Konkurrent um die Ölreserven im Nahen Osten wird dadurch abgemildert.

Außenpolitisch zeigt sich Kasachstan nach allen Seiten offen. Kasachische Ölkonzerne investieren in Osteuropa und in den asiatischen Nachbarländern. Dort machen sie auch Russland Konkurrenz. An seinem Öl- und Gasreichtum haben China und Indien, aber auch der Westen Interesse. Russland braucht zwar kein Öl aus Kasachstan, spielt aber durch seine Kontrolle des zentralasiatischen Pipelinenetzes eine Schlüsselrolle beim Export. Einen wirtschaftlichen, aber vor allem energiepolitischen Zusammenschluss der beiden Energiegroßmächte Kasachstan und Russland möchten die USA aber auf jeden Fall verhindern.

Wo bleibt Europa?

Kann Europa beim großen Spiel um die weltweiten Energieressourcen mithalten? Sollte Europa nach denselben, oftmals brutalen Regeln spielen oder sich für einen anderen Weg zum Ziel einer sicheren, bezahlbaren und umweltfreundlichen Energieversorgung entscheiden?

Seitdem mit dem Vertrag von Maastricht eine Gemeinsame Außen- und Sicherheitspolitik (GASP) der Europäischen Union begründet wurde, hat sie sich von Problem zu Problem weiterentwickelt. Das Ziel der nachhaltigen Entwicklung steht, auch im Bezug auf die europäische Außenpolitik, schon im Maastricht-Vertrag. Klimaschutz und Energiesicherheit werden als Herausforderungen der EU-Sicherheitsstrategie von 2003 benannt.

Geographisch wächst die EU-Außenpolitik in konzentrischen Kreisen. In ihrer unmittelbaren Nachbarschaft, in Osteuropa oder im Mittelmeerraum ist die EU schon heute zum bestimmenden Faktor geworden. Weltweit gesehen ist die EU jedoch gerade erst aus den politischen Kinderschuhen herausgewachsen. Dabei ist sie in der internationalen Handelspolitik schon heute eine Weltmacht. Neben den USA, China sowie einigen großen Entwicklungsländern ist die EU der entscheidende Akteur innerhalb der Welthandelsorganisation. Der Euro hat sich in wenigen Jahren zur zweiten globalen Reservewährung neben dem Dollar entwickelt. In wahrscheinlich nicht allzu ferner Zukunft wird der Zeitpunkt kommen, wenn auch die globalen Ölgeschäfte neben dem Dollar in Euro abgewickelt werden. Auch in der globalen Klimapolitik, einem zentralen Baustein der Energiepolitik, spielt die EU eine Führungsrolle. Aus ihrer wirtschaftlichen Macht erwachsen auch politischer Einfluss und die Verantwortung, diesen zu nutzen.

Was die EU in den neunziger Jahren auf dem Balkan versäumt hat, nämlich bei der Lösung der Konflikte in ihrer eigenen Nachbarschaft die Führungsrolle zu übernehmen, sollte sie bei der Transformation der osteuropäischen Staaten in Richtung Demokratie, Sicherheit und Stabilität nachholen. Russland wird dabei als konstruktiver Partner gebraucht. Dort, wo die russische Regierung ihrer Verantwortung nicht gerecht werden möchte beziehungsweise von irregeleiteten Vorstellungen einer russischen Einflusssphäre, für die andere Regeln als in Europa gelten, motiviert wird, muss die EU auch gegen den Wunsch Moskaus und im Interesse ihrer Mitgliedstaaten und der demokratischen Bewegungen in ihren Nachbarländern handeln. Die Transformation Weißrusslands, der letzten Diktatur Europas, in Richtung

Demokratie ist dabei der wichtigste Prüfstein für die EU-Russland-Beziehungen.

Der zweite wichtige Prüfstein für diese Beziehungen ist eine kooperative Gestaltung des paneuropäischen Energiemarkts. Leider wird das Verhältnis zwischen der EU und Russland heute vor allem durch die gegenseitige energiepolitische Abhängigkeit definiert. Russlands Außenpolitik wird zunehmend mit wirtschaftspolitischen Instrumenten, darunter am prominentesten durch Energieexporte und -investitionen, ausgeführt. Andere wichtige Aspekte der gegenseitigen Beziehungen, wie die oben genannten Sicherheitsherausforderungen oder eine auf breiterer Basis angelegte wirtschaftliche Beziehung, treten dabei in den Hintergrund. Eine gesamteuropäische Energiepolitik, wie sie in der Europäischen Energiecharta bereits angelegt ist, muss die wirtschaftlichen und politischen Interessen sowohl von Export-, Import-, als auch von Transitländern berücksichtigen. Die von der EU und Russland im Rahmen des Kioto-Protokolls eingegangenen Verpflichtungen zum Klimaschutz gehören ebenfalls zur weiteren Ausgestaltung des europäischen Energiemarkts.

Die Frage der zukünftigen Energiesicherheit zeigt exemplarisch, wie eng die Interessen Europas und Ostasiens im eurasischen Raum miteinander verknüpft sind. Die Volkswirtschaften Ostasiens definieren ihre Beziehungen zum bisher weitgehend vernachlässigten Nachbarn Russland vor allem über die erhofften Öl- und Gasimporte. Mehr und mehr treten die EU und die aufstrebenden ostasiatischen Volkswirtschaften dadurch in Konkurrenz zueinander. Diese muss durch ein stärkeres Engagement der EU in der Region konstruktiv gestaltet werden.

Je mehr globale Reichweite die gemeinsame Außen- und Sicherheitspolitik der EU entwickelt, desto wichtiger ist es, europäische Politik mit dem wichtigsten Partner Europas in der Welt – den USA – zu koordinieren. Auch wenn es zwischen EU und USA immer wieder zu Interessenkonflikten kommen wird, so können die wesentlichen globalen Herausforderungen und die meisten regionalen Sicherheitskonflikte nur dann gelöst werden, wenn EU und USA konstruktiv miteinander zusammenarbeiten.

In welchem institutionellen Rahmen und auf welcher vertraglichen Basis sollte diese Zusammenarbeit stattfinden? Der wichtigste Rahmen für die Lösung internationaler Probleme sollten weiterhin die Vereinten Nationen bleiben. Diese müssen dafür reformiert werden mit dem Doppelziel höherer Effizienz und Legitimität ihres Handelns. Nach dem würdelosen Gezerre zwischen Deutschland und anderen EU-Partnern um einen permanenten deutschen Sitz im Sicherheitsrat sollten die Kräfte darauf konzentriert werden, im Vorfeld wichtiger Entscheidungen eine gemeinsame EU-Position herzustellen und – aufbauend auf einer Erfahrung konstruktiver Zusammenarbeit – langfristig einen gemeinsamen europäischen Sitz anzustreben.

KAPITEL 3

ENERGIESUPERMACHT RUSSLAND

Als am Silvesterabend 1999 zur Feier des neuen Millenniums die Sektkorken knallten und Bilder von Feuerwerken in allen Hauptstädten der Welt über die Bildschirme flimmerten, fand eine Meldung aus der Rubrik Auslandsnachrichten nur wenig Beachtung. Der russische Präsident Boris Jelzin war überraschend zurückgetreten und hatte seine Amtsgeschäfte an seinen bis dato weder im In- noch im Ausland sonderlich bekannten Premierminister Wladimir Putin übertragen. Am Neujahrsmorgen 2000 war der große Computercrash ausgeblieben, drehte sich die Welt weiter, aber für Russland war ein neues Zeitalter angebrochen. Und wie sich später herausstellte, führte der Aufstieg Putins auch zu einer Zeitenwende in der weltweiten Energiepolitik.

Russlands Wiederaufstieg

Russland hat eine Schlüsselstellung für die zukünftige Energieversorgung Europas und Asiens. Deswegen ist es wichtig, zu verstehen, wohin Russland steuert und wer die Männer sind, die zurzeit im Kreml das Sagen haben, wie sie denken und was sie wollen. Russlands innenpolitische Entwicklung hat auch Auswirkungen auf das Verhalten gegenüber seinen Nachbarn und dem Rest der Welt. Wie zu Sowjetzeiten gehen eine immer autokratischere Innen- und eine imperiale Außenpolitik Hand in Hand. Dabei setzt die neue russische Großmachtpolitik auf die Macht von Gazprom, nicht auf die Waffen der Roten Armee. Die Europäische Union muss sich entscheiden, wie sie mit dem unheimlichen Koloss in ihrer Nachbarschaft umgehen will. Wird Russland zum strategischen Partner, so wie es in den wohllautenden Erklärungen europäischer Gipfeltreffen immer heißt, oder wächst im Osten ein Konkurrent und Gegner heran, gegen den Europa sich wirtschaftlich und politisch wappnen muss?

Die russische Wirtschaft boomt. Nachdem Ende der neunziger Jahre der Rubel kollabierte und die Zahlungsfähigkeit der Regierung nur durch internationale Kredite gerettet werden konnte, zahlt Moskau heute seine Auslandsschulden schneller zurück als vorgesehen. Doch das seit Jahren anhaltende Wirtschaftswachstum gründet fast ausschließlich auf dem Rohstoffexport, vor allem von Öl und Gas. Ansonsten stockt die wirtschaftliche Modernisierung. Die Erschließung neuer Förderfelder für diese strategisch wichtigen Ressourcen wird durch das eng abgestimmte Zusammenspiel zwischen dem Staat und einigen Großkonzernen vorangetrieben. Gleichzeitig nutzt die russische Führung die Schlüsselrolle des Landes für Europas und Ostasiens Energieversorgung, um den seit dem Zerfall der Sowjetunion verlorenen Einfluss in der Weltpolitik zurückzugewinnen.

Scheinbar unbegrenzte Ressourcen

Russland hält die größten Kohle-, Uran- und Gas-, sowie die siebtgrößten Ölreserven der Welt. In Steinkohleeinheiten (SKE), einer gebräuchlichen Messgröße für den Energiegehalt, besitzt das Land nach den USA und weit vor Indien, China oder Saudi-Arabien den zweitgrößten Anteil an fossilen Energievorräten insgesamt. Wegen der chaotischen Privatisierungspolitik der Jelzin-Jahre, in der ehemals staatliche Unternehmen oftmals in die Hände privater Finanzspekulanten gerieten, die die Produktion vernachlässigten und nur an einem schnellen Weiterverkauf interessiert waren, sowie wegen des Zusammenbruchs der Absatzmärkte ging die Förderung von Öl und Gas nach dem Ende der Sowjetunion Anfang der neunziger Jahre dramatisch zurück. Heute steigt sie genauso schnell wieder an. Doch das Wachstumspotenzial für Russlands boomenden Energiesektor ist nach oben nicht unbegrenzt.

Die russische Ölproduktion begann Ende des 19. Jahrhunderts am Kaspischen Meer auf dem Gebiet des heutigen Aserbaidschan. Heute

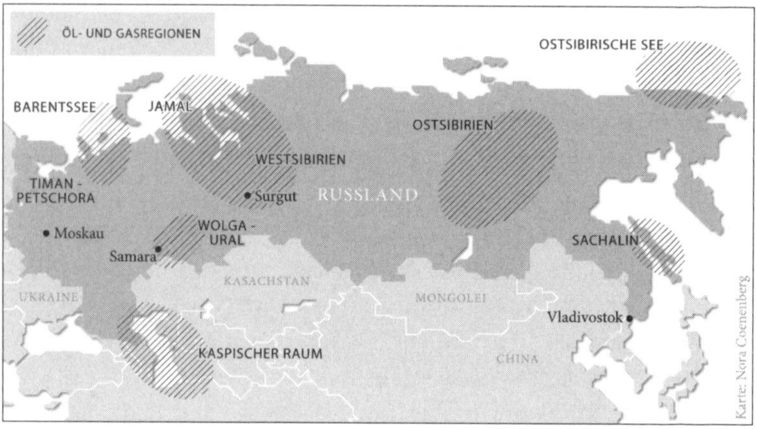

Öl- und Gasförderregionen in Russland

liegen die Hauptförderstätten im Westen Sibiriens. Zukünftig setzt man auf neue Ölfelder im Osten Sibiriens, in der Barentssee und auf Sachalin. Ölexperten unterscheiden dabei zwischen heute schon nutzbaren »Reserven« und zukünftig verfügbaren »Ressourcen«. Bei den Reserven an heute wirtschaftlich und technisch förderbarem Erdöl steht Russland an siebter Stelle weltweit. Bei den Ressourcen, den bekannten, aber noch nicht unter rentablen Bedingungen förderbaren Vorräten, befindet sich Russland mit 16 Prozent weltweit an zweiter Stelle. Obwohl Russland über erheblich geringere Erdölreserven als Spitzenreiter Saudi-Arabien verfügt, liegt es bei der aktuellen Fördermenge fast gleichauf. Im Jahr 2005 lag die russische Ölförderung sogar erstmals vor der der Saudis. Allerdings verbrauchte Russland so viel Öl im eigenen Land, dass seine Exportmenge noch deutlich hinterherhinkte. Momentan fördert Russland jährlich knapp fünf Prozent seiner Reserven. Auch wenn neue Vorkommen entdeckt werden, so hat Russlands Ölproduktion doch ihren Höhepunkt – den sogenannten »Peak« – erreicht. Der Export kann zukünftig nur steigen, wenn im eigenen Land sparsamer mit Energie umgegangen und der heimische Verbrauch gesenkt wird. Russland muss deswegen dringend investieren, nicht nur in moderne Förderanlagen und neue Pipelines, sondern auch in die Energieeffizienz seiner Industrie und Haushalte.

Die Erdgasförderung im Westen Sibiriens, von dem aus Europa heute beliefert wird, geht kontinuierlich zurück. Die neuen gigantischen Gasfelder in der Arktis, unter dem Meeresboden (*offshore*) oder auf der Jamal-Halbinsel können nur erschlossen werden, wenn westliche Investoren sich an den immensen Kosten beteiligen. Dagegen steigt die Ölproduktion am Kaspischen Meer und in Zentralasien weiter. Russland ist deswegen daran interessiert, den Export aus Zentralasien über sein Pipelinenetz Richtung Westen zu leiten, um an diesem Geschäft mitzuverdienen. Außerdem will Russland zukünftig Flüssiggas per Tanker in die USA und nach Ostasien exportieren.

Die Öl- und Gasvorräte, über die Russland verfügt, sind also nicht unerschöpflich, wie russische Politiker und westliche Medien bisweilen glauben machen; dabei wird das Öl Russland eher ausgehen als das Erdgas.

Modell Gazprom

Russlands Präsident Putin will nicht zurück in die Sowjetunion. Sein Vorbild ist weder Stalin noch Breschnew. Über Putins Schreibtisch im Kreml hängt das Bild Peters des Großen, desjenigen Zaren, der auszog, sein Land zu modernisieren. Wie einst Zar Peter möchte Putin Russland durch den Import westlicher Methoden und Technologien zu neuer Größe führen, ohne es selbst zu einem westlichen Land zu machen. Putins Russland hat das Konzept des weltmarktfähigen Großkonzerns auf die russischen Verhältnisse übertragen. Ziel dieser neuen Konzerne ist es nicht allein, Geld zu verdienen, sondern dem russischen Staat und seiner imperialen Außenpolitik zu dienen. Zu diesem Zweck sollen die in den Jelzin-Jahren privatisierten Schlüsselindustrien wieder unter staatliche Kontrolle gebracht werden.

In den neunziger Jahren gehörte Russland den Oligarchen. Durch wilde Privatisierung reich geworden, drängten die privaten Ölfirmen Yukos, Lukoil oder Sibneft auf den Weltmarkt. Die staatliche Gazprom, geleitet von Jelzins ehemaligem Premierminister Viktor Tschernomyrdin, wirkte wie ein Fossil aus einer anderen Zeit. Anlagen und Pipelines wurden nicht modernisiert und verfielen zusehends. Investitionen wurden vernachlässigt, vertagt oder fanden einfach nicht statt. Der Inlandspreis für Gas, das an russische Firmen und Haushalte ging, war hoch subventioniert. Das Geld aus dem lukrativen Auslandsgeschäft sickerte in dunkle Kanäle.

Heute möchte der Kreml Russlands Energiekonzerne zu wettbewerbsfähigen Mitspielern auf dem weltweiten Markt ausbauen. Für ihre aggressive Akquisestrategie brauchen Russlands Konzerne aber zusätzliches Geld. Auch bei steigenden Öl- und Gaspreisen reichen die eigenen Mittel für die weltweite Expansion nicht aus. Geld gibt es aber nur auf dem internationalen Kapitalmarkt. Bisher lässt Russland in strategisch wichtigen Branchen wie dem Energiesektor nur Minderheitenbeteiligung ausländischer Geldgeber am Aktienbesitz zu. Die Mehrheit der Aktien, und damit die politische Kontrolle über den Firmenkurs, bleiben grundsätzlich beim russischen Staat. Bei dieser Strategie bleiben Russlands Großunternehmen für die Aufgaben, denen sie sich gegenüber sehen, unterkapitalisiert. Öffnet sich Russlands Wirtschaft vollständig für den globalen Kapitalmarkt, müssen sich auch die Unternehmen wandeln. Aus intransparenten Staatsfirmen, die nicht ihren Investoren, sondern den politischen Interessen des Kreml zu dienen haben, würden an wirtschaftlichen Überlegungen und am Shareholder-Value orientierte multinationale Konzerne. Damit gäbe der Kreml aber auch das wichtigste Instrument seiner heutigen Außenpolitik aus der Hand. In diesem Spannungsverhältnis, einerseits von der wirtschaftlichen Globalisierung profitieren und andererseits den Einfluss des Kreml über strategisch bedeutsame Wirtschaftszweige aufrechterhalten zu wollen, bewegt sich Russlands Politik seit einiger Zeit. Solange die Ölpreise sich auf hohem Niveau halten und jeder mit Russlands Energiekonzernen ins Geschäft kommen möchte, gelingt es dem Kreml jedoch, geschickt beide Ziele zu kombinieren und sowohl internationale Investoren anzulocken als auch die rechtlichen und politischen Privilegien für seine Staatskonzerne aufrechtzuerhalten.

Gazprom, hervorgegangen aus dem ehemaligen sowjetischen Öl- und Erdgasministerium, ist nicht nur der fünfgrößte Wirtschaftskonzern der Welt, sondern ein Staat im Staat. Wie früher auf den amerikanischen Autokonzern General Motors gemünzt, könnte es heißen: Was gut ist für Gazprom, ist gut für Russland. Jedenfalls muss, wer die russische Politik verstehen möchte, die zentrale Rolle von Gazprom verstehen lernen.

Heute ist Gazprom ein globaler Großkonzern geworden, der mit den Mitteln des Kapitalismus zum Nutzen des russischen Staates wirtschaftet. Gazprom ist mit einem Weltmarktanteil von 20 Prozent, bei steigender Tendenz, der größte Gaskonzern der Erde. Das Unternehmen trägt acht Prozent zur russischen Wirtschaftsleistung bei, zahlt ein Viertel des Gesamtsteuereinkommens und beliefert die Hälfte der Industrie im Land mit Energie.

Gazprom gehört zu 51 Prozent dem russischen Staat, die restlichen Anteile sind in Privatbesitz, wobei einige der Besitzer nicht bekannt sind. Der Konzern beschäftigt 250.000 Arbeitnehmer, unterhält ein Geflecht von 175 Tochterfirmen sowie zahlreiche Unternehmensbeteiligungen im In- und Ausland, über die Milliardenbeträge in wirtschaftliche Investitionen und private Taschen kanalisiert werden. So läuft der Gashandel mit der Ukraine und anderen osteuropäischen Staaten über eine Reihe von Mittelsmännern, von denen wenig bekannt ist. Die Zwischenhandelsfirma Rosukrenergo, die Erdgas aus Russland und Zentralasien in die Ukraine und weitere osteuropäische Länder exportiert, ist in der Schweiz registriert. 50 Prozent der Firma gehören über die ebenfalls in der Schweiz registrierte ARosgas Holding A.G. dem Gazprom-Konzern. Die verbleibenden 50 Prozent werden von einer Firma namens Centragas Holding gehalten. Die Besitzer von Centragas sind unbekannt. Es tauchen aber immer wieder Gerüchte auf, dass sowohl bekannte russische Politiker als auch die ukrainische Mafia dahinterstecken.

Gazprom hält die größten Gasreserven der Welt und besitzt Vorräte von 116 Milliarden Barrel Öl. Zum Ölkonzern wurde Gazprom dadurch, dass es systematisch einige kleinere Ölfirmen aufkaufte. Das wichtigste unerschlossene Vorkommen von Gazprom ist das arktische Shtokman-Gasfeld. Um die Rechte, sich an der Gasförderung im russischen Norden zu beteiligen, bewarben sich die US-Konzerne Chevron und ConocoPhillips, die norwegische Norsk Hydro und die französische Total. Ende 2006 fiel die Entscheidung, das Shtokman-Feld erst einmal mit eigenen Mitteln und ohne ausländische Kapitalgeber zu erschließen – so gut gefüllt ist die Kriegskasse der Gazprom inzwischen. Vielleicht ist diese Ankündigung aber lediglich ein neuer Schachzug im Spiel um bessere Konditionen vonseiten der westlichen Geschäftspartner.

Generell möchte der Kreml bei Verhandlungen um die begehrten russischen Öl- und Gasförderlizenzen nicht nur den höchsten Preis, sondern auch politische Konzessionen erzielen. Der Zugang zum Shtokman-Gasfeld ist deshalb Teil des Verhandlungspokers um den russischen WTO-Beitritt.

Weitere Gemeinschaftsunternehmen der Gazprom mit internationalen Partnern befinden sich auf der Pazifikinsel Sachalin und im sibirischen Juschno Russkoje. An ihnen sind auch die deutschen Firmen Eon und die BASF-Tochter Wintershall beteiligt. In jedem dieser Unternehmen bleibt allerdings die Mehrheit der Anteile in der Hand von Gazprom und damit unter Kontrolle des russischen Staates.

Längst ist Gazprom kein reines Energieunternehmen mehr. Als Staatsmonopolist ohne Konkurrenz im eigenen Land war die Firma in der Lage, ihre Gewinne massiv in andere Branchen zu investieren. Im Zeitraum 2000–2005 kaufte Gazprom für 32 Milliarden US-Dollar Firmen in der Tourismus-, Agrar- und Medienbranche auf. Der Firma gehören wichtige russische Tages- und Wochenzeitungen, so die traditionsreiche »Iswestija«, sowie Fernsehstationen. Da Gazprom mehrheitlich dem russischen Staat gehört, übt der Kreml auf diese Weise auch Kontrolle über die russische Medienlandschaft aus. Kürzlich begann Gazprom damit, in Krasnaja Poljana ein eigenes Skiressort zu bauen. Ziel ist, die Olympischen Winterspiele 2014 nach Russland zu holen und dem russischen Staat auf diese Weise zu zusätzlichem Glanz zu verhelfen.

Nachteil dieser großen Shopping-Tour ist, dass Gazprom weniger Mittel bleiben, um in die Erschließung neuer Gasfelder und die Erneuerung seiner Infrastruktur zu investieren. So schätzt das Carnegie Center in Moskau, einer der wichtigsten unabhängigen Thinktanks des Landes, dass allein für die Erschließung der Gasfelder auf der arktischen Jamal-Halbinsel 100 Milliarden US-Dollar Investitionen notwendig sein werden. Verzögert sich die Erschließung dieser neuen Gasfelder, so nähme die russische Förderung in den kommenden Jahren rapide ab. Hier ist die Firma zunehmend auf die Unterstützung durch ausländische Investoren angewiesen.

Für die marktwirtschaftlichen Reformer in Russland ist Gazprom die Nagelprobe, ob die Reform zu einer modernen Marktwirtschaft gelingt. Das Preissystem der Firma stammt noch aus sowjetischen Zeiten. Bei den Gasexporten ins Ausland bestehen zwei verschiedene Preissysteme nebeneinander. Für den Gasexport nach Westeuropa bekommen die Russen Weltmarktpreise. Exporte an politische Bündnispartner wie Weißrussland oder Armenien erfolgen zu einem reduzierten Satz. Dieser politische Preis wird teilweise durch Zumischung billigeren Erdgases aus Turkmenistan niedrig gehalten. Den Turkmenen bleibt nichts anderes übrig, als bei diesem Spiel mitzumachen. Sie brauchen für ihre Exporte auf den Weltmarkt das russische Pipelinenetz. Für den heimischen Markt werden die Gaspreise unterschiedlich stark subventioniert. Das gilt sowohl für private Haushalte als auch für die Industrie. Das russische Sozialsystem und damit auch die innenpolitische Situation sind in den vergangenen Jahren nur deswegen so stabil geblieben, weil die niedrigen Gehälter und Pensionen durch eine Vielzahl staatlicher Vergünstigungen aufgebessert wurden. Gas und Strom sind für private Abnehmer fast kostenlos. Die Wohnungstemperatur wird deshalb immer noch durch Öffnen und Schließen der Fenster reguliert. Investitionen in modernen Anlagen und Steuerungstechnik lohnen sich unter diesen Voraussetzungen nicht. Außerdem waren die Energiepreissubventionen für die russische Industrie eines der wichtigsten Hindernisse für den WTO-Beitritt des Landes. Die anderen WTO-Mitglieder sind zwar bereit, die verbilligten Preise für Privatkunden als Sozialleistungen zu akzeptieren, lehnen aber staatliche Subventionen für Firmen ab, mit denen sie auf dem Weltmarkt konkurrieren. Die EU und die USA haben dem russischen WTO-Beitritt inzwischen zugestimmt. Zu wichtig ist ihnen der Zugang zu Russlands Ressourcen und zum russischen

Markt. Pikanterweise müssen nur noch die zwei ehemaligen Sowjetrepubliken Moldawien und Georgien dem russischen Beitrittsantrag zustimmen. Sie benutzen wiederum ihre Zustimmung als Faustpfand in den Verhandlungen um günstige Gaspreise und weitere wirtschaftspolitische Konzessionen.

Da Gazprom eigentlich nur auf dem Weltmarkt Geld verdient und zu Hause Verluste macht, bleiben die Einnahmen der Firma unter ihren Möglichkeiten. Nicht nur einheimische Investitionen in die eigene Infrastruktur und neue Förderfelder leiden darunter, sondern auch die Möglichkeit, sich in Energievertriebssysteme im Ausland einzukaufen. Gazprom sucht zukünftig den direkten Zugang zu seinen westlichen Kunden. So wollte der Konzern sich in den britischen Gasversorger Centrica einkaufen, wogegen sich die britische Regierung erfolgreich wehrte. Das liegt auch daran, dass die Reputation Gazproms als seriöser Geschäftspartner angeschlagen ist, seitdem Firmenchef Miller zum Jahresbeginn 2006 vor laufender Kamera den Gashahn für die Lieferungen in die Ukraine abdrehte.

Zumindest in Deutschland ist Gazprom deshalb an einem besseren Image interessiert und übernahm inzwischen sogar das Sponsoring des hochverschuldeten Fußballbundesligisten Schalke 04. Für den Vertrieb des russischen Erdgases in Deutschland gründeten Eon und die Wintershall schon Anfang der neunziger Jahre die Firma Wingas. Auf der anderen Seite möchten westeuropäische Unternehmen in den boomenden russischen Energiesektor investieren. Bisher ist eine Beteiligung jedoch nur bis zu maximal 49 Prozent möglich. So halten die deutschen Firmen Eon und Wintershall jeweils 24,5 Prozent am Konsortium zum Bau der umstrittenen Ostseepipeline, während Gazprom mit den verbleibenden 51 Prozent die Zügel weiterhin fest in der Hand hält.

Rosneft, Lukoil & Co.

Nach dem Modell Gazprom funktionieren die meisten russischen Energiekonzerne, die den Übergang von der wilden Privatisierung der Jelzin-Jahre zum staatsmonopolistischen Kapitalismus des Zeitalters von Putin geschafft haben. Die sibirische Ölgesellschaft Sibneft, die früher dem Milliardär Roman Abramowitsch gehörte, wurde inzwischen mehrheitlich von Gazprom aufgekauft und damit faktisch erneut verstaatlicht. Abramowitsch war durch Sibneft reich geworden und investierte sein Geld im Ausland. Unter anderem gehört ihm der englische Fußballclub Chelsea London. Allerdings bleibt der ehemalige Öl-Oligarch Gouverneur der Arktisprovinz Chukotka und macht sich dort als Statthalter Moskauer Interessen bei den Herren im Kreml beliebt. Michail Chodorkowski, der Gründer und Haupteigner der Ölfirma Yukos, hatte dagegen höhere politische Ambitionen, angeblich bis hin zur Nachfolge von Präsident Putin. Yukos wurde inzwischen von den russischen Steuerbehörden in den Bankrott getrieben. Chodorkowski sitzt eine mehrjährige Lagerhaftstrafe ab.

Im Jahr 2005 befanden sich nominell noch 70 Prozent der russischen Ölproduktion in Privatbesitz. Ausländische Firmen hielten zehn Prozent der Anteile. Der Zugang zum »Allerheiligsten« der russischen Wirtschaft, wie es Präsident Putin ausdrückt, ist strikt reglementiert. Wenn Verkaufsverhandlungen geführt werden, sitzt der Kreml deswegen immer mit am Tisch. Darüber hinaus ist die indirekte Kontrolle, die der Staat über die Genehmigung von Förderlizenzen auf den staatlichen Ölfeldern, das Steuerrecht und das Pipelinemonopol über den Ölsektor hält, viel weitergehender als die direkte Kontrolle durch den – im Vergleich zum Gassektor – relativ beschränkten Staatsanteil an der russischen Ölbranche. Im Fall Yukos wurde das byzantinische russische Steuerrecht so lange zur Anwendung gebracht, bis die ehemals größte Ölfirma des Landes Konkurs anmelden musste. Auch die selektive Anwendung von Umweltvorschriften zur Disziplinierung unbotmäßiger Geschäftspartner hat sich bewährt. Der Firma Yukos wurde vorgeworfen, mit einer geplanten Pipeline nach China das Wassereinzugsgebiet des Baikalsees zu gefährden. Shell bekam die Fördergenehmigung für die größte Auslandsinvestition in Russland, das Ölfeld Sachalin 2, entzogen, nachdem der Inspekteur der russischen Umweltbehörde neben der Baustelle zwei tote Fische im Fluss schwimmen sah. Der wirkliche Hintergrund war, dass Gazprom sich, gegen den Willen des Haupteigentümers Shell, in das profitable

Projekt einkaufen wollte. Auf die realen Umweltprobleme am Baikal und auf Sachalin hatten russische und internationale Nichtregierungsorganisationen (NGOs) schon Jahre zuvor hingewiesen, ohne jemals das Gehör der staatlichen Umweltbehörden zu finden.

Der russische Staat hat deswegen auch kein Interesse daran, den Energiesektor vollständig zu renationalisieren. Stattdessen hat sich eine Symbiose herausgebildet, in der wichtige Mitarbeiter des Kreml gleichzeitig hohe Positionen in der Privatwirtschaft bekleiden. So wird garantiert, dass sich auch Russlands Privatunternehmen in ihrem Geschäftsgebaren an den politischen Interessen der Regierung orientieren. Die Probleme von Yukos und seinem Besitzer Michail Chodorkowski begannen, als dieser versuchte, sich aus der staatlichen Umklammerung zu lösen und Teile der Firma an amerikanische Ölkonzerne zu verkaufen. Der Firmensitz von Yukos sollte vollständig nach London verlegt werden. Chodorkowski wollte Yukos in einen multinationalen Konzern mit international zusammengesetzter Eigentümerstruktur umwandeln. Gleichzeitig wollte Yukos eine eigene private Ölpipeline nach China bauen und damit das Exportmonopol der staatlichen Transneft brechen.

Dem Kreml gelang es, durch die Zerschlagung von Yukos dieses Herzstück der russischen Ölbranche unter staatlicher Kontrolle zu halten. Die Fernsehbilder, die Michail Chodorkowski, den ehemals reichsten Mann Russlands, im Gerichtssaal im Käfig zeigen, haben den anderen Oligarchen im Land einen kalten Schauer über den Rücken gejagt. So schnell wird keiner von ihnen mehr probieren, dem Bannkreis des Kreml zu entfliehen oder sich in die Politik einzumischen. Chodorkowskis Stiftung »Offenes Russland«, in der vor dem Yukos-Bankrott ein Teil der privaten Gelder des gefallenen Oligarchen sicher angelegt wurde, ist noch heute aktiv. Offenes Russland fördert Demokratie- und Menschenrechtsorganisationen sowie einen eigenen Thinktank, das EU-Russland-Zentrum mit Sitz in London. Genau wie die Open Society Foundation des ehemaligen Finanzspekulanten George Soros oder amerikanische Stiftungen, kann Offenes Russland im Land selbst nur unter Schwierigkeiten operieren. In privaten Stiftungen, die den Aufbau einer demokratischen Zivilgesellschaft fördern, liegt aber einer der Schlüssel für die schrittweise Demokratisierung der russischen Wirtschaft und Politik.

Doch nicht Yukos, sondern Rosneft ist heute das Modell für den russischen Ölsektor. Die staatliche russische Ölfirma Rosneft wächst selbst nach Branchenstandards in einem atemberaubenden Tempo. Auch Rosneft ging Mitte der neunziger Jahre aus dem ehemaligen sowjetischen Öl- und Gasministerium hervor. Das Unternehmen hat in den vergangenen Jahren systematisch kleinere private Ölfirmen, Anlagen, Förderlizenzen und einen Anteil von Gazprom erworben. Die Krönung gelang 2004, als Rosneft, nach einer Reihe undurchsichtiger Finanzrochaden, den Zuschlag für die Ölfirma Yuganskneftegas, den wichtigsten Teil des Yukos-Konzerns, erhielt. Nach einer, wie das britische Wirtschaftsmagazin »Economist« schreibt, »sogar nach russischen Standards surrealen Transaktion« ging das Herzstück von Yukos erst an eine Briefkastenfirma namens Baikal-Finanzgruppe über und schließlich, mithilfe chinesischer Kredite, an Rosneft selbst. Die Restbestände von Yukos soll Berichten in der deutschen Presse vom Oktober 2006 zufolge die Deutsche Bank übernehmen – ebenfalls mit dem Ziel des Weiterverkaufs an noch unbekannte russische Eigner.

Der im Sommer 2006 zeitgleich in London und Moskau gestartete Börsengang war ein Erfolg und brachte Rosneft knappe zehn Milliarden Euro frisches Kapital ein. Dieses Geld soll unter anderem darauf verwendet werden, die vorher für den Kauf von Yugansk bei westlichen und chinesischen Geldgebern aufgenommenen Kredite zurückzuzahlen. Auch drei internationale Ölkonzerne, die britische BP, die malaysische Petronas und Chinas Nationaler Petroleumkonzern CNPC, kauften sich in Rosneft ein. Dabei waren wohl weniger die aktuellen Gewinnerwartungen als der zukünftige Zugang zu staatlichen Bohrlizenzen und neuen Fördergebieten ausschlaggebend. So hatte der Kreml in den vergangenen Monaten deutlich gemacht, dass erfolgversprechende ausländische Investitionen in Russlands Energiewirtschaft über die Staatskonzerne Gazprom und Rosneft erfolgen müssen. Die Achillesferse von Rosneft ist die vernachlässigte Infrastruktur. Zukünftig muss mehr in neue Pipelines und Förderanlagen investiert werden. Dazu sind auch Investitionen aus dem Ausland notwendig. Es wird nicht mehr reichen, sich – durch politische Patronage begünstigt – ein Imperium zusammenzukaufen. Das Imperium muss auch gepflegt und instand gehalten werden.

Der mit Währungsspekulationen zum Milliardär gewordene George Soros warnte Anleger davor, in eine Firma zu investieren, die ihren Reichtum mit der faktischen Rückverstaatlichung des Yukos-Konzerns gemacht hat. Viele westliche Investoren verloren damals eine Menge Geld. Zwischen den Zeilen wirbt Rosneft allerdings damit, dass es dem russischen Staat gehört und dessen Patronage genießt. Rosneft kann also nicht enteignet werden. Beim Erwerb neuer Förderlizenzen, beispielsweise im Osten Sibiriens, oder bei der Genehmigung neuer Pipelines und Anlagen, vor allem aber gegenüber den Steuerbehörden, kann Rosneft mit einer toleranten Grundhaltung der Behörden rechnen.

Der größte Ölkonzern Russlands ist weiterhin das privat geführte Unternehmen Lukoil, obwohl Rosneft durch den Erwerb von Yugansk die größeren nachgewiesenen Reserven besitzt. Langfristig zeichnet sich eine Arbeitsteilung zwischen Rosneft und Lukoil ab. Während Rosneft den Zugang ausländischer Investoren zum russischen Markt kanalisieren wird, steigt Lukoil zunehmend ins internationale Geschäft ein. So erwarb Lukoil die amerikanische Ölfirma Getty und damit ein Netz von 2.000 Tankstellen, unter anderem in der US-Hauptstadt Washington. Lukoil engagiert sich inzwischen in fast allen zentralasiatischen Ländern, aber auch in Ägypten, Kolumbien, dem Iran und Venezuela. Gemeinsam mit der US-Firma ConocoPhillips plant Lukoil, das gigantische irakische Ölfeld West Qurna aufzuschließen. ConocoPhillips besitzt inzwischen auch einen Minderheitenanteil an Lukoil. Auch mit der chinesischen CNPC kooperieren die Russen. Die politische Kontrolle über die private Ölfirma übt der Kreml indirekt aus. Das warnende Beispiel von Yukos hat seine Wirkung wohl nicht verfehlt. Strategische Investitionen im Ausland spricht Lukoil weiterhin mit der Regierung Putin ab.

Anfang der neunziger Jahre, als der russische Staat fast zahlungsunfähig war und dringend ausländisches Geld benötigte, um seine natürlichen Ressourcen für den Export zu erschließen, wurden mehrere Öl- und Gasförderkonsortien unter ausländischer Führung genehmigt. Diese bestehenden Konsortien wurden ausdrücklich von einem neuen Gesetz ausgenommen, das nur Minderheitenbeteiligungen ausländischer Unternehmen an russischen Energieprojekten zulässt. Trotzdem sind vor allem die drei großen Ölförderprojekte auf der Pazifikinsel Sachalin (Sachalin 1 und 2) sowie im westsibirischen Charjaga dem russischen Staat ein Dorn im Auge. Heute versucht die russische Energiebranche, durch eine Umschichtung der Anteile die Kontrolle über diese internationalen Konsortien zurückzugewinnen.

Im Fall des von der amerikanischen Exxon gemeinsam mit japanischen und indischen Unternehmen betriebenen Konsortiums Sachalin 1 hält der russische Staatskonzern Rosneft derzeit nur 20 Prozent der Anteile. Ziel der Russen ist es, diesen Anteil zu erhöhen. Statt bares Geld an die ausländischen Partner zu zahlen, sollen diese im Tausch kleinere Anteile an anderen Rosneft-Projekten erhalten. Im Resultat hätte Rosneft in jedem Projekt die Mehrheit. Um sanften Druck auszuüben, verweigert die Genehmigungsbehörde zurzeit eine Verlängerung und Ausweitung der Förderlizenz.

Bei Sachalin 2, dem bisher größten Ölförderprojekt auf der Pazifikinsel, wird das internationale Konsortium Sakhalin Energy Investment Company von der niederländisch-englischen Firma Royal Dutch Shell unter Beteiligung zweier japanischer Firmen geleitet. Seit Langem versucht der staatliche Erdgasmonopolist Gazprom einen Anteil am Konsortium für Sachalin 2 zu erhalten. Im Gegenzug soll Shell Gazprom-Anteile an einem westsibirischen Gasförderfeld erhalten. Im August 2006 teilte die staatliche Umweltbehörde der Sakhalin Energy mit, dass einige Umweltauflagen nicht eingehalten worden seien. Deswegen könne dem Konsortium die Lizenz entzogen werden.

Die europäischen und asiatischen Firmen, die sich schon lange in Russland engagieren, stehen dieser schleichenden Übernahmestrategie machtlos gegenüber. Russland hat schließlich die Europäische

Energiecharta, die Investoren Schutz vor einer feindlichen Übernahme bieten würde, nicht ratifiziert. Deswegen gehört die Ratifizierung der Energiecharta durch die russische Duma bei allen europäisch-russischen Gipfeltreffen zu den wichtigsten Forderungen der europäischen Seite an die russischen Verhandlungspartner.

Putins Netzwerk

Nicht nur Firmen, sondern auch Personen erzählen die Geschichte des neuen staatsmonopolistischen Kapitalismus, der in Russland am Entstehen ist. Seit seinem Amtsantritt zum Neujahrstag 2000 hat Präsident Putin es geschafft, ein mächtiges Netzwerk persönlicher Freunde und Bündnispartner in wirtschaftlichen und politischen Schlüsselpositionen zu etablieren. Die dominante Kraft in Russlands Wirtschaft sind nicht mehr die durch Privatisierungsgewinne und kriminelle Geschäfte an die Macht gekommenen Oligarchen der Jelzin-Zeit, sondern eine Gruppe von Funktionären, die mit Präsident Putin im Auslandsgeheimdienst KGB – der heute unter dem neuen Namen FSB weiter besteht – groß geworden sind. Einige der Oligarchen sind zwar noch im Geschäft, haben nach der Inhaftierung des Yukos-Gründers Chodorkowski jedoch verstanden, dass sie sich aus der Politik – und verwandten Bereichen wie den Medien – herauszuhalten haben.

Wenn hochrangige westliche Besucher, Politiker oder Wirtschaftsdelegationen, nach Moskau kommen, steht ein Besuch bei Gazprom-Chef Alexei Miller fest auf dem Terminkalender. So traf Miller in einer typischen Woche im April 2006 mit dem Botschafter der Europäischen Union, dem Chef der größten staatlichen Öl- und Gasgesellschaft Indiens und dem amerikanischen Botschafter William Burns zusammen. Mit Letzterem besprach er die Beteiligung amerikanischer Unternehmen an der Erschließung riesiger Gasvorkommen in der arktischen Barentssee. Von dort soll verflüssigtes Gas mit Tankschiffen nach Amerika gebracht werden.

Dmitri Medwedew, der Aufsichtsratsvorsitzende von Gazprom, ist gleichzeitig stellvertretender Ministerpräsident und einer der möglichen Nachfolger Putins, wenn dieser 2008 aus dem Präsidentenamt ausscheiden muss. Medwedew arbeitete gemeinsam mit Gazprom-Vorstand Alexei Miller für die Stadtregierung von St. Petersburg.

Auch im Ausland hat Gazprom sich politische Verbindungen eingekauft. Das Konsortium zum Bau der neuen Ostseepipeline wird vom ehemaligen deutschen Bundeskanzler Gerhard Schröder geleitet. Ihm steht im Vorstand der Ex-Stasiagent Matthias Warnig zur Seite. Putin, als ehemaliger KGB-Verbindungsoffizier in Ostdeutschland, weiß diese alten Verbindungen zu nutzen. Der frühere DDR-Beauftragte für den Gasleitungsbau, Hans-Joachim Gornig, leitet die Europaverkaufszentrale der Gazprom in Berlin.

Ein weiterer Petersburger Kollege des Präsidenten ist Igor Sechin. Sechin ist sowohl Vorsitzender der staatlichen Ölgesellschaft Rosneft als auch stellvertretender Leiter der Präsidialverwaltung. Industrieminister Viktor Christenko fungiert im Nebenberuf als Vorsitzender des staatlichen Ölpipelinemonopols Transneft. Transneft möchte demnächst mit Transnefteprodukt, Russlands größter Firma zum Transport raffinierter Ölprodukte, fusionieren. Der bisherige Leiter von Transnefteprodukt heißt Wladislaw Surkow. Neben Igor Sechin hat auch er die Position eines stellvertretenden Leiters der Präsidialverwaltung inne. Christenkos Ministerium arbeitet momentan auch an der Bildung eines nationalen Luftfahrtkonsortiums, das künftig Boeing und Airbus Konkurrenz machen soll. Über Präsident Putin selbst gibt es Gerüchte, dass er nach Ablauf seiner Amtszeit Gazprom übernehmen möchte. Damit würde er Arbeitskollege des ehemaligen deutschen Kanzlers Gerhard Schröder. Wahrscheinlicher ist aber, dass er weiterhin im Hintergrund seine Fäden ziehen wird. Auch wenn das Personalroulette sich vor den Parlaments- und Präsidentschaftswahlen 2007/08 ändern mag, so wird doch das »System Putin« der engen Verknüpfung von Staat und Wirtschaft bestehen bleiben. Die Krönung einer erfolgreichen politischen Karriere in Russland ist seitdem, einen leitenden Posten in einem der staatlichen Unternehmen zu erringen.

Diese enge Verbindung von Wirtschaft und Politik ist für Unternehmen auf aller Welt typisch. Ehemalige Politiker werden auch von amerikanischen Ölkonzernen als Lobbyisten eingestellt, um ihre alten Netzwerke zum Vorteil ihres neuen Arbeitgebers zu nutzen. Im Fall Gazprom besteht das besondere Problem darin, dass die politischen Kontakte der ehemaligen Stasi- und KGB-Männer immer geheim waren und deshalb für Außenstehende schwer zu durchschauen sind. Die Öffentlichkeit und die Medien können deswegen schwer nachvollziehen, wer hier auf wen Einfluss nimmt.

Umso einfacher nachzuvollziehen ist aus russischer Sicht allerdings die Personalie Gerhard Schröder. Auch wenn nicht nachgewiesen werden kann, ob Schröder zu dem Zeitpunkt, an dem er als Bundeskanzler dem Bau der Ostseepipeline zustimmte, schon vom Jobangebot der Russen wusste, so stellte der Altbundeskanzler doch jahrelang die entscheidenden Weichen der deutschen Russland- und Energiepolitik. Deswegen bleibt ein unangenehmer Beigeschmack. Nicht zuletzt wegen der Causa Schröder wird in Deutschland diskutiert, zukünftig einen Verhaltenskodex für die weitere berufliche Laufbahn ehemaliger Parlamentarier und Regierungsmitglieder zu erlassen. So müsste ehemaligen Politikern verboten werden, bei denjenigen Unternehmen anheuern, über deren direkte wirtschaftliche Interessen sie im Lauf ihrer Amtszeit Entscheidungen getroffen haben.

Politik mit Pipelines

Neben dem Monopol der Gazprom über das russische Gaspipelinenetz hält der russische Staat auch das Monopol über die Ölpipelines des Landes. Dieses Monopol wurde inzwischen sogar gesetzlich festgeschrieben. Die zu 100 Prozent staatliche Transneft kontrolliert 45.000 Kilometer Pipelines von Osteuropa nach Asien.

Bis Anfang des neuen Jahrtausends wurde der Großteil der russischen Ölexporte Richtung Westen über das Baltikum abgewickelt. Bis zu diesem Zeitpunkt lief der Großteil der russischen Ölexporte über den lettischen Hafen Ventspils. Seit in der nördlich von St. Petersburg liegenden Stadt Primorsk ein gigantischer Ölexporthafen errichtet wurde, versucht der russische Pipelinemonopolist Transneft die baltischen Staaten aus dem Ölexportmarkt herauszudrücken. Die

Lieferungen nach Ventspils wurden 2002 gestoppt. Seitdem spezialisieren sich die Balten auf die Weiterverarbeitung von Rohölprodukten, die sie aus anderen Quellen erworben haben. Auch die Lieferungen zur größten Raffinerie Litauens in Mazeikiu wurden unterbrochen. Angeblich sind nach einem Unfall in der Druschba (»Freundschafts«)-Pipeline umfangreiche Reparaturarbeiten notwendig.

Das doppelte Monopol Gazproms über das nationale Pipelinesystem und den Gasexport ist für den russischen Staat aus mehreren Gründen wichtig, ja unverzichtbar. Durch die staatliche Kontrolle, unter die auch jegliche Geschäfte mit ausländischen Staaten und Firmen fallen, behält der Kreml seinen Einfluss auf die Gasexportpreise, die wichtigste Quelle des russischen Staatshaushalts. Mit dem Pipelinebau wird außerdem systematisch Außenpolitik betrieben. Politisches Ziel ist dabei, den Absatz und die Abhängigkeit von russischen Gaslieferungen auch für den Zeitraum zu sichern, ab dem alternative Versorger aus Zentralasien, Nordafrika oder – per Flüssiggas – aus weiter entfernten Fördergebieten zur Verfügung stehen werden.

Russische Unternehmen drängen seit Jahren massiv in den Energiesektor benachbarter Länder. Damit möchten Gazprom & Co. auch für den Zeitpunkt vorsorgen, an dem die eigenen Rohstoffvorräte ausgehen. Zielregion Nummer eins sind die früheren Teilrepubliken der Sowjetunion und die Staaten des ehemaligen Ostblocks. Dorthin haben russische Geschäftsleute und Unternehmen weiterhin gute Verbindungen. Seitdem Wladimir Putin zum obersten Führer im Kreml aufgestiegen ist, haben auch zahlreiche frühere Mitarbeiter des Auslandsgeheimdienstes in der Geschäftswelt Fuß gefasst. Sie bringen ihre weiter bestehenden politischen Kontakte in die Peripherie des früheren sowjetischen Imperiums mit. Wichtiger noch als persönliche Verbindungen ist die gemeinsame Infrastruktur, die den ehemaligen Sowjetblock miteinander verbindet. In der Sowjetunion wurde die Energieversorgung zentral geplant. Deswegen sind manche der nun unabhängigen Staaten weiterhin von Energieimporten aus Russland abhängig. So beziehen die drei baltischen Staaten 100 Prozent ihres Erdgases aus Russland. Auch das Pipeline- und Eisenbahnnetz, über das Kohle, Öl und Gas transportiert werden, bindet die ehemaligen Satellitenstaaten an Russland. Eine alternative Verkehrs- und Energieinfrastruktur, die die baltischen Staaten und andere osteuropäische Länder an die EU binden und dadurch aus Russlands Einflusszone lösen könnte, entsteht erst nach und nach. Diese transeuropäischen Netze zu schaffen bleibt ein strategisches Ziel der europäischen Außenpolitik.

Gegenüber seinen westlichen und östlichen Nachbarn macht Russland mit dem Bau von Pipelines Politik. Bisher fließt das meiste russische Erdgas via Ukraine und Weißrussland in Richtung Westen. Weitere Pipelines führen über Ungarn zur Adria und auf dem Boden des Schwarzen Meeres in die Türkei. Der Gazprom-Konzern möchte langfristig die Transitpipelines, die durch Weißrussland und die Ukraine Richtung Westen gehen, und die dazu gehörenden unterirdischen Gasspeicher selbst übernehmen. Die Transitpipelines durch die Ukraine werden schon heute von einem russisch-ukrainisch-deutschen Gastransportkonsortium gemanagt. Gazprom würde die weißrussische Beltransgas gern selbst übernehmen, stößt aber bisher auf Widerstand durch den Minsker Diktator Lukaschenko. Die Gebühren aus dem Gastransit sind eine der wichtigsten Quellen des stark defizitären Staatshaushalts. Gazprom wird deswegen so lange an der Preisschraube drehen, bis die Weißrussen nachgeben.

Mit der geplanten Ostseepipeline vom russischen Wyborg zum deutschen Greifswald möchte Russland die direkte Versorgung der westlichen Märkte sichern und seine Abhängigkeit von den Transitländern Ukraine und Weißrussland verringern. Später soll die Ostseepipeline in die Niederlande und bis Großbritannien fortgeführt werden. Die baltischen Staaten und Polen, die schon an dem oben genannten russisch-ukrainisch-deutschen Gastransportkonsortium nicht beteiligt sind, werden dabei erneut links liegen gelassen. Die kleinen mitteleuropäischen Länder sind nicht nur deswegen verärgert, weil sie nicht am lukrativen Gastransitgeschäft beteiligt werden, sondern haben auch Angst um ihre eigene Versorgungssicherheit sowie davor, politisch zwischen Deutschland und Russland isoliert und marginalisiert zu werden.

Mit Tankern zum bulgarischen Hafen Burgas und von dort mit einer neuen Pipeline zum griechischen Mittelmeerhafen Alexandroupolis soll russisches Öl auf den europäischen Markt gebracht werden. Mit diesem Projekt soll auch der Baku-Tiflis-Ceyhan-Pipeline, durch die westliche Ölkonzerne ihre Importe aus dem kaspischen Raum an Russland vorbeileiten, Konkurrenz gemacht werden.

Auch im südlichen Kaukasus weitet Russland seinen wirtschaftspolitischen Einfluss aus und möchte damit gleichzeitig eine Annäherung dieser wichtigen Transitregion an die EU und die USA, aber auch an die Regionalmächte Iran und Türkei verhindern. So übernahm Gazprom Anfang 2006 den armenischen Abschnitt einer neuen Gaspipeline in den Iran sowie das größte Wärmekraftwerk Armeniens. Der Gazprom-Anteil am gemeinsamen Energieversorger ArmRos-Gazprom stieg damit von 45 auf 75 Prozent. Im Gegenzug gewähren die Russen den Armeniern bis 2009 weiterhin verbilligte Gaspreise. Auch im benachbarten Georgien gehört den Russen ein Teil der Energieversorgung, nicht jedoch das Transitnetz.

Mit Turkmenistan hat Russland einen langfristigen Liefervertrag über 25 Jahre geschlossen. Dabei nimmt Gazprom dem turkmenischen Staatskonzern Turkmenneftegas sein Erdgas für einen Festpreis von 44 US-Dollar pro 1.000 Kubikmeter ab. Der Weltmarktpreis, zu dem Russland das Gas weiterverkaufen kann, liegt teilweise um das Fünffache darüber. Turkmenistan ist vollständig vom russischen Pipelinenetz abhängig. Außerdem stellt Russlands Protektion die Überlebensgarantie für Turkmenistans diktatorisches Regime dar. Diese Garantie hat ihren Preis. Das billige Gas aus Turkmenistan hilft, die subventionierten Gaspreise für die russische Schwerindustrie und Privathaushalte niedrig zu halten. Auf dem westeuropäischen Markt können die zentralasiatischen Produzenten nicht als Konkurrenz auftreten. Die Zumischung von turkmenischem Gas machte es auch möglich, den Gaspreis für Nachbarländer wie die Ukraine nur stufenweise auf Weltmarktniveau zu erhöhen. Eine schockartige Erhöhung der subventionierten Preise für die ehemaligen sowjetischen Bruderrepubliken würde Russlands Ruf als verlässlicher Energielieferant beschädigen.

Auch in Usbekistan und Kasachstan sind russische Firmen und russisches Kapital aktiv. Die Exportnetze Richtung Westen gehören ohnehin den russischen Monopolisten.

In Ostsibirien sind mehrere Pipelines für den Export nach China, Japan und Korea geplant. Bereits im Sommer 2001 stellte Transneft das Projekt einer Erdölpipeline in die asiatisch-pazifische Region vor. Seitdem wird über die Route und den Zielort der Pipeline diskutiert. Russland gelingt es dabei, die Interessen der energiehungrigen ostasiatischen Abnehmerstaaten geschickt gegeneinander auszuspielen. Nach heutigem Planungsstand soll die Pipeline zum russischen Pazifikhafen Nachodka führen. Von dort aus soll das Öl per Schiff in die Abnehmerstaaten weitertransportiert werden.

Selbst in fremden Revieren haben Russlands Energieriesen zu wildern begonnen. So verkündete Gazprom im Juni 2006, bis zu zwei Milliarden Dollar in die gerade erst zwangsverstaatlichte Erdgasindustrie des Andenstaates Bolivien zu investieren. Dabei waren die Entschädigungsverhandlungen mit den bisherigen Investoren aus Spanien und dem Nachbarland Brasilien noch nicht abgeschlossen. Auch in Algerien und Libyen, traditionell Einflussgebiet französischer, italienischer und deutscher Konzerne, möchte Gazprom aktiv werden.

Auch das wohlhabende Westeuropa und Nordamerika werden für den russischen Energieexport wirtschaftlich immer bedeutender. Mittelfristig haben gerade die USA ein Interesse daran, vom russischen Energiereichtum zu profitieren und ihre Energieabhängigkeit von den Staaten des Nahen Ostens zu verringern. Schon wird davon gesprochen, dass zukünftig Russland statt Saudi-Arabien die Reservekapazität auf dem Weltmarkt bereitstellt und dadurch Preisschwankungen kontrollieren kann. Wenn der Bau von Russlands ersten Flüssiggasanlagen in den westsibirischen Ölhäfen und auf Sachalin abgeschlossen ist, kann auch der Erdgasexport in die USA aufgenommen werden. Bisher steht dem lukrativen Export in die USA die begrenzte Reichweite des Gaspipelinenetzes entgegen. Durch den Einstieg in die Produktion von Flüssiggas entstünde jedoch erstmals ein Gasweltmarkt, mit Russland als dominantem Akteur.

Gas-OPEC

Dem Kreml geht es nicht nur darum, mit staatlicher Hilfe weltmarktfähige Großkonzerne aufzubauen. Ziel der russischen Energiekonzerne ist es nicht allein, ihren Reichtum und den ihrer Aktienbesitzer zu mehren, sondern der russischen Industrie- und Außenpolitik zu dienen. Langfristig bastelt der Kreml an dem Ziel einer »Gas-OPEC«. Die Organisation of Petroleum Exporting Countries (OPEC) wurde 1960 als Interessenvertretung der ölexportierenden Staaten in Bagdad gegründet. Die Mitgliedstaaten der OPEC fördern 40 Prozent des weltweiten Rohöls. Ihre Exportquote liegt noch deutlich darüber, da zahlreiche andere große Ölproduzenten, wie die USA, ihre Förderung fast ausschließlich im eigenen Land verbrauchen. Ziel der Organisation ist es, Produktionsquoten und Preise konstant zu halten. In den siebziger und achtziger Jahren gelang es der OPEC, den weltweiten Rohölmarkt zu beherrschen. Einige OPEC-Mitglieder, darunter die arabischen Ölstaaten, nutzten ihre Marktmacht gezielt dazu, vom Westen politische Unterstützung sowie fortschrittliche Waffensysteme zu erhalten. Seit der Entdeckung des Nordseeöls und dem Einstieg Russlands in den Weltölmarkt ist die Macht der OPEC, die weltweite Ölpreisentwicklung zu beeinflussen, gesunken. Weder Russland noch die Nordseestaaten sind der Organisation beigetreten.

Eine weltweite Organisation der gasexportierenden Länder gibt es bisher nicht. Im Kreml wird momentan diskutiert, aus Russland, seinen zentralasiatischen Partnern und anderen Großexporteuren eine solche Allianz zu schmieden. Zusammen mit den zentralasiatischen Gasförderländern und dem Iran würde diese Gruppe eine kritische Masse der weltweiten Gasvorräte besitzen und könnte – ähnlich der OPEC in den siebziger Jahren – die Preise diktieren. Einige Strategen im Kreml spekulieren sogar schon über ein Bündnis der Öl-OPEC mit dieser neuen Allianz der Gasexporteure. Die Marktmacht eines solchen weltweiten Bündnisses der Energieproduzenten wäre in der Tat erheblich. Bis zur Verwirklichung dieser kühnen Vision sind aber noch viele Interessengegensätze zu überwinden, sodass sich die Öl- und Gaskunden noch keine Sorgen machen müssen.

Russland und der Iran allein besitzen 42 Prozent der bekannten weltweiten Gasreserven. Das russische Monopol über das Pipelinenetz auf der eurasischen Landmasse würde die Führungsrolle des Kreml innerhalb der Gas-OPEC garantieren. Der Iran, Kasachstan und Turkmenistan können sich zwar mit der Idee eines preisbildenden Blocks der Hauptgasimporteure anfreunden, aber weniger mit der Idee, dadurch wirtschaftlich und letztendlich auch politisch unter den hegemonialen Einfluss Moskaus zu geraten. Sie wünschen sich deswegen alternative Exportrouten, die an Russland vorbeiführen. Die wichtigsten Brückenländer sind dabei die Türkei und die Südkaukasusstaaten. Die USA stehen hinter der Baku-Tiflis-Ceyhan-Pipeline, die die zentralasiatischen Ölvorkommen mit dem türkischen Mittelmeerhafen Ceyhan verbindet. Auch Gasexporte sollen zukünftig über diese Route ablaufen. Ein österreichisches Konsortium namens »Nabucco« – benannt nach der Verdi-Oper über den babylonischen Herrscher Nebukadnezar – plant eine 3.400 Kilometer lange Gaspipeline über die Türkei und Bulgarien nach Westeuropa. China ist dabei, seinen Westen durch eine Gasleitung – parallel zu einer bereits bestehenden Ölleitung – mit dem Osten Kasachstans zu verbinden. Das Gasexportmonopol, das Russland zurzeit über Zentralasien ausübt, ist also nicht für die Ewigkeit gemacht. Langfristig setzen die Russen deswegen nicht allein auf ihre Monopolstellung, sondern auf eine enge politische Koordination und Preisabsprachen mit den anderen regionalen Produzenten.

Politisch besonders brisant am Projekt Gas-OPEC ist, dass damit eine Allianz von Russland mit dem Iran entstünde. In seiner Iranpolitik muss Russland sich entscheiden, ob es gemeinsam mit dem Westen versucht, Irans militärisches Atomprogramm zu verhindern, oder, gemeinsam mit dem Iran, den westlichen und vor allem amerikanischen Einfluss in Zentralasien zurückzudrängen. Bisher verfolgt Moskau, was den Iran angeht, eine Schaukelpolitik und versucht von beiden Seiten so viele politische Konzessionen wie möglich herauszuholen.

Am 15. Juni 2006 kündigte Putin auf einer Konferenz in Shanghai an, den Bau einer neuen Gaspipeline von Iran über Pakistan nach

China zu unterstützen. Iran könnte anschließend weniger Gas nach Europa liefern und fiele als Konkurrent für den russischen Gasexport aus. Über das gemeinsame Pipelinenetz würde Gazprom außerdem den wachstumsstarken indischen Subkontinent für sich erschließen. Iran ist aus russischer Sicht zugleich Kooperationspartner und Konkurrent. Genau wie Russland drängt der Iran auf den internationalen Öl- und Gasmarkt. Wegen der jahrelangen wirtschaftlichen Isolation und dem gegen ihn verhängten US-Handelsembargo braucht der Iran aber auch dringend Kapital und fortschrittliche Technologien. Das vorgeschlagene Pipelineprojekt ist für Russland auf doppelte Weise vorteilhaft. Gazprom und der Kreml glauben, dass eine Fusion des iranischen und des russischen Pipelinenetzes beiden Ländern zusammen die Kontrolle über den Gasmarkt Zentral- und Südasiens geben würde. Den USA wird dies schwerlich gefallen. Ihr Ziel ist es, den Iran wirtschaftlich und politisch zu isolieren.

Der Iran ist ein Schlüsselland im großen Schachspiel um die politische Dominanz auf dem asiatischen Kontinent. Sowohl Russland als auch China wollen privilegierte Wirtschafts- und politische Beziehungen mit dem Regime in Teheran aufbauen. Beide versuchen, den Iran an die Shanghai-Organisation heranzuführen. Das militärische Atomprogramm ist ein großes Hindernis auf dem Weg zu dieser Zusammenarbeit. Sowohl Chinesen als auch Russen sind aber daran interessiert, eine Lösung zu finden, die den Iran näher an ihre Einflusssphäre bindet. Eine weitere Entfremdung dieses Schlüssellandes der Region von den USA nehmen beide dabei gern in Kauf.

Noch in einem weiteren Aspekt wäre das neue Gasbündnis der echten OPEC ähnlich. Hier entstünde eine neue Allianz autoritärer Regime mit erheblicher Wirtschaftskraft und bedrohlich großem Einfluss auf den eurasischen Doppelkontinent. Schon heute stützen Russland, China und die Diktaturen Zentralasiens sich gegenseitig, wenn es gilt, Kritik aus dem Westen und Oppositionsgruppen aus dem eigenen Land abzuwehren. Die Europäische Union muss alles dafür tun, eine solche Blockbildung zu verhindern, die gegen ihre eigenen Werte und Interessen gerichtet ist. Ein strategisches Ziel des Kreml ist es, den Vormarsch westlicher Demokratien in Zentralasien zu stoppen. Dafür nimmt Moskau auch in Kauf, das ihm eigentlich unsympathische islamistische Regime im Iran zu unterstützen. Die Grenze der russischen Toleranz ist allerdings erreicht, wenn der Iran sich ein eigenes Atomwaffenprogramm zulegen möchte. Hier ist die ehemalige Supermacht Russland darauf bedacht, ihre Privilegien zu wahren.

Atomprom

Nach dem Vorbild der Gazprom soll auch die russische Atombranche unter der Leitung der staatlichen Atomagentur Rosatom zu einer schlagkräftigen Einheit zusammengefasst werden. Neben Rosatom gehören dazu die staatliche Kraftwerksgesellschaft Rosenergoatom, die Exportunternehmen Tenex und Atomstromexport sowie das Uranhandelsunternehmen TVEL. Der vorgesehene Name des neuen Atomgroßkonzerns lautet »Atomprom« und ist damit Programm. Atomprom soll von der politischen Renaissance der Atomenergie profitieren und zukünftig auf dem Weltmarkt mit anderen internationalen Kraftwerkskonstrukteuren wie der deutschen Siemens AG und dem japanischen Toshiba-Konzern konkurrieren. Das Hauptaugenmerk der russischen AKW-Bauer gilt dabei dem asiatischen Markt. Neben dem Bau kompletter AKWs können die Russen auch andere Teile des nuklearen Brennstoffkreislaufs, beispielsweise die Produktion von Brennstäben und die Endlagerung von Atommüll, anbieten. Einerseits möchte sich die russische Atombranche damit gegenüber konkurrierenden Marktteilnehmern aus Ländern mit strengeren Umwelt- und Anti-Proliferationsstandards profilieren. Andererseits sollen Kunden damit auch langfristig an den russischen Atomkomplex gebunden werden. Dies gilt auch für den Iran. So hat Russland dem Iran angeboten, wichtige Teile des nuklearen Brennstoffkreislaufs für das iranische Atomprogramm zu übernehmen. Damit soll nicht nur die Gefahr gebannt werden, dass Iran Atomwaffen produziert, sondern auch eine neue Abhängigkeit des südlichen Nachbarn von russischer Technologie und russischen Experten sichergestellt werden. Dasselbe Angebot hatte die russische Regierung einige Jahre zuvor der Ukraine gemacht. Diese hatte dankend abgelehnt.

Auch mit den Chinesen möchte Russland zukünftig nuklear kooperieren. China möchte in den kommenden 15 Jahren mindestens 30 zusätzliche Atomkraftwerke errichten. Dabei soll auch russische Technologie, die in westlichen Ländern als veraltet und unsicher gilt, zum Einsatz kommen. Die zukünftige Atomprom wird auf dem nuklearen Markt gegen internationale Konkurrenten wie die amerikanische Firma Westinghouse antreten. Die wichtigsten Argumente, die für die russischen Anbieter sprechen, sind der niedrige Preis und die weniger strengen Exportkontrollen für Nukleartechnik.

Europa muss, was das russische Atomprogramm angeht, zwischen zwei Übeln wählen. Als die Ukraine Mitte der neunziger Jahre den Unfallreaktor von Tschernobyl ersetzen wollte, hatte sie zwei Alternativen. Die EU bot der Ukraine an, die verlorene Kapazität von Tschernobyl durch moderne Gaskraftwerke zu ersetzen. Die Ukraine selbst bestand aber darauf, die Reaktorblöcke von Tschernobyl durch neue AKWs zu ersetzen. Schließlich drohte Kiew damit, Tschernobyl weiterlaufen zu lassen und anschließend durch Reaktoren russischer Bauart zu ersetzen. Daraufhin erklärte sich die EU bereit, beim Bau neuer AKWs nach westlichem Standard zu helfen. Was China und Indien angeht, steht die EU heute vor demselben Dilemma. Soll sie selbst am großen Geschäft im Osten Asiens mitverdienen oder der russischen Industrie das Feld überlassen?

Auch bei der Bekämpfung nuklearer Proliferation ist der Westen auf die Kooperation Russlands angewiesen. Russland baut im iranischen Buschehr, südwestlich von Isfahan, für geschätzte 850 Millionen US-Dollar ein 1000-Megawatt-Atomkraftwerk. Bei Buschehr soll es nicht bleiben. Nach einer 2002 in Moskau getroffenen Vereinbarung wird Russland dem Iran beim Bau von mindestens sechs AKWs helfen. Iranische Ingenieure und Wissenschaftler werden am Moskauer Kurtschako-Institut für Kernenergie und als Hospitanten in russischen AKWs für den Betrieb des zukünftigen Atomparks im Iran ausgebildet. Nachdem westliche Kooperationspartner, wie einst die deutsche Siemens AG, aus dem Iran abgezogen sind, ist das iranische Atomprogramm ohne russische Unterstützung nicht mehr denkbar. Mehrere Tausend russische Wissenschaftler und Ingenieure sind daran beteiligt. Die Internationale Atomenergiebehörde, aber auch EU und Amerikaner vermuten, dass der Iran über den Umweg seines zivilen Nuklearprogramms die Atombombe bauen will. Deswegen wurde der UN-Sicherheitsrat eingeschaltet, in dem Russland aber ein Vetorecht hat. Auch der Vorschlag, die Urananreicherung für die iranischen Atommeiler außerhalb des Landes in Russland durchzuführen, würde die Schlüsselrolle Moskaus stärken.

Die Kooperation der Russen hat außerdem ihren Preis. Auf dem Moskauer G8-Gipfel im Juli 2006 bot US-Präsident Bush seinem Kollegen Putin ein umfangreiches nukleares Kooperationsabkommen an. Seine drei Hauptbestandteile sind die russische Kooperation beim Vorgehen gegen das iranische Atomwaffenprogramm, ein umfangreicher Transfer von US-Nukleartechnik an russische Firmen und der langfristige Plan, in Russlands Weiten ein internationales nukleares Endlager zu errichten.

Länder wie Deutschland, die sich aus guten Gründen für den Atomausstieg im eigenen Land entschieden haben, stecken in einem Dilemma. Wenn sie selbst auf den Export von Atomtechnologie verzichten, übernehmen andere Staaten mit oft zweifelhaften Sicherheitsstandards und einer laxeren Auffassung, was die Gefahr der Proliferation angeht, diesen Markt. Konsequent und langfristig erfolgreich ist eine Strategie aus drei Komponenten: Der Atomausstieg zu Hause muss fortgeführt werden, um international zu beweisen, dass ein modernes Industrieland auch ohne AKWs funktionieren kann. Moderne und nachhaltige Energietechnologien, ob CO_2-neutrale Kohlekraftwerke oder erneuerbare Energien, müssen auf dem Weltmarkt attraktive Alternativen zur fossilen und nuklearen Energienutzung werden. Diejenigen Länder, die wie Russland weiter die Atomenergie nutzen möchten, müssen dazu gebracht werden, sich strikt an die Sicherheitsstandards der Internationalen Atomenergiebehörde zu halten. Das gilt auch für den neuen Riesen auf dem nuklearen Weltmarkt, die staatliche russische Atomprom.

Auf dem Weg zur Energiegroßmacht

Russland möchte mithilfe seiner scheinbar unerschöpflichen Energieressourcen wieder zur Großmacht werden. Nach dem Untergang der Sowjetunion und Jahren des wirtschaftlichen Niedergangs und der politischen Demütigung hoffen die Strategen im Kreml, durch die Herrschaft über die größten Öl- und Gasvorkommen des eurasischen Doppelkontinents das alte Imperium zumindest wirtschaftlich wieder zu errichten und Respekt in der Welt zurückzugewinnen. Ehemalige Sowjetrepubliken wie die Ukraine sollen wirtschaftlich abhängig von der Zentralmacht und damit auch politisch gefügig gemacht werden. Gegenüber Europäern und Chinesen fühlt man sich, solange die Energiepreise steigen, in einer starken Verhandlungsposition.

Schon Anfang der neunziger Jahre, als die baltischen Staaten nach Unabhängigkeit strebten, versuchte Russland, die Balten durch eine Energieblockade unter Druck zu setzen. Ende 2005 erhöhte Gazprom sprunghaft die Gaspreise für die Ukraine und brachte damit die vom Kreml ungeliebte neugewählte Regierung Juschtschenko in Not. Im Herbst 2006 eskalierte der Streit Russlands mit der Kaukasusrepublik Georgien. Auch hier drohte Russland mit der Waffe Energie. Die Öl- und Gasexporte nach Georgien waren schon Anfang desselben Jahres, nach einer Leitungsexplosion aus bisher ungeklärten Umständen, für mehrere Monate ausgefallen. Heute hat Russland kaum einen Nachbarn, dem es bei politischer Unbotmäßigkeit noch nicht mit der Waffe Energie gedroht hat.

Das Sein bestimmt das Bewusstsein, und mit neuer wirtschaftlicher Stärke verändert sich auch Russlands Blick auf die Welt. Mit der Politik der Westannäherung, die unter Gorbatschow und seinem Nachfolger Jelzin Priorität genoss, ist es nun vorbei. Zwar sollen Russlands Großkonzerne in die Lage versetzt werden, auf dem Weltmarkt zu konkurrieren. Mit der Öffnung zur Weltwirtschaft soll aber keine innere Liberalisierung – sprich Verwestlichung – einhergehen. Hier hat der Kreml von den Lehrmeistern in Peking gelernt.

Unter Russlands Strategen streiten ohnehin die beiden Denkschulen der »Europäer« und der »Eurasier« darüber, welche Richtung das Land langfristig einschlagen soll. Die Europäer setzen auf die politische und ökonomische Westintegration des Landes. Russland soll zwar kein normales Mitglied von Europäischer Union und NATO werden, sich aber politisch eng an beide Organisationen binden und dadurch ein Mitspracherecht bei allen grundlegenden Entscheidungen erlangen. Ein Beitritt zur Europäischen Energiecharta ist für diese Gruppe der außenpolitischen Strategen möglich und wünschenswert. Ausgehandelt werden müssten nur die für Russland bestmöglichsten Bedingungen.

Die Eurasier hingegen sehen Russlands Zukunft als asiatische Macht. Ihre Argumentation lautet: Europa ist demografisch, ökonomisch und politisch zum Abstieg verurteilt. Die Zukunft der Welt liegt in Asien. Russland kann die Brücke zwischen dem alten und dem jungen Teil des Doppelkontinents spielen. Zusammen mit anderen ehemaligen Sowjetrepubliken sollte es eine Art »Ost-EU« gründen, bestehend aus den autoritären Staaten Zentralasiens und gelenkten Demokratien wie Russland selbst. Das Bündnis mit China könne dazu dienen, Russland aus seiner einseitigen wirtschaftlichen Abhängigkeit vom Westen zu befreien.

Im Gegensatz zu China verfolgt Russland bisher allerdings keine umfassende gesellschaftliche Modernisierungsstrategie. Russlands momentane wirtschaftliche Wachstumsraten, sein Staatshaushalt und damit auch sein außenpolitisches Gewicht sind zu einseitig auf den Export von Öl und Gas ausgerichtet. Der Energieexport trägt heute 21 Prozent zum Bruttoinlandsprodukt bei. Der jährliche Devisenzufluss von 150 Milliarden US-Dollar (2005) heizt die Binnenkonjunktur an, führt zu Inflation und einem steigenden Rubelkurs. Investitionen in andere Industriezweige und Dienstleistungen rentieren sich dadurch nicht mehr; eine umfassende Modernisierung der Wirtschaft bleibt aus. Wer heute durch Russland fährt, sieht den krassen Unterschied zwischen den wenigen Reichen und den vielen Armen, zwischen der Wohlstandsinsel Moskau und der ökonomischen Perspektivlosigkeit in der Provinz. Die Europäer werden deswegen Recht behalten: Zu Russlands Annäherung an Europa gibt es keine Alternative.

Europas Russlandpolitik

Auch für die Europäische Union ist Russland der wichtigste Nachbar. Für das Ziel, in ganz Europa eine Zone der Sicherheit, Stabilität und Demokratie zu schaffen, ist der russische Beitrag unverzichtbar. Die größte Gefahr, die der EU außenpolitisch droht, ist, dass sich in ihrem Osten eine Allianz autoritärer und halbdemokratischer Staaten bildet. Dieser Gefahr muss sie mit aller Macht entgegentreten. Die EU braucht eine demokratische Ukraine und ein demokratisches Weißrussland jenseits seiner Grenzen. Deswegen dürfen die Beziehungen zu den kleineren Staaten Osteuropas nicht den EU-Russland-Beziehungen und den Wünschen Moskaus untergeordnet werden. Nur dann besteht eine Chance, das europäische Gesellschaftsmodell langfristig auch nach Russland zu exportieren. Für Russland können keine eigenen Regeln gelten. Die Demokraten im Land fordern von den Politikern aus der EU, dass auch ihr Land an europäischen Maßstäben, sprich an der Einhaltung von Demokratie und Menschenrechten, gemessen wird.

Demokratie bei den östlichen Nachbarn ist nicht nur ein Ziel für Idealisten, ein frommer Wunsch fürs politische Poesiealbum. Nur mit demokratischen Partnern, mit Partnerländern, in denen rechtsstaatliche Prinzipien regieren, kann die EU die vor ihr liegenden gigantischen Aufgaben anpacken. Eine der größten Aufgaben, vor denen sie steht, ist, die Energiezukunft auf dem europäischen Kontinent nachhaltig zu gestalten. Auch hierfür ist Russland unverzichtbar.

Die Länder der Europäischen Union werden auf absehbare Zeit von verlässlichen Energieimporten aus Russland abhängig sein. Auch eine konsequente Politik der Energieeinsparung und der Substitution fossiler Energien durch erneuerbare wird Öl und Gas nur langfristig völlig ersetzen können. Ebenso ist aber auch Russland von Europa abhängig; denn ohne Geld aus dem Westen, und damit vor allem Europa, kann Russland weder seine Energieförderung aufrechterhalten, noch seine heimische Energieeffizienz erhöhen noch seine Wirtschaft insgesamt modernisieren und auf eine Zeit vorbereiten, in der es nicht mehr ausschließlich von seinen Rohstoffexporten leben kann.

Europäische Investitionen in eine nachhaltige und umweltfreundliche Energiepolitik Russlands versprechen in dreierlei Hinsicht Vorteile. Für Investoren aus der EU mit ihrem immensen Knowhow ist die Modernisierung der russischen Wirtschaft, der Aufbau einer nachhaltigen Energieversorgung in den Städten des Landes und die Nutzung des immensen Potenzials für erneuerbare Zukunftsenergien eine Jahrhundertaufgabe, die auch bei uns in Deutschland und Westeuropa Wohlstand und Arbeitsplätze schaffen kann; und wenn es Russland gelingt, effizienter mit seinem Ressourcenreichtum umzugehen, bleibt mehr für den Export. In allen Szenarien für eine auf erneuerbaren Energien basierende Zukunft spielt der steigende Erdgasanteil, zumindest als Brückenenergie, eine Schlüsselrolle, um Kohle und Atomkraft zu ersetzen. Erdgas verbrennt sauberer und setzt pro Einheit Energie weniger Kohlendioxid frei als die fossile Konkurrenz Kohle und Öl. Für den Erdgasexport könnte Russland seine heimischen Reserven strecken und mehr Rücksicht auf die fragile Ökologie der neuen Förderregionen in der Arktis und vor Sachalin nehmen. Schließlich lässt sich ohne Russlands Beitrag auch das weltweite Klimaproblem nicht lösen.

Momentan hat Russland den Europäern gegenüber die besseren Karten in der Hand. Das liegt aber nicht nur an den hohen Energiepreisen und der steigenden Abhängigkeit Europas von russischem Öl und Gas, sondern auch an der Uneinigkeit der Europäer untereinander. Europa braucht deshalb eine gemeinsame Energiepolitik statt nationaler Sonderwege. Klare energiepolitische Vorstellungen müssen eine der Säulen der zukünftigen Russlandstrategie der EU sein. Dazu gehört ein umfassender Begriff von Energiesicherheit.

KAPITEL 4

DER AUFSTIEG ASIENS

Der Eintritt Chinas und Indiens in die Weltwirtschaft hat zu einer dramatisch gestiegenen Nachfrage auf den weltweiten Energiemärkten geführt. Für diese beiden aufstrebenden Mächte (»Emerging Powers«) des 21. Jahrhunderts gehören Energie- und Außenpolitik eng zusammen. Die Region und ihr dynamisches Wirtschaftswachstum sind höchst abhängig von Energieimporten. Neben Öl aus dem Mittleren Osten spielen Energieeinfuhren aus Russland und Zentralasien eine wachsende Rolle. Zwischen den Staaten Zentral- und Ostasiens hat sich in den letzten Jahren ein enges Netz energiepolitischer Kooperationen und Handelsströme entwickelt.

Neben dieser wirtschaftlichen Zusammenarbeit konkurrieren die aufstrebenden Mächte Asiens aber auch miteinander um den Zugang zu Energieressourcen. Vor allem zwischen China und seinen Nachbarn sind die politischen Spannungen in den letzten Jahren gestiegen. Weil die meisten Staaten Ost- und Südasiens nur begrenzte eigene fossile Energieressourcen besitzen, setzen sie auf den Ausbau der Atomenergie. Im Schatten der zivilen Nutzung der Atomenergie entwickelt sich inzwischen jedoch ein gefährliches nukleares Wettrüsten. Die Förderung der erneuerbaren Energien als umweltfreundliche Alternative kommt langsam in Gang. Japan, eine der technisch führenden Nationen bei der Anwendung der Photovoltaik und anderer moderner, umweltfreundlicher Technologien, könnte hier eine Vorreiterrolle spielen. Auch überschatten historische Rivalitäten bisher die zaghaften Keime regionaler Kooperation. Dabei wäre eine engere regionale Kooperation nach dem Vorbild der Europäischen Union auch für Ost- und Südasien die beste Alternative zu wachsenden politischen und wirtschaftlichen Spannungen.

Auch auf globaler Ebene sind China und Indien noch dabei, ihre Rolle zu finden. Mittelfristig möchten beide Länder im Rahmen einer multipolaren Weltordnung auf gleicher Ebene wie die USA, Europa oder Russland agieren. Chinas staatliche Ölkonzerne drängen ohne Rücksicht auf Umwelt und Menschenrechte mit Macht auf den Weltmarkt. Im Interesse Europas muss es sein, dass die aufsteigenden Mächte Asiens in ein internationales System von Institutionen und völkerrechtlichen Regeln eingebunden werden, sodass sich ihr Aufstieg friedlich vollzieht.

Asiens neuer Energiehunger

Chinas Wirtschaft boomt. Sein Energiebedarf wird sich nach Aussage der Regierung in Peking allein von 2005 bis 2015 verdoppeln. Schätzungen der Internationalen Energieagentur (IEA) sind vorsichtiger, gehen aber ebenfalls von dramatischen Steigerungsraten aus.

Bis 1993 konnte China noch Öl exportieren, seitdem übersteigen die Importe die einheimische Förderung jedes Jahr deutlicher. Im Jahr 2003 wurde China mit über sechs Prozent des Weltmarktanteils erstmals zum zweitgrößten Ölimporteur weltweit und löste damit Japan ab. Die IEA schätzt, dass der Anteil des Erdöls, den China importieren muss, von 30 Prozent im Jahr 2000 auf über 80 Prozent in 2030 ansteigen wird.

Auch die Bemühungen Chinas, in Tibet, der Westprovinz Xinjiang und in seinen Küstengewässern neue Ölquellen zu erschließen, werden diesen Trend nicht umkehren können. China besitzt außerdem eine der »ölintensivsten« Volkswirtschaften der Welt. Damit wird ausgedrückt, dass China überdurchschnittlich viel Öl für die Produktion einer Einheit Wirtschaftsleistung benötigt.

China bezieht bisher den Großteil seiner Ölimporte aus dem Nahen Osten. Zukünftig soll Öl auch auf dem Landweg – über Pipelines – aus Myanmar, dem Iran, Zentralasien und Russland importiert werden. Zu diesem Zweck schmiedet die chinesische Politik neue Bündnisse wie die Shanghaier Kooperationsorganisation (SCO) und investieren Chinas Staatsunternehmen in eine neue, asienweite Energieinfrastruktur.

China betreibt mit Abstand die größte Steinkohleförderung der Welt. Die Fördermenge betrug 2004 nach Angaben der IEA fast zwei Milliarden Tonnen und damit 42 Prozent der Weltgesamtproduktion. Die chinesische Steinkohle wird unter erheblichen Umweltauswirkungen und teilweise im Tagebau abgebaut. Die Kohleverfeuerung in Fabriken und Heizanlagen führt zu einer katastrophalen Luftqualität in den Industriegebieten und Großstädten in Chinas Norden, einschließlich der Hauptstadt Peking. Nach Schätzungen der chinesischen Umweltbehörde kosten die Schäden der selbst verschuldeten Umweltverschmutzung heute schon mehr, als der jährliche Anstieg der Wirtschaftsleistung erbringt. Eine Modernisierung der chinesischen Kohlekraftwerke inklusive der Erhöhung des Wirkungsgrads, des Einbaus moderner Filteranlagen und der Abtrennung des klimaschädlichen Gases CO_2 gehört deswegen zu den großen Aufgaben internationaler Entwicklungszusammenarbeit mit China.

Mittelfristig möchten die Chinesen einen Teil ihrer Kohle durch das sauber verbrennende Erdgas ersetzen. Bis Ende der neunziger Jahre spielte Erdgas für den chinesischen Energiemix kaum eine Rolle. Zukünftig soll Erdgas aber über Pipelines aus Russland und Kasachstan importiert werden. Auch die eigene Förderung im Inland und *offshore* wird eine Rolle spielen.

Chinas Atomkraft deckt bisher nur 1,5 Prozent des Gesamtenergiebedarfs. Geplant sind bis 2020 der Bau weiterer 30 Reaktoren und eine Verdoppelung dieses Anteils.

Die unzureichende Energieversorgung wird für Chinas Wirtschaft immer mehr zum Problem. Unternehmen klagen über Stromausfälle. Fabriken in Peking oder Shanghai arbeiten im Sommer nur nachts, weil die vorhandene Strommenge tagsüber benötigt wird, um die Millionen Klimaanlagen am Laufen zu halten. Das Potenzial für eine effizientere Energienutzung durch Einsatz moderner Anlagen und durch Gebäudesanierung ist enorm. Mit einem neuen Gesetz zur Förderung erneuerbarer Energien möchte China in die Massenproduktion für Solaranlagen, Windräder und Brennstoffzellen einsteigen.

Wenn den Chinesen dieser technische Sprung gelingt, würden sie auch auf diesem Sektor zu ernsthaften Konkurrenten des bisherigen Weltmarktführers Deutschland.

China trug schon im Jahr 2004 16,5 Prozent zu den weltweiten CO_2-Emissionen bei und lag damit hinter den USA auf dem unehrenvollen zweiten Platz. Die IEA schätzt, dass China bis 2010 die USA als größter CO_2-Emittent ablösen wird. Bis 2050 könnte der chinesische Anteil an den bis dahin massiv gestiegenen globalen CO_2-Emissionen bei 25 bis 40 Prozent liegen. Für die Zukunft des internationalen Klimaschutzes ist es entscheidend, dass auch die asiatischen Schwellenländer ihren Beitrag zu einer nachhaltigen und klimafreundlichen Energiezukunft leisten. Deshalb sollten China, Indien und die anderen asiatischen Wachstumsökonomien in die nächste Runde der UN-Klimaverhandlungen, in denen es darum geht, ein Nachfolgeabkommen für das 2012 auslaufende Klimaschutzprotokoll von Kioto zu vereinbaren, einbezogen werden.

Parallel zum Aufstieg Chinas vollzieht sich derzeit der des anderen Milliardenvolks Indien. Indiens Energiekonsum wird nach eigenen Schätzungen bis 2015 um 50 Prozent steigen. Wie China kann auch Indien als bedeutende einheimische Energieressource nur auf die Steinkohle zurückgreifen. Der Rohölbedarf wird inzwischen zu 70 Prozent durch Importe gedeckt. Auch in Indien erweist sich die Energieknappheit als bremsender Faktor für die boomende Wirtschaft. Und für die Bevölkerung der größten Demokratie der Welt ist Energiearmut ein wachsendes und politisch lebhaft diskutiertes Problem. Schließlich sind zahlreiche indische Dörfer noch nicht elektrifiziert, und andernorts wird nachts der Strom abgeschaltet. Der Zugang zu Energie ist in der Demokratie Indien nicht nur eine Entwicklungs- sondern auch eine Gerechtigkeitsfrage, in der »arm« gegen »reich« steht. Auch international pocht Indien, das einen der niedrigsten Energieverbrauchswerte pro Einwohner weltweit hat, darauf, dass es gleichberechtigt an den globalen Energieressourcen partizipieren kann. Deswegen wehrt Indien sich auch gegen internationale Verpflichtungen zum Klimaschutz, obwohl gerade eine effizientere Nutzung von Energie und der

Einsatz erneuerbarer Energien helfen könnten, das dramatische Problem der Energiearmut im ländlichen Raum Indiens zu lösen. Immerhin hat Indien als eines der wenigen Länder weltweit ein eigenes Ministerium für erneuerbare Energien vorzuweisen.

In den letzten Jahren hat Indien eine Reihe langfristig angelegter Öl- und Gasliefervertrage mit anderen Ländern Süd- und Zentralasiens, darunter dem Iran, abgeschlossen. Im Gegensatz zu Chinas aggressiv auftretenden Staatskonzernen verlassen sich die Inder dabei weitgehend auf die Investitionstätigkeit ihres Privatsektors im In- und Ausland. Indiens Energieaußenpolitik ist deswegen weniger sichtbar als die der Chinesen. Indisches Kapital fließt inzwischen aber weltweit in die Ressourcenförderung. Wie China setzt Indien zukünftig auf Atomkraft und hat deswegen zwei weitreichende Abkommen zur technologischen Zusammenarbeit mit den USA und Frankreich geschlossen. Als die Amerikaner aber forderten, dass Indien im Gegenzug auf den Bau einer Gaspipeline aus dem Iran und über Pakistan verzichten sollte, gab ihnen die Regierung in Delhi einen Korb. Die Inder bauen darauf, dass die USA genug eigenes Interesse am Zugang zum südasiatischen Markt haben und deswegen nicht in der Lage sind, einen so hohen politischen Preis wie die Unterstützung ihrer Iranpolitik durchzusetzen. Auch Pakistan ist eigentlich ein wichtiger Bündnispartner der USA, vor allem im Kampf gegen den Terrorismus. Die Pakistanis wollen sich aber auch andere Optionen offenhalten. Das iranische Gas brauchen sie außerdem dringend für ihre wirtschaftliche Entwicklung.

Der massive Auftritt Chinas und Indiens als Nachfrager auf den internationalen Energiemärkten kam selbst für Experten unerwartet. Die dadurch ausgelösten Preisanstiege bei Öl und Gas unterscheiden sich jedoch von den Ölkrisen der siebziger beziehungsweise achtziger Jahre und haben strukturellen Charakter. Sie werden deswegen langfristig wirksam bleiben. Dabei wird übersehen, dass mit Japan und Südkorea zwei weitere ostasiatische Länder schon lange zu den größten Energieimporteuren der Welt gehören. Als Mitglieder der Industriestaatenorganisation OECD und entwickelte Demokratien sind Südkorea und Japan wichtige Partner Europas in der Region.

Japan ist die drittgrößte Volkswirtschaft und der drittgrößte Ölkonsument der Welt. Es besitzt fast keine einheimischen fossilen Energiereserven und ist deswegen hochabhängig von Importen oder der Entwicklung alternativer Energiequellen. Japans Strategie der vergangenen Jahre war daher, seine Importe zu diversifizieren, die Energieeffizienz zu steigern und fossile Energieträger durch erneuerbare Energien und Atomkraft zu ersetzen. Das im eigenen Land unterzeichnete Klimaschutzprotokoll von Kioto verpflichtet Japan außerdem dazu, seine Treibhausgasemissionen in den nächsten Jahren weiter zu verringern.

Die 2006 von Japans mächtigem Ministerium für Wirtschaft, Handel und Industrie (METI) veröffentlichte »Neue Nationale Energiestrategie« setzt eine Reihe von Zielen, um die Importabhängigkeit Japans zu verringern. So soll die Energieeffizienz, bezogen auf eine Einheit Bruttoinlandsprodukt, von 2006 bis 2030 um 30 Prozent verbessert werden. Der Anteil von Erdöl am Primärenergieverbrauch soll von jetzt 50 Prozent bis 2030 auf 40 Prozent sinken. Im Verkehrssektor soll die momentan hundertprozentige Abhängigkeit vom Öl durch den Einsatz alternativer Treibstoffe auf 80 Prozent sinken. Gleichzeitig sollen der Anteil der Kernenergie und der erneuerbaren Energien steigen. Kernstück der neuen nationalen Strategie ist aber, dass sich japanische Energiekonzerne mit staatlicher Hilfe stärker bei der Öl- und Gasförderung im Ausland engagieren. Mit Nervosität beobachten Japans Wirtschaftspolitiker das aggressive Vorgehen der Chinesen auf den internationalen Energiemärkten. Auch Japans Konzerne sollen zukünftig mit der finanziellen und politischen Unterstützung ihrer Regierung rechnen können, wenn sie im Ausland auf Einkaufstour gehen. Bisher stammt der Großteil der japanischen Ölimporte aus dem Nahen Osten. Als Diversifizierungsstrategie investieren Japans Energiekonzerne zurzeit in Russland, am Kaspischen Meer und in Zentralasien. Sowohl auf den Iran als auch auf Russland haben die Japaner ein Auge geworfen. Die Ölgesellschaft INPEX beteiligt sich an der Erschließung des iranischen Ölfelds in Azadegan. Grünes Licht für dieses politisch heikle Geschäft kam direkt aus dem Büro des früheren Premierministers Koizumi. Die massiven Proteste der amerikanischen Botschaft gegen das japanische Engagement im Iran stießen auf taube Ohren.

Strategisch am wichtigsten ist für Japan jedoch die Energiepartnerschaft mit dem großen Nachbarn Russland. Die Regierung in Tokio hat angeboten, sich mit bis zu 14 Milliarden US-Dollar an einer neuen Ölleitung von Sibirien Richtung Pazifik zu beteiligen. Im Gegenzug drängt Japan darauf, dass seine Unternehmen zukünftig auch Mehrheitsbeteiligungen an russischen Energiefirmen erwerben können. Die Firmen Mitsui und Mitsubishi beteiligen sich heute schon an der Ausbeute der größten Ölfelder Ostasiens auf der russischen Pazifikinsel Sachalin. Einer engeren politischen Partnerschaft Japans und Russlands steht momentan aber noch die ungelöste Territorialfrage über die von Russland nach dem Zweiten Weltkrieg besetzte Inselkette der Kurilen entgegen. Hier geht es inzwischen nicht mehr nur um nationalen Stolz, sondern auch darum, wie weit der japanische Festlandsockel in den nördlichen Pazifik und damit in potenzielle *Offshore*-Ölfördergebiete reicht.

Vor allem im Wettbewerb um das Öl- und Gasangebot aus Russland geraten die Japaner in massive Konkurrenz zu ihrem großen Nachbarn China. Sichtbarer Ausdruck dieser Rivalität war der jahrelange Streit um den Verlauf einer neuen Ölpipeline von den ostsibirischen Fördergebieten Richtung Pazifik. Jetzt ist geplant, die Pipeline zum russischen Pazifikhafen Nachodka zu führen, aber eine Abzweigung zur chinesischen Raffinerie in Daqing zu bauen. Damit können per Pipeline und Tanker sowohl die Märkte in China als auch in Korea und Japan beliefert werden. Umstritten zwischen Japan und seinen regionalen Nachbarn ist auch die Ölförderung auf hoher See. Langfristig können Ressourcenkonflikte zwischen den ostasiatischen Pazifikanrainern nur dann vermieden werden, wenn die maritime Grenzziehung durch ein Abkommen völkerrechtlich geregelt wird.

Sowohl was Forschung und Entwicklung angeht, als auch in der Anwendung, konkurriert Japan mit Kalifornien und Deutschland um den ersten Rang bei der Nutzung der Sonnenenergie durch Photovoltaik. Auch in der Entwicklung der Wasserstofftechnologie ist Japan führend. Trotzdem setzt das Land, in dem die Atombomben von

Hiroshima und Nagasaki fielen, weiter auf den Ausbau der Atomenergie. Die Atomenergie ist im Land nicht populär. In den vergangenen Jahren gab es in Japans Reaktoren eine Reihe ernsthafter Zwischenfälle. Trotzdem übertrumpft die Angst vor der energiepolitischen Abhängigkeit bisher alle rationalen Argumente gegen die Nutzung der Atomkraft. Japan wird erst dann auf die Atomenergie verzichten, wenn es in ein regionales System der Energieversorgung eingebunden ist und nicht darum fürchten muss, im Fall einer politischen Krise in Russland oder China von seinen Nachschubwegen über das Meer abgeschnitten zu werden. Einer solchen engeren regionalen Zusammenarbeit steht jedoch entgegen, dass sich Japans Beziehungen zu seinen wichtigsten Nachbarn China und Südkorea in den letzten Jahren drastisch verschlechtert haben. Der Grund dafür liegt in der nicht aufgearbeiteten Vergangenheit Japans als Besatzungsmacht während des Zweiten Weltkriegs. Dabei könnte Japan wegen seines enormen technologischen Potenzials zum Vorreiter für moderne nachhaltige Energielösungen für die gesamte Region werden. Im Gegensatz zu den benachbarten Ländern wie China und Südkorea steigt Japans Energieverbrauch nur noch langsam an. Die japanische Volkswirtschaft ist zwar sechsmal so groß wie die Südkoreas, verbraucht jedoch nur das Zweieinhalbfache an Energie. Japan ist einer der Weltmarktführer in Energiespartechnik. Wenn Japan, wie es immer behauptet, eine regionale Führungsrolle einnehmen möchte, so sollte es zu seinen Aufgaben gehören, mithilfe seiner finanzstarken Entwicklungsbank energieeffiziente Technologien auch in seine Nachbarländer zu exportieren. Eine nachhaltige Entwicklung der Energienutzung in den Schwellenländern Ostasiens wäre gleichzeitig ein wichtiger Beitrag für wirtschaftliche Integration und Stabilität in der Region.

Südkorea ist, wie seine Nachbarn China und Japan, fast vollständig von Ölimporten aus dem Nahen Osten abhängig. Der staatliche Ölkonzern Korean National Oil Corporation (KNOC) investiert deswegen zurzeit in Zentralasien und in Aserbaidschan, um alternative Versorgungsquellen zu erschließen.

Der Atomstromanteil Südkoreas macht 40 Prozent aus. Südkoreas AKWs befinden sich in unmittelbarer Reichweite nordkoreanischer Geschütze und sind nur mangelhaft gegen militärische Angriffe gesichert. Nordkorea bräuchte deswegen keine Atombombe, um den südlichen Nachbarn nuklear zu erpressen. Trotzdem haben Südkoreas Umweltverbände und Atomkritiker bisher nicht verhindern können, dass das Atomprogramm des Landes weiter ausgebaut wird. Auch die Südkoreaner haben, wie Japan, Angst davor, dass ihre von Energieimporten abhängige Wirtschaft zusammenbricht, wenn es bei einer politischen Krise zu einer Unterbrechung der Öl- und Gasimporte käme.

Südkorea ist außerdem neben Mexiko das OECD-Land mit der niedrigsten Energieeffizienz und der schlimmsten städtischen Luftverschmutzung. Auf dem von den amerikanischen Universitäten Columbia und Yale im Jahr 2005 gemeinsam mit dem Weltwirtschaftsforum herausgegebenen Environmental Sustainability Index (EPI) rangiert Südkorea auf Platz 122 von 146 verglichenen Ländern, zwischen Liberia und Angola. Den letzten Platz nahm übrigens Nordkorea ein.

Südkoreas Energiepolitik ist also aus mehreren Gründen nicht nachhaltig. Südkorea ist hochgradig importabhängig, sein Atomprogramm bietet eine offene Flanke für militärische Angriffe aus dem Norden, und die Verschmutzung aus Industrieschloten und Auspuffrohren gefährdet die Gesundheit seiner Bürger. Ein positiver Ansatz ist allerdings das neue, nach deutschem Vorbild konzipierte Fördergesetz für erneuerbare Energien. Ziel dieser Förderung ist ausdrücklich mehr Unabhängigkeit von Energieimporten.

Chinas neue Multis

Während in Japan, Südkorea und Indien private börsennotierte Energieunternehmen den Markt dominieren und ausländische Firmen eine wichtige Rolle spielen, sind in China mit staatlicher Hilfe in den vergangenen Jahren drei der größten Ölkonzerne der Welt entstanden. Chinas neue Ölriesen spielen bei der Entwicklung des Landes eine vergleichbare Rolle wie Russlands Gazprom oder Rosneft: Sie sind Bestandteil der innenpolitischen Modernisierungsstrategie der Staatsführung in Peking. Daneben unterstützen sie Chinas aktives Auftreten auf den weltweiten Ressourcenmärkten.

Die China National Petroleum Corporation (CNPC) ist Chinas größter staatlicher Ölkonzern. CNPC betreibt Öl- und Gasprojekte in ganz Zentralasien, dem Mittleren Osten, aber auch in Burma, dem Sudan und in Lateinamerika. CNPC ist die führende ausländische Ölfördergesellschaft im Sudan. Sudanesisches Öl deckt zehn Prozent des chinesischen Bedarfs. Auch in Nigeria, Algerien und dem Tschad ist CNPC aktiv. Eines der ersten Auslandsprojekte der CNPC war die Beteiligung an der Greater Nile Petroleum Operating Company im Sudan Mitte der neunziger Jahre. Seitdem drängen Chinas staatliche Ölkonzerne massiv auf den afrikanischen Markt. Dabei konzentrieren sich die Chinesen vor allem auf diejenigen Länder, in denen westliche Konzerne bisher wenig aktiv sind. Meist handelt es sich dabei um Länder, die wie der Sudan mit erheblichen Sicherheits- und Menschenrechtsproblemen zu kämpfen haben.

Die bisher größte Übernahme im Ausland gelang CNPC durch den Kauf der Firma PetroKazakhstan im Oktober 2005. Mit dem staatlichen kasachischen Gaskonzern KazMunaiGaz baut CNPC eine 1.240 Kilometer lange Gaspipeline aus dem Nordwesten des zentralasiatischen Landes in die chinesische Ostprovinz Xinjiang. Im nächsten Schritt soll die Pipeline bis ans Kaspische Meer verlängert werden.

Als der staatliche russische Ölkonzern Rosneft Geld benötigte, um die Ölproduktion des inzwischen zerschlagenen Yukos-Konzerns aufzukaufen, gewährte CNPC einen Kredit von sechs Milliarden US-Dollar. Ursprünglich hatte Yukos, gemeinsam mit CNPC, die erste private Ölpipeline Russlands nach China geplant. Nach der Verhaftung des Firmengründers Chodorkowski wurde dieses Projekt aufgegeben. Über ihre neue Beziehung mit Rosneft sind die Chinesen jedoch weiterhin im Geschäft.

Den heimischen Ölmarkt dominiert CNPC durch seine Unterfirma Petrochina. Petrochina ist für die Förderung auf dem Gebiet der Volksrepublik China selbst zuständig und hält außerdem das nationale Pipelinemonopol. Fündig geworden ist Petrochina in Xinjiang, dem Wilden Westen Chinas, in Tibet, und *offshore* in den umstrittenen chinesischen Küstengewässern.

Die Zweite im Geschäft ist die privat organisierte Sinopec Corporation. Auch wenn Sinopec formal als private Aktiengesellschaft organisiert ist, hält der chinesische Staat weiterhin über 70 Prozent der Anteile. Die verbleibenden Aktien sind im Besitz von chinesischen Banken und Hongkonger Investoren. Sinopec ist für die staatlich gesteuerte chinesische Wirtschaftspolitik in gewisser Weise ein Experiment: Eine staatliche Energiefirma wird schrittweise für privates Kapital geöffnet, ohne die politische Kontrolle über den Kurs der Firma aufzugeben.

Die staatliche China National Offshore Oil Company (CNOOC) wurde im Jahr 1982 gegründet. Sie ist, im Gegensatz zu CNPC und Sinopec, nicht vorrangig auf den chinesischen Inlandsmarkt ausgerichtet. Gemeinsam mit ausländischen Partnern soll sie die Öl- und Gasvorkommen vor der chinesischen Küste erschließen. Ein großes Tiefseevorkommen an Öl und Gas wurde im Jahr 2006 etwa 250 Kilometer vor der Küste von Hongkong entdeckt. Zahlreiche der in den vergangenen Jahren entdeckten – und der zukünftig vermuteten – Öl- und Gasvorkommen unter dem Chinesischen Meer liegen jedoch unter umstrittenem Territorium. Je nachdem, wessen Hoheitsbereich die vielen unbewohnten Insel- und Felsengruppen im Westpazifik zugerechnet werden, verlaufen auch die Grenzen der jeweiligen Hoheitsgewässer. Über einzelne Inselgruppen wie die Spratly-Inseln liegt China mit fast allen seinen Nachbarn, inklusive Japan, den Philippinen und Vietnam im Streit. Die Internationale Seerechtskonvention gibt auf diese offenen Territorialfragen keine befriedigende Antwort. Japan beklagt sich außerdem darüber, dass CNOOC gemeinsame Öl- und Gasfelder von der chinesischen Seite aus anbohrt und leer pumpt.

Nicht zuletzt weil die Förderung vor der Landesküste mit diesen juristischen und diplomatischen Problemen behaftet ist, drängt auch CNOOC vermehrt ins internationale Geschäft. Im Sommer 2005 wollte CNOOC Ltd, der in Hongkong registrierte private Arm des Pekinger Staatskonzerns, die kalifornische Ölfirma Unocal für 18,5 Milliarden US-Dollar kaufen. CNOOC Ltd ist mehrheitlich weiter in staatlichem Besitz, hat aber erste Anteile an chinesische Privatunternehmer verkauft. Die amerikanische Politik und Energiebranche war über die Erkenntnis, dass die Chinesen bei Deals dieser Größenordnung inzwischen mitbieten können, so schockiert, dass ein Proteststurm ausbrach, der schließlich den US-Kongress erreichte. Dieser drohte damit, ein Gesetz zu erlassen, um das chinesische Engagement zu verhindern. CNOOC Ltd beugte sich dem politischen Druck und verzichtete schließlich darauf, ein formelles Angebot für Unocal abzugeben. Mit ihren nun freigewordenen finanziellen Mitteln kauften die Chinesen Anfang 2006 ihr erstes *Offshore*-Ölfeld vor der Küste Nigerias und sind seitdem ebenso wie CNPC im afrikanischen Geschäft.

Die Chinesen zogen aus dieser Episode den Schluss, sich zukünftig in den USA und anderen westlichen Ländern um ein besseres Image zu bemühen. So spendete CNOOC unmittelbar nach dem Scheitern des Unocal-Kaufs 120.000 US-Dollar für die Opfer des Hurrikans Katrina.

Die Führung in Peking ist sich bewusst, dass der rasante Aufstieg Chinas von anderen Ländern mit Misstrauen wahrgenommen wird. Als Konsequenz daraus wurde die Doktrin vom »friedlichen Aufstieg« Chinas entwickelt. Sie besagt, dass der wirtschaftliche und politische Aufstieg des Landes nicht auf Kosten anderer geht und das neue China bereit ist, sich stärker in internationalen Organisationen wie der UN zu engagieren. Die Regierung in Peking hat großes Interesse daran, dass sich der Rest der Welt nicht gegen ein als bedrohlich empfundenes China zusammenschließt. Der Imageverlust, den Russland und die staatliche Gazprom in den vergangenen Jahren erleiden mussten, soll vermieden werden.

Ähnlich wie der Kreml versucht die chinesische Regierung mit CNPC, CNOOC und Sinopec international wettbewerbsfähige Energiekonzerne zu schaffen, die – zumindest im Fall von Sinopec – auch formal westlichen Standards der Unternehmensführung (Corporate Governance) genügen. Ziel der chinesischen Energieriesen ist es aber nicht ausschließlich, Geld zu verdienen, sondern Chinas Wirtschafts- und Außenpolitik zu dienen.

Chinas »friedlicher Aufstieg« steht mehr und mehr unter internationaler Beobachtung. Wie wird sich das innenpolitisch autoritär agierende China außenpolitisch verhalten? Wie regelt die neue Großmacht Asiens die Beziehungen zu ihren Nachbarn? Stehen Standards der guten Unternehmensführung nur auf dem Papier, oder wirken sie sich auch in einem verbesserten Umwelt- und Menschenrechtsschutz aus?

Chinas neue Außenpolitik

Im April 2005 besuchte Chinas Präsident Hu Jintao erstmals Saudi-Arabien. Schon im Januar desselben Jahres hatte der saudische König Abdullah bei seiner ersten Auslandsreise außerhalb des Nahen Ostens China besucht. China hat sich in den vergangenen Jahren zu einem der wichtigsten Kunden der nahöstlichen Ölstaaten und damit zu einer wichtigen Alternative zu Europäern und Amerikanern entwickelt. Der Titel einer Energiekonferenz, die im Januar 2006 in Dubai stattfand, lautete »Look East«. Saudi-Arabien allein lieferte im Jahr 2005 17 Prozent der chinesischen Ölimporte. Mit dem Energiehandel wachsen auch andere gemeinsame Interessen. In Dubai werden mit chinesischem Kapital Fabriken und Einkaufszentren errichtet. An saudischen Universitäten schreiben sich immer mehr Studenten in den Fächern chinesische Sprache und Geschichte ein. Auf der anderen Seite können arabische Geschäftsleute ohne Visa nach China einreisen und müssen nicht, wie bei der Einreise in die USA, monatelang auf ein Visum warten. Noch garantieren die USA die Sicherheit am Persischen Golf. Doch der chinesische Faktor gewinnt an Bedeutung.

Mit der wirtschaftlichen Öffnung der vergangenen Jahre hat China auch begonnen, sich außenpolitisch neu zu orientieren. Der Aufstieg Chinas bringt neue Reibungen und Interessenkonflikte mit seinen Nachbarn und mit den anderen großen Wirtschaftsmächten der Welt mit sich. Wirtschaftlicher Erfolg, die wachsende Rolle Chinas im Welthandel und die politischen Machtansprüche auf internationaler Ebene lassen sich nicht voneinander getrennt betrachten. Das Verhalten Chinas im UN-Sicherheitsrat, beispielsweise wenn es um die Menschenrechtsverletzungen im ölreichen Sudan oder das iranische Atomprogramm geht, zeigt deutlich, dass wirtschaftliche Überlegungen bei der Gestaltung der chinesischen Außenpolitik eine zentrale Rolle spielen.

Als Präsident Hu im Mai 2005 zum ersten Mal die US-Hauptstadt Washington besuchte, hatte der Ölpreis erstmals die Grenze von 70 Dollar pro Barrel überschritten. Auch wenn der Krieg im Irak und die Krise um das iranische Atomprogramm das Ihrige zur Nervosität auf den Ölmärkten beigetragen haben mögen, so sind sich die Analysten einig darüber, dass es das Auftreten Chinas auf dem Weltmarkt ist, das die Preise langfristig nach oben treibt. China und die USA sind zu Hauptkonkurrenten auf dem Weltölmarkt geworden. Politische und wirtschaftliche Interessen überschneiden sich dabei. Die USA kritisieren den »merkantilistischen Ansatz« Chinas. Gemeint ist damit das chinesische Bestreben, sich Energieressourcen anderer Länder durch langfristige Verträge zu sichern und diese damit vom Weltmarkt zu nehmen. Dabei sind die USA nicht nur der wichtigste Handelspartner, sondern werden auch als wichtigste Konkurrenz wahrgenommen, sowohl in der ostasiatischen Region selbst als auch bei der Schaffung einer multipolaren Weltordnung. Seit dem Zweiten Weltkrieg fungieren die USA im Ostpazifik als Ordnungsmacht und haben sowohl in Japan wie in Südkorea große Truppenverbände stationiert. Die US-Navy kontrolliert die Seestraßen im Pazifik und im Indischen Ozean und damit auch die für die chinesische Wirtschaft zentralen Handelsschifffahrts- und Tankerrouten.

Im Osten Asiens konkurriert China mit Japan und Südkorea. Das Verhältnis zu Japan ist nicht nur vom Wettbewerb um den Zugang zu Russlands Energieressourcen, sondern auch von Territorialkonflikten um vermutete Öl- und Gasquellen unter den umstrittenen Hochseegewässern zwischen beiden Ländern geprägt. China hat inzwischen die USA als wichtigster Handelspartner Japans abgelöst. Auf der anderen Seite haben in den vergangenen Jahren die gegenseitigen Abhängigkeiten in der Region so stark zugenommen, dass in den Thinktanks und Planungsstäben von Tokio und Peking über eine engere politische und wirtschaftliche Integration diskutiert wird. Ziel dabei wäre, politische Spannungen zu entschärfen und einen gemeinsamen Wirtschaftsraum aufzubauen. Als Vorbild könnten die Anfänge der europäischen Einigung aus den fünfziger Jahren dienen.

Auch mit den südostasiatischen Ländern und mit Indien kooperiert China stärker als jemals zuvor. Mit der südostasiatischen Wirtschaftsorganisation ASEAN soll bis 2010 eine Freihandelszone gebildet werden. China importiert Öl sowohl aus Indonesien als auch aus dem von einem Militärregime beherrschten Myanmar (Burma). Aus Myanmar – einem der ärmsten Länder der Welt – kann Öl auf dem Landweg nach China eingeführt werden. Damit kann der Seeweg über die Straße von Malakka vermieden werden.

Mit Indien hat eine stärkere Annäherung begonnen, seitdem die USA mit Indiens regionalem Gegenspieler Pakistan in der Terrorismusbekämpfung eng zusammenarbeiten. Auch in dieser Zweckgemeinschaft spielen energiepolitische Interessen, beispielsweise der Zugang zu iranischem Öl und Gas, eine wichtige Rolle. China und Indien haben im Jahr 2004 ein Abkommen geschlossen, um zu verhindern, dass ihre Firmen sich bei der Rohstoffexploration in Drittländern in die Quere kommen. Nuklear arbeitet China allerdings weiter mit Pakistan zusammen.

Auch über den asiatischen Kontinent hinaus, beispielsweise in Afrika und Lateinamerika, versuchen chinesische Staatsfirmen sich Förderkontrakte zu sichern. Ende 2006 fand in Peking der erste China-Afrika-Gipfel statt. Flankierend zu seinem energiepolitischen Engagement möchte sich Peking auch entwicklungspolitisch in Afrika stärker als bisher engagieren.

National soll in den kommenden Jahren ein System strategischer Ölreserven ähnlich dem, das nach den Ölkrisen der siebziger Jahre in den westlichen Industriestaaten angelegt wurde, eingerichtet werden.

Chinas Westpolitik in Zentralasien

Zentralasien nimmt in den Überlegungen Chinas zur langfristigen Sicherung seiner Energieversorgung eine zentrale Stellung ein. Politisch und diplomatisch setzen die Chinesen auf regionale Integration mit

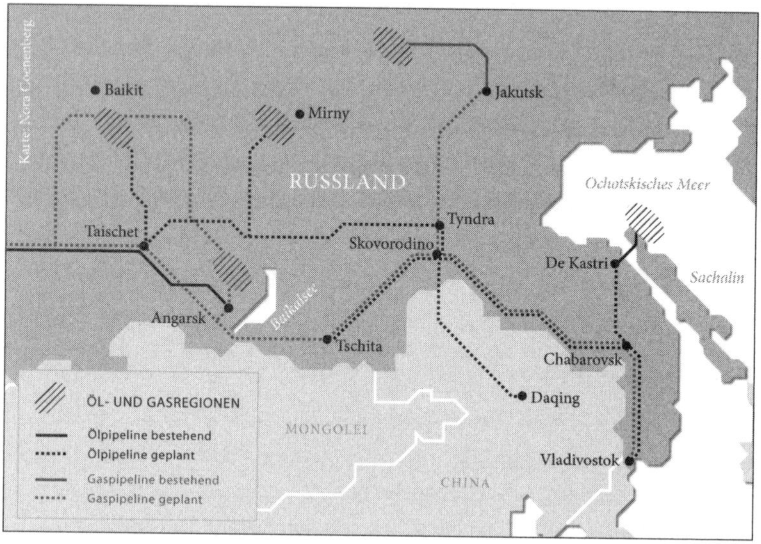

Öl- und Gaspipelines in China und Zentralasien

den fünf zentralasiatischen Republiken Kasachstan, Usbekistan, Turkmenistan, Tadschikistan und Kirgisien. Das Verhältnis zu Russland, das Zentralasien seit den Zeiten der Zaren immer dominiert und beherrscht hatte, bewegt sich zwischen Kooperation und Konkurrenz. Beide Mächte behandeln Zentralasien als ihren regionalen Hinterhof. Wie sich Moskau und Peking in dieser Region letztendlich arrangieren, wird einen nachhaltigen Einfluss auf die politischen und wirtschaftlichen Entwicklungschancen der zentralasiatischen Staaten haben.

Ausdruck der Kooperation ist die von China und Russland gemeinsam begründete Shanghai Cooperation Organisation (SCO). Trotzdem bleiben China und Russland in der Region wirtschaftliche Gegenspieler. Auch die USA sind in der Region wirtschaftlich, politisch und militärisch präsent, jedoch nicht auf dominierende Weise wie im Nahen Osten. Andere wichtige Mächte mit Interessen in der Region sind Indien, der Iran und die Türkei.

Die EU dagegen hat seit dem Ende des Kalten Krieges in Zentralasien nie richtig Fuß gefasst. Politisch ist das ein schweres Versäumnis, nicht zuletzt wegen der energiepolitischen Interessen der Europäer in der Region. Die deutsche Bundesregierung arbeitet deswegen an einer Zentralasienstrategie für die EU, die wirtschaftliche und politische Interessen in der Region mit der Förderung von Demokratie und Menschenrechten in Einklang bringen soll. Deutschland unterhält immerhin als einziger EU-Mitgliedstaat in jeder der fünf zentralasiatischen Republiken eine eigene Botschaft.

Schon jetzt wird Europa über russische Pipelines durch Erdgas aus Turkmenistan mitversorgt. Durch den Bau neuer Pipelines wird derzeit der gesamte Raum um das Kaspische Meer an das westliche Öl- und Gashandelsnetz angeschlossen. Die Volkswirtschaften der zentralasiatischen Nationen sind einseitig auf Förderung und Export ihrer Energieressourcen ausgerichtet. Ihre Regierungen sind autoritär geführt. Die politische Opposition, die oft aus ethnischen Minderheiten und radikalen Islamisten besteht, wird gewaltsam unterdrückt. Langfristig müssen deswegen alle zentralasiatischen Staaten als instabil eingeschätzt werden. Diese Instabilität kann auch auf Europas unmittelbare Nachbarschaft, beispielsweise in die Kaukasusregion, übergreifen.

Kasachstan wird wegen seiner gewaltigen Ölressourcen oft als das neue Kuwait bezeichnet. Das zentralasiatische Land besitzt nach Schätzungen der Internationalen Energieagentur 3,3 Prozent der weltweiten Ölressourcen und 1,7 Prozent der Gasvorkommen. Das ist dieselbe Größenordnung wie die Vorkommen in Libyen oder Nigeria. Bis vor wenigen Jahren exportierte Kasachstan sein gesamtes Öl über russische Pipelines. Das hat sich inzwischen geändert. 2003 wurde die Gasleitung des Caspian Pipeline Consortium (CPC) fertiggestellt. Sie verläuft unter dem Kaspischen Meer nach Aserbaidschan. Von dort kann das kasachische Öl mit Tankern oder über die Baku-Tiflis-Ceyhan-Pipeline auf westliche Märkte transportiert werden. Seit Juli 2006 wird erstmals Öl durch eine neue Pipeline von Atasu in Zentralkasachstan nach Dushanzi in der ostchinesischen Provinz Xinjiang exportiert. Bisher wurden für den Ölexport nach China Tanklaster genutzt. Die Exportmenge wurde dadurch auf niedrigem Niveau begrenzt. Eine parallel verlaufende Gaspipeline wird derzeit gebaut. Von Atasu aus sollen beide Pipelines nach Westkasachstan, also bis ans Kaspische Meer verlängert werden.

Gleichzeitig haben Chinas drei größte Ölkonzerne CNPC, Sinopec und CNOOC in den vergangenen Jahren mehrere Öl- und Gasfelder in Kasachstan aufgekauft. Im Jahr 2005 erwarb CNPC die vorher in kanadischem Besitz befindliche Firma PetroKasachstan. Eine andere kanadische Ölfirma, National Energy, die in der Region aktiv ist, soll kurz vor der Übernahme stehen.

Aus der engen energiepolitischen Verflechtung beider Länder ergeben sich zwei Konsequenzen. China unterstützt die von Präsident Nasarbajew autoritär geführte kasachische Regierung auch politisch, indem es Waffen an die kasachische Armee liefert. Beide Länder kooperieren unter dem Deckmantel der Terrorismusbekämpfung bei der Unterdrückung ethnischer und religiöser Oppositionsbewegungen. Die an Kasachstan grenzende chinesische Westprovinz Xinjiang gewinnt durch den Öl- und Gastransit für China an strategischer Bedeutung. Oppositionsgruppen und freie Medien der muslimischen Bevölkerungsgruppen Xinjiangs werden deshalb konsequent unterdrückt. Stattdessen versucht die Führung in Peking, ähnlich wie in Tibet, Vertreter der ethnischen Mehrheit Chinas, der Han-Chinesen, in der Ostprovinz anzusiedeln. Han-Chinesen besetzen inzwischen Schlüsselstellungen in Xinjiangs Politik und Wirtschaft.

Wie Kasachstan versuchen auch die anderen zentralasiatischen Republiken, sich aus der politischen und wirtschaftlichen Umarmung durch Russland zu lösen. Diese Abhängigkeit drückt sich vor allem darin aus, dass alle zentralasiatischen Länder bis Ende der neunziger Jahre ausschließlich durch das aus sowjetischen Zeiten stammende Pipelinenetz Zugang zum Weltmarkt hatten. Um sich aus dieser Abhängigkeit zu lösen, sind alle Staaten Zentralasiens auf der Suche nach ausländischen Investoren und politischen Alternativen zur Macht des Kreml. China ist dabei ein willkommener Partner.

Turkmenistan hat seine einseitige Abhängigkeit von Russland im Jahr 1997, als Gazprom den Transport turkmenischen Erdgases durch sein Netz einstellte, um höhere Transitpreise durchzusetzen, schon einmal schmerzlich erlebt. Turkmenistans Staatseinkünfte sanken dramatisch. Wegen der Haushaltskrise geriet die Regierung innenpolitisch unter Druck und lenkte gegenüber den Russen bald ein. Heute verkauft Turkmenistan sein Gas immer noch weit unter Weltmarktpreis an Russland. Das billige turkmenische Gas subventioniert außerdem die aus politischen Gründen niedrig gehaltenen Preise, die Gazprom Weißrussland und anderen Bündnispartnern des Kreml anbietet. Da kaum westliche Firmen in der Diktatur Turkmenistan investieren wollen, hat sich das Land China zugewandt. Turkmenistans Staatschef Saparmurat Nijasow und Chinas Präsident Hu Jintao unterzeichneten im April 2006 Abkommen mit dreißigjähriger Laufzeit zum Export von Gas nach China und zum Bau einer 4.000 Kilometer langen Pipeline vom turkmenischen Amudarya Gasfeld bis nach Shanghai. Fertiggestellt werden soll die Pipeline bis 2009. Das Branchenblatt »Energy Economist« warnt allerdings, dass Turkmenistan Schwierigkeiten haben werde, neben seinen bestehenden Lieferverträgen mit Russland, der Ukraine und anderen osteuropäischen Ländern auch seinen Vertrag mit China zu erfüllen. Es gibt einfach nicht genug Gas in den bis heute bekannten turkmenischen Förderfeldern. Sollte es wirklich dazu kommen, dass Turkmenistan seine zugesagten Liefermengen nicht mehr einhalten kann, wird es darauf ankommen, welcher seiner Kunden zu diesem Zeitpunkt den größten politischen Einfluss in der Region erworben haben wird. Bisher ist das Rennen zwischen Russen und Chinesen noch nicht entschieden. Andere Kunden, beispielsweise einige osteuropäische Länder, die bisher vom billigen turkmenischen Gas profitieren, könnten dann den Kürzeren ziehen – ein Grund mehr für die Osteuropäer, sich von ihrer Abhängigkeit von billigen Gasimporten zu lösen.

Neben Kasachstan und Turkmenistan liegt das Hauptaugenmerk Chinas auf Usbekistan. Usbekistan ist der achtgrößte Erdgasproduzent weltweit. Auch seine Ölvorkommen sind beachtlich. Im Jahr 2005 gründeten zwei der größten chinesischen Energiekonzerne, CNPC und Sinopec, umfangreiche Joint Ventures zur Öl- und Gasförderung mit Usbekistans staatlichen Fördergesellschaften. Die Schwachstelle von Chinas Energiestrategie ist auch hier das fehlende Pipelinenetz.

Bisher laufen Usbekistans gesamte Erdgasexporte über das Pipelinenetz des russischen Monopolisten Gazprom.

Über seine Ressourcen hinaus ist Zentralasien für China auch als Transitraum wichtig, um Zugang zu den Öl- und Gasvorkommen im Kaukasus und im Iran zu erhalten und seine einseitige Abhängigkeit von Ölimporten aus dem Mittleren Osten zu überwinden. Das Öl, das China von dort importiert, wird bisher ausschließlich auf dem Seeweg transportiert. Die Seerouten durch den Persischen Golf, durch die Straße von Malakka und an Taiwan vorbei werden jedoch durch die US-Flotte kontrolliert. Die Energiesicherheit Chinas wird bisher also durch die militärische Macht der USA garantiert. Aus dieser Abhängigkeit möchten sich die Chinesen langfristig durch ihr Engagement in Zentralasien lösen.

Chinas Afrikapolitik

In Afrika macht Chinas Öldiplomatie inzwischen den ehemaligen Kolonialmächten Frankreich und Großbritannien sowie den USA Konkurrenz. In den ehemals unter sowjetischem Einfluss stehenden sozialistischen Staaten wie Angola hat China inzwischen die Rolle der Russen als wichtigster wirtschaftlicher und politischer Partner übernommen. An dem bisher größten China-Afrika-Gipfeltreffen im November 2006 in Peking nahmen 41 afrikanische Staats- und Regierungschefs teil. China sagte auf dem Gipfeltreffen eine Erhöhung seiner Entwicklungshilfe, zinserleichterte Kredite, Exportbürgschaften und Zollerleichterungen zu. Investiert werden soll vor allem in den Rohstoffsektor Afrikas.

Heute stammen schon 28 Prozent der chinesischen Ölimporte aus dem Sudan, Angola, dem Kongo, Nigeria und anderen afrikanischen Ländern. Afrika trägt heute schon zwölf Prozent zur weltweiten Ölproduktion bei – mit stark steigender Tendenz. Während in anderen Weltregionen die Förderung zurückgeht, erwartet die Energiebranche, dass die Produktion aus afrikanischen Quellen zwischen 2006 und 2010 um weitere 30 Prozent steigen wird. In zahlreichen afrikanischen Staaten – darunter auch solchen mit erheblichen Öl- und

Gasreserven – herrschen weiterhin Krieg, politische Instabilität, Korruption und organisiertes Verbrechen. Die Risikobereitschaft der internationalen Ölunternehmen ist in Zeiten hoher Preise jedoch gestiegen. Auch wenn die USA und die beiden früheren Kolonialmächte Frankreich und Großbritannien weiterhin 70 Prozent der Auslandsinvestitionen in Afrika stellen, so holen die Chinesen auf. Ihr Vorteil ist, dass sie auch in politisch problematische Länder und Landstriche investieren. Außerdem denken die chinesischen Staatskonzerne nicht in Kategorien kurzfristigen Gewinns, sondern langfristiger Ressourcensicherung.

So hat sich China nach dem Ende des dreißigjährigen Bürgerkriegs zum größten Ölabnehmer Angolas entwickelt. China stellte für den Zugang zum angolanischen Markt großzügige Kredite zur Verfügung. Die Regierung in Luanda konnte es sich daher leisten, ein konkurrierendes Angebot des Internationalen Währungsfonds (IWF), das mit der Auflage ökonomischer Reformen verbunden gewesen wäre, abzulehnen.

Ein weiterer guter Geschäftspartner Chinas ist das islamistische Regime im Sudan. Während westliche Länder den Sudan wegen schwerer Menschenrechtsverletzungen im Süden des Landes und in Darfur boykottieren, sind die chinesischen Öleinkäufer nicht so zimperlich. Der stellvertretende chinesische Außenminister sagte auf eine Frage der »New York Times«: »Geschäft ist Geschäft. Wir versuchen das Geschäft von der Politik zu trennen.«

Ganz wahr ist diese Aussage natürlich nicht. Auch China ist an einem Friedensschluss im Sudan interessiert. Unter Bedingungen des Bürgerkriegs und der ständigen Gefahr terroristischer Anschläge lässt sich, auch wenn man an Demokratie und Menschenrechten selbst nicht interessiert ist, kein stabiles Geschäftsumfeld aufbauen.

Das Geschäft mit dem Öl, das die chinesischen Konzerne in Afrika betreiben, wird daher von der Regierung in Peking systematisch politisch flankiert. So verkauft China Patrouillenboote und andere Waffen an die nigerianischen Sicherheitskräfte. Damit können die Ölförderanlagen im Nigerdelta gegen lokale Rebellen und organisierte Kriminelle verteidigt werden. Die US-Regierung hatte ein ähnliches

Ersuchen der nigerianischen Seite wegen Korruptionsverdacht gegen Militär und Polizeikräfte Nigerias abgelehnt.

In Afrika stoßen nicht nur die Geschäftsinteressen der alten Großmächte des Westens und der selbstbewusst auftretenden neuen Großmacht China aufeinander, sondern auch unterschiedliche Philosophien darüber, welche Spielregeln im internationalen Geschäft gelten sollen. Auch wenn die Klage der Europäer und Amerikaner, dass China Geschäfte mit wenig geachteten Regimes wie dem Sudan macht, heuchlerisch erscheinen mögen, so braucht die Welt doch langfristig einen Verhaltenskodex für internationale Investitionen und das Auftreten multinationaler Konzerne. Schließlich gibt es in China keine NGOs, die Umweltsünden und Menschenrechtsverletzungen chinesischer Konzerne im Ausland anprangern und damit als Korrektiv für Verfehlungen dienen können.

Nuklearer Wettlauf

Asiens Großmächte befinden sich in einem gefährlichen nuklearen Wettlauf. Im Jahr 2005 besaßen China geschätzte 400, Indien und Pakistan jeweils 50 atomare Sprengköpfe. Nordkorea testete 2006 seine erste Atombombe. Weitere Länder, wie Japan und Südkorea, besitzen die technischen Kapazitäten, um innerhalb weniger Monate Atomwaffen zu produzieren. Hinzu kommen Russland und die USA, die in Südkorea und auf Flugzeugträgern vor den Küsten Asiens taktische Atomwaffen stationiert haben. Überall in der Region zeigt sich, dass militärische Atomprogramme im Schatten ziviler Programme entwickelt wurden. Iran ist dafür das bedeutendste Beispiel.

Die USA, Russland und Frankreich wollen auf dem nuklearen Wachstumsmarkt Asien viel Geld mit dem Export von Atomtechnologie verdienen. Mit dem indisch-amerikanischen Atomabkommen versuchen die USA, Indien als regionales Gegengewicht zu China aufzubauen. Die russische Regierung hat dem Iran angeboten, in der Atomtechnik zusammenzuarbeiten, um damit gleichzeitig das iranische Atomwaffenprogramm unter Kontrolle zu bringen.

Bisher versuchen die Staaten in der Region jedoch keineswegs einen nuklearen Rüstungswettlauf zu verhindern, sondern fördern diesen eher noch. Nordkorea und Pakistan haben bei der Entwicklung ihrer militärischen Atomprogramme eng zusammengearbeitet. Indiens Atomwaffenprogramm wurde durch den Abschluss des indisch-amerikanischen Nuklearvertrags 2006 nachträglich legitimiert. Neben dem iranischen Atomprogramm macht die »islamische Bombe« Pakistans der internationalen Gemeinschaft derzeit die größten Sorgen. Die Regierungen des Westens hoffen darauf, dass die Militärdiktatur in Islamabad, die sich die Bombe zulegte, möglichst stabil bleibt, damit diese nicht in die Hand islamistischer Terroristen fällt.

Die Antwort auf den regionalen Wettlauf um Atomenergie und Atomwaffen liegt erneut in einer stärkeren regionalen und internationalen Kooperation. Ein Beispiel dafür liefert Nordkorea. Mitte der neunziger Jahre hatte die US-Regierung unter dem damaligen Präsidenten Clinton schon einmal einen Vertrag mit dem nordkoreanischen Regime ausgehandelt, der Energielieferungen aus China und den USA nach Nordkorea und im Gegenzug die Einstellung des militärischen Atomprogramms Pjöngjangs vorsah. China liefert weiterhin Steinkohle an Nordkorea. Die USA stellten ihre Öllieferungen wegen innenpolitischer Streitigkeiten um die Ausrichtung ihrer Nordkoreapolitik aber bald wieder ein, was im Gegenzug zur Wiederaufnahme des nordkoreanischen Atomwaffenprogramms führte. Trotzdem kann eine Einigung nur so aussehen, dass Nordkorea für wirtschaftliche Hilfe und Energielieferungen seiner Nachbarn auf sein umstrittenes Atomwaffenprogramm verzichtet.

Regionale Kooperation, regionale Konkurrenz

Chinas Energiehunger wirkt sich nicht nur weltweit sondern auch regional auf Sicherheit und Stabilität aus. Seine Suche nach Öl und Gas vor der Küste führt zu territorialen Konflikten mit seinen Nachbarländern Japan, Vietnam oder den Philippinen. Durch das Bündnis mit Russland soll die Lieferung über Land, durch die Rückgewinnung Taiwans der Seeweg gesichert werden. Überall dort stößt China an amerikanische Einflusszonen. Als Gegenleistung für eine enge wirtschaftliche Zusammenarbeit stützt China zentralasiatische Diktaturen wie Usbekistan und das erdgasreiche Turkmenistan.

Begleitet wird der wachsende wirtschaftliche Einfluss Chinas durch diplomatische Initiativen, mit denen es sich als regionales Gegengewicht zu den USA positionieren möchte. Mit ressourcenreichen Staaten Afrikas und Lateinamerikas verhandelt China bilaterale Handelsabkommen. Oft heißt das Geschäft dabei Öl gegen Waffen.

China und Indien besitzen die Kaufkraft, aber auch Investitionsmittel für Ausbau und Modernisierung der Infrastruktur in Russland und den ehemaligen Sowjetrepubliken Zentralasiens. Russland könnte im Gegenzug die Versorgung des asiatischen Wirtschaftsraums mit Rohstoffen und Energie übernehmen. Schon heute investieren chinesische Staatskonzerne kräftig in den Öl und Gas exportierenden Ländern Kasachstan und Turkmenistan. China drängt auch auf den Bau weiterer Versorgungspipelines, vor allem aus dem russischen fernen Osten, befindet sich hier jedoch in scharfer Konkurrenz zu südkoreanischen und japanischen Konzernen.

Am 15. Juni 2001 gründeten China und Russland zusammen mit den vier zentralasiatischen Ländern Tadschikistan, Usbekistan, Kirgisien und Kasachstan die Shanghaier Kooperationsorganisation (SCO). Die ursprüngliche Aufgabe der Organisation war es, Grenzstreitigkeiten zwischen den ehemaligen Sowjetrepubliken und China auszuräumen. Diese Herausforderung wurde erfolgreich bewältigt, sodass das Bündnis für weitere Aufgaben ausgebaut werden konnte. Über die SCO kooperieren die sechs Länder seitdem politisch, wirtschaftlich und militärisch. Russland und China unterstützten Usbekistans Diktator Karimow nach der blutigen Niederschlagung einer Protestkundgebung in der Stadt Andijan. 2007 finden erstmals gemeinsame Militärmanöver der SCO statt. Eine neue Ölpipeline verbindet Russland, Kasachstan und China miteinander. Als die USA nach den Terroranschlägen vom 11. September 2001 versuchten, ihren Einfluss in der Region auszuweiten und Militärbasen in ganz Zentralasien zu errichten, versuchten die Staaten der SCO, den amerikanischen Einfluss einzudämmen und später zurückzudrängen. Die

US-Militärbasen in Usbekistan wurden inzwischen geschlossen. Kirgisien möchte allerdings weiter an der US-Militärpräsenz verdienen. Kasachstan jedoch traut seinen neuen Bündnispartnern nicht und balanciert weiterhin sorgfältig zwischen den drei Großmächten Russland, China und USA. So beteiligt sich Kasachstan nicht nur an Militärmanövern der SCO, sondern auch an der NATO-Übung »Steppenadler«, die im September 2006 auf kasachischem Staatsgebiet stattfand. Mit der neuen, auf US-Initiative hin geplanten Transkaspischen Pipeline soll Gas aus Kasachstan und dem kaspischen Becken unter Umgehung russischen Staatsgebiets in den Westen geliefert werden. Das neue machtpolitische Gravitationszentrum, das mit der SCO in der Mitte Asiens entsteht, ist auch für weitere regionale Mächte attraktiv. Pakistan, Iran, Indien und die Mongolei haben schon Beobachterstatus beantragt. Sollten Indien und Pakistan der SCO beitreten, würden in ihr vier der acht Atommächte der Welt an einem Tisch sitzen. Auch über die Region hinaus betreibt die SCO eine aktive Bündnispolitik, beispielsweise mit dem Golfkooperationsrat (GCC) der arabischen Staaten. Auch hier teilen beide Seiten das Interesse, sich nicht einseitig von den USA abhängig zu machen.

Auf den Spuren Marco Polos – Blickt die EU nach Osten?

Marco Polo war der erste Europäer, der nach China reiste. Inzwischen bewegt sich täglich eine ganze Schar von Geschäftsleuten ins Reich der Mitte. So eng die wirtschaftlichen Beziehungen zwischen Europa und China sind, so wenig ausgeprägt ist die politische Partnerschaft.

In der Europäischen Sicherheitsstrategie (ESS) wird das Ziel formuliert, eine »strategische Partnerschaft« mit China – und ebenso mit Indien, für das vieles des unten genannten ebenfalls gilt – zu entwickeln. Auch wenn der Begriff der »strategischen Partnerschaft« bewusst unscharf gehalten ist, so lässt sich doch sagen, dass damit eine umfassende, langfristige und auf beiderlei Nutzen angelegte Beziehung gemeint ist. Entscheidend ist natürlich, welchen politischen und wirtschaftlichen Zielen das Verhältnis mit dem wichtigen Partner China dienen soll und welche Werte ihm zugrunde gelegt werden. China hat sich in den vergangenen Jahren aufgrund seiner wachsenden wirtschaftlichen Stärke und einer aktiver werdenden Rolle – sowohl in regionalen Gremien als auch im multilateralen System – zu einem immer wichtigeren außen- und sicherheitspolitischen Akteur auch für den Westen entwickelt. Zahlreiche sicherheitspolitische Herausforderungen können ohne eine kooperative Einbindung und aktive Teilnahme Chinas nicht mehr gelöst werden. Die Frage lautet inzwischen, wie China seine neue Rolle und Bedeutung nutzt. Der Streit um das Atomprogramm des Iran steht dafür beispielhaft. Die chinesische Führung selbst strebt entsprechend der Doktrin des »friedlichen Aufstiegs« Chinas ein stärkeres Engagement innerhalb der Vereinten Nationen und anderer multilateraler Einrichtungen sowie eine aktivere Rolle bei der Lösung regionaler Sicherheitskonflikte an. Zum jetzigen Zeitpunkt allerdings befinden sich die europäisch-chinesischen Beziehungen gewissermaßen noch in einem »vorpolitischen« Stadium. Sie werden von den wirtschafts- und handelspolitischen Interessen der großen Mitgliedstaaten dominiert. Strategische Erwägungen zur künftigen Rolle Chinas im multilateralen System und innerhalb der euro-asiatischen Sicherheitsarchitektur fehlen weitgehend.

Die Europäische Union ist eigentlich der Wunschpartner Chinas in der Außenpolitik. Europa ist weit genug weg, um keine direkte Bedrohung Chinas darzustellen, bringt aber das nötige wirtschaftliche Gewicht mit, um potenziell als Gegengewicht zu Russland und den USA zu wirken. Bei den Energieimporten hängen sowohl China als auch die EU am russischen Tropf und haben ein vitales Interesse daran, sich nicht gegeneinander ausspielen zu lassen. So unterschrieben China und die EU auf ihrem Gipfeltreffen im September 2006 eine gemeinsame Erklärung zur Energiesicherheit. Beide Seiten wollen in der Technologiepolitik, bei der Förderung von Energieeffizienz und bei der Schaffung gemeinsamer Märkte eng zusammenarbeiten. Beide Partner wollen außerdem ihr Kundenverhalten gegenüber dem Energieexporteur Russland besser aufeinander abstimmen.

Auch wenn das Hauptaugenmerk der europäischen Politik in den letzten Jahren auf China lag, so sollte die EU die Demokratien Indien, Japan und Südkorea nicht vergessen. Sie sind für Europa die idealen

Partner zur Lösung gemeinsamer Herausforderungen im Rahmen multilateraler Zusammenarbeit.

Interessant wird es sein zu beobachten, ob sich die Demokratie Indien langfristig wirtschaftlich und außenpolitisch anders entwickelt als die autoritäre Zentralmacht China. Indien schloss im Frühjahr 2006 ein weitreichendes energiepolitisches Kooperationsabkommen mit den USA ab, das auch als Blaupause für ähnliche Abkommen mit anderen westlichen Partnern dienen soll. Gleichzeitig soll die Zusammenarbeit im Bereich der Energieeffizienz und der Förderung erneuerbarer Energien verstärkt werden. Im Gegenzug hat Indien den Bau einer Gaspipeline aus dem Iran zwar nicht abgesagt, aber auf unbestimmte Zeit verschoben. Auch wenn es von beiden Seiten nicht offen ausgesprochen wird, so zielt die amerikanisch-indische Kooperation doch darauf ab, den wachsenden Einfluss Chinas in Asien auszubalancieren. Wollen die USA mit ihrer Politik heute ein Gleichgewicht der Kräfte in Asien erreichen, so sollte es das Interesse der Europäer sein, eine regionale wirtschaftliche und politische Kooperation nach dem Vorbild der EU anzuregen. Der Kristallisationskern dafür könnte das ostasiatische Wirtschaftsbündnis ASEAN sein. Auch im Bereich der Luftreinhaltung haben die ost- und südostasiatischen Länder begonnen grenzüberschreitend zusammenzuarbeiten. Das Vorbild sind hier die Vereinbarungen, die die west- und osteuropäischen Länder noch zu Zeiten des Kalten Krieges getroffen hatten, um grenzüberschreitende Luftbelastungen und den sauren Regen zu bekämpfen.

Im Gegensatz zu Europa, das durch die wirtschaftliche und politische Integration nach dem Zweiten Weltkrieg die Konfrontation der europäischen Nationalstaaten produktiv überwunden hat, steht die historische Aufarbeitung von Krieg, Besetzung und Vertreibung in Ost- und Südasien noch aus. Dieser schwierige Schritt wird aber die notwendige Voraussetzung dafür sein, die gemeinsamen Probleme der Region im kooperativen Verbund zu lösen.

KAPITEL 5

EINE GEMEINSAME EUROPÄISCHE ENERGIEPOLITIK

Die Europäische Union ist die größte Wirtschaftsmacht der Welt, hat aber bisher keine eigenständige Energiepolitik. Ohne eine gemeinsame europäische Energiepolitik kann es aber auch keine überzeugende EU-Außenpolitik geben, sonst bleibt die EU in dieser zentralen ökonomischen Überlebensfrage erpressbar. Da Europa auf absehbare Zeit von Energieexporten aus seiner südlichen und östlichen Nachbarschaft abhängig sein wird, darf die gemeinsame Energiepolitik sich nicht auf die EU im engeren Sinn beschränken, sondern muss die angrenzenden Länder Osteuropas sowie des Nahen und Mittleren Ostens einbeziehen. Schlüsselländer und -regionen sind dabei die Ukraine, die Türkei und der südliche Kaukasus. Sie dienen als politische Brücke und Transitländer für den Energieimport in die Union. Deshalb müssen diese Länder politisch und wirtschaftlich stärker an die EU herangeführt werden. Im Zentrum der europäischen Energieaußenpolitik steht dagegen Russland. Aus dieser bisweilen konfliktreichen Nachbarschaft sollte sich eine auf Kooperation und völkerrechtlichen Vereinbarungen basierende Partnerschaft zur gemeinsamen wirtschaftlichen und politischen Gestaltung des europäischen Kontinents entwickeln. Seit Anfang der neunziger Jahre strebt die EU deswegen einen energiepolitischen Grundlagenvertrag mit allen ihren Nachbarn – die Europäische Energiecharta – an, um die wirtschaftlichen, umwelt- und sicherheitspolitischen Interessen aller Beteiligten zu einem Gesamtkonzept zu verbinden und in einem völkerrechtlichen Vertrag zu regeln.

Nicht nur eine verlässliche und preisgünstige, sondern auch eine umweltfreundliche Energieversorgung gehört zu den erklärten Zielen der EU. Die Entwicklung umweltfreundlicher Alternativen könnte auch die Abhängigkeit von Importen fossiler Energieträger senken und so die eigene Energiesicherheit erhöhen. Neben der Schaffung der physischen Infrastruktur für Europas Energieversorgung bleiben deswegen der Klimaschutz und die Sicherung von Stabilität und gutnachbarschaftlichen Beziehungen auf dem europäischen Kontinent Hauptziele der EU-Politik.

Europas Energieabhängigkeit

In der Europäischen Sicherheitsstrategie vom Dezember 2003 heißt es: »Die Energieabhängigkeit gibt Europa in besonderem Maße Anlass zur Besorgnis. Europa ist der größte Erdöl- und Erdgasimporteur der Welt. Unser derzeitiger Energieverbrauch wird zu 50 Prozent durch Einfuhren gedeckt. Im Jahr 2030 wird dieser Anteil 70 Prozent erreicht haben.« Der Energieimport stammt zum größten Teil aus sicherheitspolitisch fragilen Regionen, wie den Golfstaaten, Nordafrika, Russland und Zentralasien.

Die Abhängigkeit der Europäischen Union von Energieimporten wird, wenn der von der Europäischen Kommission prognostizierte Trend anhält, in den kommenden Jahrzehnten weiter steigen. Das gilt vor allem für die Importe von Erdgas, denn der Trend, von der Stromerzeugung aus Kohle auf das umweltfreundlichere Gas umzustellen, wird sich fortsetzen. Die Europäische Kommission schätzt, dass der Erdgasverbrauch der EU-Mitglieder von 2000 bis 2020 um das Zweieinhalbfache steigen wird. In Deutschland wird der Anteil der Stromerzeugung aus Gas bis zum Jahr 2020 von 17 auf 25 Prozent steigen, in Großbritannien sogar von 25 auf 40 Prozent. Einheimische Ressourcen, wie das Öl und Gas aus der Nordsee, gehen derweil zur Neige. Russland ist schon heute der wichtigste Exporteur fossiler Energieträger und von Natururan in die EU. Damit sind die Russen die wichtigste Alternative zu den krisenbehafteten Exportländern des Nahen Ostens und nehmen diesen ihre hegemoniale Stellung auf dem Ölmarkt. Nicht zufällig begann der Bau der ersten transkontinentalen Gaspipeline zwischen der damaligen Sowjetunion und Deutschland nach dem Ölembargo der arabischen Staaten Mitte der siebziger

Jahre. Die Ölimporte aus Russland werden bis 2020 gegenüber dem Jahr 2000 nach der Prognose der Kommission um 20 Prozent, die Gasimporte um 150 Prozent ansteigen. Neben Russland hat der Iran das Potenzial, zum wichtigsten Gasimporteur in die EU aufzusteigen. Die Türkei würde damit, neben der Ukraine, zum bedeutendsten Transitland für die Energieversorgung Europas. Auch die Importe aus Nordafrika werden weiter zunehmen. Zukünftig kommen außerdem Flüssiggasimporte per Tankschiff aus Ländern wie Nigeria oder Venezuela hinzu.

Will die EU ihre Erdgasversorgung über das Jahr 2020 hinaus sichern, so steht sie vor drei geostrategischen Herausforderungen: Wie gestaltet sich das Verhältnis zu Russland? Gelingt es, den Iran in das internationale politische System und die Weltwirtschaft einzubeziehen? Soll die Türkei in die EU aufgenommen werden?

Wenn die EU gleichzeitig ihre wirtschaftliche und politische Abhängigkeit von Energieimporten aus ihrer Nachbarschaft verringern möchte, so ist eine grundlegende Wende in der europäischen Energiepolitik nötig, weg von der Abhängigkeit von Öl und Gas, hin zu einer effizienteren Nutzung und dem stärkeren Einsatz erneuerbarer Energien. Die sicherheitspolitischen Probleme, die sich durch die wirtschaftliche Abhängigkeit von Nachbarn wie Russland und dem Iran ergeben, würden dadurch nicht sofort und vollständig beseitigt, aber doch deutlich abgemildert.

Historische Wurzeln

Die Energiepolitik stand am Anfang der europäischen Einigung. Die Europäische Gemeinschaft für Kohle und Stahl (EGKS), oft auch Montanunion genannt, wurde am 18. April 1951 durch den Vertrag von Paris gegründet. Sie schaffte eine gemeinsame Zollunion für diese beiden – für den Wiederaufbau Europas nach dem Krieg entscheidenden – Produktionsgüter. Die EGKS ging zurück auf den sogenannten Schuman-Plan des damaligen französischen Außenministers. Robert Schuman wollte auf Anraten des französischen Europapolitikers Jean Monnet durch die Vergemeinschaftung der ehedem kriegswichtigen

Güter Kohle und Stahl gemeinsame Interessen schaffen und den innereuropäischen Frieden sichern. Diese sogenannte »Methode Monnet«, durch wirtschaftliche Integration gemeinsame politische Interessen und eine Kultur der politischen Kooperation zu schaffen, hat sich seitdem als Prinzip europäischer Politik etabliert. Auch die Außenpolitik der EU erfolgt nach der Methode Monnet und setzt auf wirtschaftliche Zusammenarbeit und politische Einbindung.

Am 25. März 1957 wurde, zeitgleich mit der Europäischen Wirtschaftsgemeinschaft, aus der später die EU hervorging, die Europäische Atomgemeinschaft (EURATOM) aus der Taufe gehoben. Die Aufgabe von EURATOM ist es, die Kernenergie in allen Mitgliedstaaten zu fördern, das nukleartechnische Knowhow zu teilen und die Produktion spaltbarer Stoffe gemeinsam zu kontrollieren.

Der EGKS-Vertrag wurde später in den EG-Vertrag integriert. Der EURATOM-Vertrag besteht unverändert weiter, soll aber Teil der zukünftigen Europäischen Verfassung werden. Obwohl also die gemeinsame Bewirtschaftung der Kohle und die gemeinsame Förderung der Atomenergie am Anfang der europäischen Einigung standen, erwuchs aus diesen Ansätzen bisher keine Gesamtkonzeption europäischer Energiepolitik. Dazu waren und sind die Interessen wichtiger Mitgliedstaaten zu unterschiedlich.

Ressourcennationalismus und nationale Champions

Bis zur Teilliberalisierung der Energiemärkte in den neunziger Jahren waren die meisten europäischen Energieversorger staatlich und wurden als Teil nationaler Industrie- und Interessenpolitik eingesetzt. Bis heute setzt der staatliche französische Stromkonzern Electricité de France auf Atomkraft, während in Deutschland der Klimaschutz und die Förderung der erneuerbaren Energien eine wachsende Rolle spielen. Polen erzeugt den Großteil seiner Elektrizität und Heizkraft aus Steinkohle, die Tschechische Republik aus Braunkohle. Während die baltischen Staaten oder die Slowakei fast zu 100 Prozent von Gasimporten aus Russland abhängen und sich aus dieser Abhängigkeit gern befreien möchten, machen Deutschland und die Niederlande mit der russischen Energiewirtschaft blendende Geschäfte. Die russische Gazprom ist inzwischen auch in das deutsche Gasvertriebsnetz eingestiegen. Großbritannien dagegen wehrte den Versuch der Russen, die britische Gasfirma Centrica zu kaufen, ab. Bisher können die Briten sich diese Politik leisten. Ihr Erdgas kommt größtenteils aus Norwegen und Nordafrika. Da Nordseeöl und -gas jedoch zur Neige gehen, wird die Exportabhängigkeit Großbritanniens bis 2020 vermutlich auf 90 Prozent steigen. Dann werden die Karten, vermutlich auch unter russischer Beteiligung, neu gemischt. Anders stellt sich die Lage für die südeuropäischen EU-Mitgliedstaaten wie Italien und Spanien dar. Sie beziehen ihre Öl- und Gasimporte aus Nordafrika und dem Nahen Osten. Ihr Blick richtet sich deswegen weniger nach Osten, sondern auf die südlichen Nachbarn der EU im Mittelmeerraum.

Europas große Energiekonzerne sind seit der Liberalisierung der Energiemärkte in den neunziger Jahren auf weltweiter Einkaufstour. Seit innerhalb der EU die vorher bestehenden Gebietsmonopole schrittweise abgeschafft wurden, müssen sich Europas Energieunternehmen – egal, ob sie weiterhin staatlich oder inzwischen privatisiert sind – erstmals gegen Konkurrenz behaupten. Die Regierungen in Deutschland, Frankreich oder Italien bauen ihre ehemaligen Staatskonzerne deshalb zu wettbewerbsfähigen nationalen Champions auf. Die Strategie heißt Vorwärtsverteidigung und besteht aus zwei sich ergänzenden Elementen.

Im eigenen Land wird die unliebsame Konkurrenz aus dem Ausland durch gesetzliche Tricks und Kniffe verhindert. In Deutschland haben die ehemaligen Staatskonzerne ihre Gebietsmonopole faktisch erhalten. Kleinere Anbieter, wie der niederländische Stromanbieter Nuon, versuchen erst in letzter Zeit, sich eine Nische als kostengünstiger Anbieter für private Stromabnehmer zu erobern. Nur dem schwedischen Vattenfall-Konzern gelang es, sich im Osten Deutschlands, wo die Gebietsmonopole noch nicht so gefestigt waren, einzukaufen. Um einen Fuß in die Tür des lukrativen deutschen Markts zu bekommen, machte Vattenfall der Politik eine Reihe von Konzessionen. So verpflichteten sich die Schweden, die Braunkohleverstromung in der ostdeutschen Lausitz weiterzuführen. Aus wirtschaftlicher Sicht wäre der Bau moderner Gaskraftwerke rentabler gewesen. In Berlin übernahm Vattenfall vom ehemaligen städtischen Stromversorger BEWAG sogar den Sponsoringvertrag für den notleidenden Fußballclub Hertha BSC.

Ist es in Deutschland schwer, gegen Platzhirsche wie Eon und RWE anzukommen, so ist es in Frankreich beinahe unmöglich. Der weiterhin staatlichen Electricité de France (EDF) gehören die Stromnetze im ganzen Land. Ausländische Anbieter haben deswegen nur in den Grenzregionen eine Chance.

Durch den Markt auf heimischem Boden können die neuen nationalen Champions die Preise hoch halten und sichere Einnahmen erzielen, die dann für internationale Firmenkäufe verwendet werden. Im wohlhabenden Westeuropa findet seitdem eine Fusionswelle statt, bei der einige Große die verbleibenden Kleinen schlucken. Der Wachstumsmarkt liegt in Osteuropa, wo sich bisher nur Tschechiens ehemals staatlicher Energiekonzern gegen die westeuropäischen Branchenriesen behaupten konnte und selbst auf Einkaufstour in anderen osteuropäischen Ländern wie Bulgarien geht. Mittelfristig liegt aber das größte Wachstumspotenzial in den Märkten der Entwicklungsländer in Afrika, Asien und Lateinamerika. Hier werden die Europäer auf selbstbewusste Konkurrenz aus den USA sowie von Schwellenländern wie China, Indien, Brasilien und Russland stoßen.

Bei der anhaltenden europäischen Fusionswelle liegen die beiden deutschen Branchenriesen Eon und RWE ganz vorne. Eon möchte für 50 Milliarden Euro den spanischen Gaskonzern Endesa übernehmen. In Deutschland haben sich durch eine Reihe von Fusionen mit Eon, RWE, Vattenfall und ENBW vier große Stromkonzerne herausgebildet, die auch im Gassektor kräftig mitmischen. Durch die gesetzlichen Bestimmungen des Energiewirtschafts- und des Energieeinspeisegesetzes haben allerdings auch Stadtwerke und unabhängige Betreiber, beispielsweise von Windenergieanlagen, Überlebenschancen auf dem einheimischen Markt. Die vier Großen hingegen expandieren inzwischen europaweit und kaufen vor allem in den osteuropäischen Staaten Unternehmen auf. Die RWE-Tochter Energy Czech macht es inzwischen der Mutterfirma nach und kauft sich kräftig in der Slowakei, Rumänien und Bulgarien ein. Die neue polnische Regierung möchte es den Tschechen nachmachen: Der in den neunziger Jahren teilprivatisierte staatliche Energiekonzern Polens soll wieder unter die Kontrolle der Regierung gebracht und zum nationalen Champion ausgebaut werden.

Neben den deutschen Energieriesen sind es der französische Stromkonzern EDF, Frankreichs Gas- und Wasserkonzern Suez und der italienische Enel-Konzern, die den europäischen Markt dominieren. Dabei herrscht keine friedliche Koexistenz, sondern ein erbitterter Kampf um Marktanteile und das eigene Überleben. So wollte die italienische Enel 2006 den französischen Suez-Konzern übernehmen. Frankreichs Regierung versuchte diese Übernahme abzuwehren, indem die private Firma Suez mit der staatlichen Gaz de France verschmolzen werden sollte. Dieses protektionistische Manöver löste eine erhebliche politische Verstimmung zischen den Regierungen Frankreichs und Italiens aus.

Die spanische Regierung wehrt sich mit allen gesetzlichen Tricks gegen eine Übernahme des Energieversorgers Endesa durch die deutsche Eon. Erst wollten die Spanier nach französischem Vorbild eine Fusion der Endesa mit dem einheimischen Konkurrenten Gas Natural herbeiführen. Als Eon das bessere Angebt machte, wurde die Fusion nur unter der Auflage genehmigt, dass Eon 30 Prozent der Kraftwerkskapazität an Konkurrenten verkauft. Eon selbst hatte einige Jahre zuvor den Konkurrenten Ruhrgas entgegen der Empfehlung der deutschen Kartellbehörde durch Ausnahmeerlaubnis des Bundeswirtschaftsministers übernommen. Nach heutigem EU-Wettbewerbsrecht wäre die Schaffung eines nationalen Monopolisten dieser Größenordnung nicht genehmigt worden. Damit diese protektionistischen Tendenzen den Energiebinnenmarkt nicht untergraben, versucht die Europäische Kommission, das EU-Wettbewerbsrecht gegen die nationalen Regierungen in Stellung zu bringen – allerdings nicht immer mit Erfolg.

Die Europäische Kommission möchte deswegen schon lange von Europas Regierungen das Recht übertragen bekommen, eine gemeinsame Energiepolitik zu planen und die EU gegenüber Dritten nach außen zu vertreten. Die unterschiedlichen wirtschaftlichen Verbindungen und die daraus resultierenden nationalen Energiestrategien führen dazu, dass Europa gegenüber Exportnationen wie Russland und dem Nahen Osten, gegenüber Kartellen wie der OPEC sowie Konkurrenten um knappe Ressourcen wie China und den USA uneinheitlich auftritt. Die Europäer werden deswegen letztlich gegeneinander ausgespielt. Ihre Gesamtinteressen bleiben auf der Strecke. Eine gemeinsame europäische Energiepolitik könnte deswegen eines der Schlüsselprojekte der weiteren Integration Europas zur wirtschaftlichen und politischen Einheit werden.

In den neuen mitteleuropäischen EU-Mitgliedstaaten, wie Polen, die besonders von Energieimporten – vor allem aus Russland – abhängig sind, wächst die Einsicht, dass nur eine gemeinsame europäische Energiestrategie zu einer Diversifizierung der Versorgung und zur Wiedergewinnung energiepolitischen Gestaltungsspielraums führen kann. Erste Ansätze dafür gibt es bereits. So plant Polen gemeinsam mit der Ukraine eine Pipeline, die Öl vom Kaspischen Meer bis zum Ostseehafen Danzig bringt. In der Nähe der alten Hansestadt wird außerdem ein neues Flüssiggasterminal gebaut. Das Gas käme aus Norwegen, die Investitionsmittel aber zumindest teilweise aus dem Budget der EU. Außerdem braucht das Kohleland Polen Hilfe aus Brüssel für die Umstrukturierung seines unwirtschaftlichen Kohlebergbaus und die Bekämpfung der Luftverschmutzung durch neue Kraftwerke. Die Klimaschutzverpflichtungen, die Polen innerhalb der EU eingegangen ist, kann das Land nur erfüllen, wenn es sowohl auf erneuerbare Energien und Effizienz als auch auf hochwirksame und CO_2-freie neue Kohletechnologie setzt.

In Polen, genau wie in den anderen mittel- und osteuropäischen Ländern, könnten die Umgestaltung des Energie- und des Landwirtschaftssektors Hand in Hand gehen. Polen braucht einheimische und umweltfreundliche Energie. Die polnische Landwirtschaft benötigt neue Märkte. Die Strom- und Treibstofferzeugung aus Biomasse könnte das Land beiden Zielen näher bringen. Außerdem könnte die EU damit ihre landwirtschaftlichen Überschüsse abbauen und neuen Spielraum in den Welthandelsverhandlungen der WTO gewinnen. Allerdings würde das bedeuten, dass Teile der immensen EU-Agrarsubventionen für die Biomasseproduktion umgewidmet werden müssten.

Bestes Beispiel dafür, wie es nicht laufen sollte, ist die geplante Nordeuropäische Gaspipeline – kurz Ostseepipeline –, mit der zukünftig Erdgas von Russland nach Westeuropa und damit vor allem nach Deutschland transportiert werden soll. An dem Konsortium zum Bau der Ostseepipeline sind die staatliche russische Gazprom mit 51 Prozent und die Eon-Tochter Ruhrgas sowie die BASF-Tochter Wintershall mit je 24,5 Prozent beteiligt. Die Pipeline soll auf 1200 Kilometern unter der Ostsee verlaufen und von 2010 an jährlich 27,5 Milliarden Kubikmeter Erdgas aus Sibirien nach Deutschland und Westeuropa transportieren. Der Vertrag für den Bau der Ostseepipeline wurde unter enger Beteiligung der deutschen und russischen Regierung ausgehandelt. Altbundeskanzler Gerhard Schröder wurde inzwischen zum Aufsichtsratsvorsitzenden des Pipelinekonsortiums benannt. Die politische Brisanz des Projekts liegt darin, dass Deutschland seine Energieversorgung bilateral mit Russland regelt, ohne seine Partner in der EU daran zu beteiligen. Deutschland möchte zur zentralen Drehscheibe für den Energieimport aus Russland nach Westeuropa werden. Diese Politik wurde unter der Regierung Schröder begonnen und wird von der neuen Bundesregierung unter Angela Merkel fortgesetzt. Die deutsche Regierung verspricht sich davon einen privilegierten Zugang deutscher Firmen zum russischen Energiereichtum sowie eine politische Schlüsselstellung zwischen Russland und der EU. Die europäische Integration nimmt dabei allerdings Schaden. Vor allem Polen und die baltischen Länder nehmen den Deutschen übel, dass sie links liegen gelassen werden. Dabei könnten durch Abzweigungen auch diese Länder zukünftig besser mit Erdgas versorgt werden. Letztlich könnte die Ostseepipeline auch daran scheitern, dass beim Bau über den fragilen Meeresgrund zu viele Umweltprobleme auftreten. Litauische Wissenschaftler warnen seit Langem davor, dass auf dem Boden der Ostsee noch Tausende Giftgasfässer aus dem Ersten Weltkrieg liegen. Niemand weiß bis heute, wo diese Fässer liegen und was passiert, wenn Baumaschinen sie zerstören.

Selbst wenn es der EU in absehbarer Zukunft gelingen sollte, die Energiepolitik ihrer Mitgliedstaaten besser zu koordinieren oder gar auf europäischer Ebene zu planen: Der politische Raum, in dem über die Förderung, den Transport und die Verwendung von Energie entschieden werden muss, geht weit über ihre Grenzen hinaus. Öl und Gas werden auch zukünftig aus Russland, Zentralasien und dem Mittelmeerraum stammen. Durch andere Länder in der unmittelbaren Nachbarschaft der EU läuft der Transport. Die Staaten Ostasiens am anderen Ende der eurasischen Landmasse entwickeln sich zusehends zu Konkurrenten, mit denen ein kooperatives Verhältnis gefunden werden muss.

Europäische Energiecharta

Im Dezember 1994 wurde mit der Europäischen Energiecharta der Grundsatzvertrag für eine gemeinsame paneuropäische Energiepolitik unterzeichnet. Kernziel der Energiecharta ist es, eine marktwirtschaftlich organisierte Energiewirtschaft in Europa zu schaffen, Handel und Investitionen im Energiebereich zu regeln und zu fördern und bei all diesen anspruchsvollen Vorhaben auftretenden Streit zu schlichten. Von Anfang an war klar, dass bei der Aushandlung eines solchen neuen Grundlagenvertrags für die energiepolitische Kooperation in Gesamteuropa eine Balance zwischen den unterschiedlichen Interessen von Energieexporteuren, Importeuren und Transitländern gefunden werden musste. Außerdem mussten sowohl die Investitions- und Geschäftsinteressen der privaten Energiewirtschaft geschützt als auch die Tatsache akzeptiert werden, dass in vielen Ländern der Energiesektor weiterhin staatlich oder halbstaatlich organisiert ist. Schließlich dürfen neben den Interessen der Wirtschaft und Investoren die anderen Ziele der EU-Energiepolitik nicht vergessen werden. Dazu gehört vor allem der Umwelt- und Klimaschutz.

Mitglieder der Europäischen Energiecharta sind alle Staaten Europas – inklusive Russland –, aber auch Japan und Australien. Die

USA und Kanada sowie einige der Mittelmeeranrainer genießen Beobachterstatus. Fast poetisch wurde in einer ersten Version der Charta Anfang der neunziger Jahre das Ziel der »Schaffung einer Energiegemeinschaft der Länder beiderseits des Eisernen Vorhangs auf der Grundlage der Komplementarität der westlichen Märkte, des Kapitals, der Technologie und der natürlichen Ressourcen der Oststaaten« beschworen.

So ambitioniert die grundsätzlichen Ziele der Europäischen Energiecharta sind, so weist sie doch einen entscheidenden Nachteil auf. Die Charta wurde von Russland, dem Land, um dessen Einbindung in eine gemeinsame europäische Energiepolitik es den Autoren des Vertragswerks ursprünglich ging, bisher nicht ratifiziert. Weitere Staaten, die die Charta nicht ratifiziert haben, sind Weißrussland, Island und der Öl- und Gasexporteur Norwegen. Im Transitprotokoll – dem Teil der Energiecharta, auf die sich die Kritik Russlands bisher konzentrierte – ist ein gleichberechtigter Zugang von Konzernen und Drittländern zu russischen Pipelines vorgesehen. Dem widerspricht der Beschluss des russischen Parlaments, Gazprom zum einzigen Exporteur für russisches Gas zu machen. Die EU möchte aber die Möglichkeit erhalten, Gas direkt bei zentralasiatischen Exporteuren, beispielsweise Turkmenistan, einzukaufen und durch das russische Netz zu leiten.

Nach der Energiecharta wäre es auch verboten, im Streitfall die Durchleitung von Energie zu unterbrechen, bevor das vorgesehene internationale Schlichtungsverfahren abgeschlossen ist. Eine Unterbrechung der Gaslieferungen, wie sie Gazprom im Streit um den Gaspreis mit der Ukraine praktizierte, wäre nicht mehr möglich.

Russland selbst vertritt die Auffassung, dass es die grundlegenden Prinzipien der Energiecharta wie die gegenseitige Öffnung der Märkte und den Schutz ausländischer Investitionen bisher eingehalten habe. Diese Auffassung findet sich auch in der Abschlusserklärung des G8-Gipfels vom Sommer 2006 und der gemeinsamen Erklärung des EU-Russland-Gipfels vom Herbst desselben Jahres. Schließlich möchte die russische Regierung noch 2007 ein neues Partnerschafts- und Kooperationsabkommen mit der EU abschließen. Bundeskanzlerin Merkel hatte dabei angekündigt, Russland müsse darin zumindest die Inhalte der Energiecharta akzeptieren. Die polnische Regierung drohte damit, das neue Kooperationsabkommen nur dann in Kraft zu setzen, wenn bis zu seinem Abschluss die Energiecharta durch Russland ratifiziert ist.

Methode Monnet oder Methode Putin?

Im Oktober 2000 wurde ein neuer Anlauf unternommen und auf einem EU-Russland-Gipfel mit Staats- und Regierungschefs der seitdem andauernde Energiedialog begründet, eine ständige Gesprächsrunde über Fragen von gemeinsamem Interesse. In ihrer im Dezember 2004 vorgelegten ersten Bestandsaufnahme benennt die EU-Kommission als Ziel, die Energiesicherheit Europas zu erhöhen, den Markt zu diversifizieren und zu stabilisieren sowie die Energieressourcen Russlands nachhaltig entwickeln zu helfen. Um es mit Brüsseler Worten auf den Punkt zu bringen: Der Energiedialog soll ein Verhältnis der »konstruktiven Interdependenz« schaffen. Die deutsche Bundesregierung gebraucht die Formel »Annäherung durch Verflechtung« und möchte damit an die Tradition der Ostpolitik zu den Zeiten des Kalten Krieges anknüpfen. Russland, so heißt es in einem vertraulichen Strategiepapier des Auswärtigen Amts zur deutschen EU-Präsidentschaft 2007, soll »Energiesicherheit als kooperatives Miteinander von Produzenten-, Transit- und Abnehmerstaaten« begreifen. Solange die Energiecharta von Russland nicht ratifiziert wird, soll stattdessen die energiepolitische Zusammenarbeit in einem neuen Grundlagenvertrag zwischen der EU und Russland geregelt werden. Letztendlich wäre das Ziel eine europäisch-russische Freihandelszone.

Dem WTO-Beitritt Russlands hat die EU schon zugestimmt. Im Gegenzug dazu ratifizierte Russland das Klimaschutzprotokoll von Kioto. Die Entscheidung darüber, die Zustimmung der EU zum russischen WTO-Beitritt und die Ratifizierung des Kioto-Protokolls durch die russische Staatsduma miteinander zu koppeln, ist ein klassisches Beispiel dafür, wie der politische Aushandlungsprozess mit der russischen Regierung funktioniert. Themen, die nur bedingt etwas miteinander zu tun haben, werden politisch miteinander verknüpft. Wird eine politische Einigung mit dem Kreml erzielt, so kann diese Entscheidungen scheinbar unabhängiger Institutionen, wie in diesem Fall des Parlaments, nach sich ziehen.

Die EU, die bisher die Methode Monnet der wirtschaftlichen und politischen Annäherung bevorzugt, ist gegenüber Russland mit der ganz anders gestrickten »Methode Putin« konfrontiert. Die Regierung im Kreml glaubt offenbar, dass es sich bei der Auseinandersetzung um die Kontrolle des Energiesektors um ein Nullsummenspiel handelt, in dem man nur gewinnen kann, wenn das Gegenüber verliert. Europa setzt dagegen darauf, durch wirtschaftliche Integration mehr gemeinsames Wachstum und durch politische Integration mehr gemeinsame Sicherheit zu schaffen. Besonders im Umweltbereich können die Probleme nur durch grenzüberschreitende Zusammenarbeit gelöst werden; das Klimaproblem kann man sogar nur durch weltweite Zusammenarbeit in den Griff bekommen.

Dem machtpolitischen Powerplay der Russen, die ohne Rücksichten ihre Marktmacht im Energiesektor zur Durchsetzung außenpolitischer Ziele einsetzen, können sich die Europäer jedoch nur widersetzen, wenn sie geschlossen auftreten. Nur dann bleiben wichtige europäische Interessen, wie der Schutz von Klima und Umwelt, oder die Anliegen der kleinen osteuropäischen Mitgliedstaaten nicht auf der Strecke.

Europäische Nachbarschaftspolitik

Im Kern des strategischen Interesses der EU steht die Sicherung und Diversifizierung ihrer Energieversorgung. Die »strategische Energiepartnerschaft« mit ihren Nachbarländern ist deswegen eine der Säulen der EU-Außenpolitik.

Die EU hat in ihrem Inneren und durch ihre schrittweise Erweiterung in Europa einen einzigartigen Raum von Sicherheit und Stabilität, basierend auf einer positiven wirtschaftlichen Entwicklung in einem gemeinsamen Markt, geschaffen. Ziel europäischer Außenpolitik ist es, diesen Raum zu erweitern und Stabilität auch in die

Nachbarländer der EU zu exportieren. Doch sowohl Richtung Osten, als auch im südlichen Mittelmeerraum ist die EU umgeben von Staaten, die sich sowohl wirtschaftlich als auch politisch in der Krise befinden. Die EU strebt im Rahmen ihrer so genannten Nachbarschaftspolitik den Abschluss enger Kooperationsabkommen mit allen Staaten Osteuropas und des Mittelmeerraumes an. Am Ende sollen eine paneuropäische Freihandelszone sowie eine enge Zusammenarbeit in politischen Fragen stehen.

Die EU importiert Energie aus Russland, dem kaspischen Raum, Nordafrika und dem Nahen Osten. Durch andere Nachbarländer, beispielsweise die Ukraine und Georgien, gehen wichtige Energietransportwege. Für die weitere Entwicklung der wirtschaftlichen Beziehungen zu den Nachbarn ist es allerdings wichtig, dass Investitionen in den Energiesektor sich in eine wirtschaftliche Gesamtsstrategie einfügen, welche die Annäherung der Volkswirtschaften der Nachbarstaaten an den EU-Binnenmarkt erlaubt. Regionale Sicherheitsinteressen spielen hierbei genauso eine Rolle wie die demokratische Entwicklung und Teilhabe der Bevölkerung. Aus umweltpolitischer Sicht geht es um den Klimaschutz, die Reinhaltung von Luft und Wasser, die Anlagensicherheit und den Naturschutz.

Ein weiteres Ziel der Nachbarschaftspolitik ist es, die Unterzeichnung und Ratifizierung regionaler und internationaler Umweltabkommen voranzutreiben sowie sicherzustellen, dass diese Abkommen auch umgesetzt werden. Nachdem Russland das Kioto-Protokoll ratifiziert hat und dieses nun in Kraft tritt, rückt die Umsetzung des Klimaschutzabkommens in den Mittelpunkt der Aufmerksamkeit. Neben den finanziellen Instrumenten ist das EU-Emissionshandelssystem der wichtigste Hebel, um die Nachbarländer zu einer nachhaltigeren Nutzung ihrer Energieressourcen zu bewegen. Für die osteuropäischen Länder bietet der Emissionshandel enorme Anreize zur Modernisierung ihrer Energieinfrastruktur. Bestandteil der Aktionspläne soll auch die Förderung von Energieeffizienz und erneuerbaren Energien sein. Wichtiger noch ist allerdings, dass sich die strategische Energiepartnerschaft mit den Nachbarstaaten nicht nur am Import der fossilen Energieträger Öl und Gas, sondern auch an den klimapolitischen Zielen der Union orientiert. Mit Russland und der Ukraine bestehen außerdem Abkommen, um die Sicherheit der dortigen AKWs zu verbessern.

Europas Energieostpolitik: Herausforderung Ukraine

Die Ukraine ist das wichtigste Transitland für Energieimporte aus Russland in die EU. Ohne die Beteiligung der Ukraine wäre eine gemeinsame europäische Energiepolitik deswegen nicht vollständig. Gleichzeitig ist die Ukraine selbst abhängig von den Gasimporten aus Russland und anderen GUS-Staaten, darunter vor allem Turkmenistan. Zugespitzt läuft es auf die Entscheidung hinaus, ob die Ukraine langfristig in den Energiebinnenmarkt der EU integriert oder im Herrschaftsbereich von Gazprom und Kreml verbleibt.

An der momentanen Energiepolitik der Ukraine kann man gut zeigen, wie groß die Herausforderungen für die Modernisierung der Energiepolitik in einem typischen Transformations- und Schwellenland sind. Die energiepolitischen Herausforderungen, vor denen die Ukraine steht, sind enorm. Der Energieverbrauch pro Einheit wirtschaftlicher Leistung lag im Jahr 2005 um das 2,6-fache über dem weltweiten Durchschnitt. Der Grund dafür liegt in der immensen Energieverschwendung sowohl durch die von der Sowjetunion geerbte Grundstoffindustrie als auch durch die privaten Haushalte. Zu Sowjetzeiten war Energie für private Verbraucher fast kostenlos zu haben. Seitdem die russische Gazprom den Preis bestimmt, hat sich das geändert. Vielen Russen, Ukrainern und Weißrussen droht deswegen Energiearmut, ein ganz neues Phänomen. Entweder sie bezahlen die exorbitanten Kosten für die winterliche Gasrechnung und müssen dafür an anderer Stelle sparen – oder sie frieren.

Die Ukraine braucht Hilfe von außen, um in die marode Energieinfrastruktur des Landes zu investieren und um die einseitige Abhängigkeit von Importen aus Russland zu verringern. Nachdem das bestehende Pipelinenetz vor allem mit russischen Geldern errichtet wurde und die russische Gazprom noch Ende 2004 mit der – kurz darauf in der Orangen Revolution abgewählten – Regierung Kutschma langfristige Liefer- und Durchleitverträge abgeschlossen hatte, bietet jetzt die EU über ihr Finanzierungsprogramm TACIS den weiteren Ausbau und eine Modernisierung des Pipelinenetzes an. Zwischen der EU und der Ukraine wird momentan ein neues Partnerschafts- und Kooperationsabkommen diskutiert, das eine schrittweise Integration der Ukraine in den Energiebinnenmarkt der EU vorsieht. Die EU selbst hat ein massives Interesse daran, das wichtige Transitland Ukraine in die transeuropäischen Energienetze und den gemeinsamen Binnenmarkt einzubinden. Gemeinsam mit der Ukraine könnte die EU gegenüber Russland gewichtiger und selbstbewusster auftreten.

Obwohl die Ukraine ein ressourcenreiches Land ist, muss sie einen Großteil ihrer Energierohstoffe importieren. Selbst die Steinkohle aus dem Donezbecken, dem größten Kohleabbaugebiet der ehemaligen Sowjetunion, reicht nicht mehr aus, um den heimischen Bedarf zu decken. Erdgas wird zu knapp 80 Prozent aus Russland und – über russische Pipelines – aus Zentralasien importiert.

Die bedeutendste einheimische Energiequelle der Ukraine ist die Steinkohle. Allerdings sind zwei Drittel der ukrainischen Kohleminen unprofitabel. Da die Kohleabbauregion Donez Teil der Machtbasis der alten Regierung Kutschma/Janukowitsch war und der Kohlebergbau einer der Hauptarbeitgeber im Osten des Landes ist, wird die von wenigen Oligarchen beherrschte Branche staatlich hoch subventioniert. Diese Subventionen werden sich auch nicht über Nacht abbauen lassen. Mit dem Kohleabbau sind auch erhebliche Sicherheits- und Gesundheitsrisiken sowie ökologische Belastungen verbunden.

Über 50 Prozent der wegen des boomenden Exports zurzeit mit voller Auslastung laufenden Stahlwerke in der Ukraine arbeiten immer noch mit dem Mitte des 19. Jahrhunderts entwickelten Siemens-Martin-Prozess. Der CO_2-Ausstoß der Ukraine gehört auch deshalb zu den höchsten der Welt. Für deutsche Kraftwerkbauer tut sich hier potenziell ein riesiger Markt auf.

Da die Vermeidung von CO_2-Emissionen in der Ukraine – vor allem in der Kohle- und Stahlbranche – vergleichsweise einfach und billig ist, würde es sich für das Land lohnen, dem europäischen Emissionshandelssystem beizutreten. Die Ukraine hat schließlich schon vor

Russland das Kioto-Protokoll ratifiziert. Westeuropäische Unternehmen könnten durch vergleichsweise geringe Investitionen in der Ukraine ihre klimapolitischen Verpflichtungen erfüllen. Um das komplizierte Emissionshandelssystem der EU einzuführen, müssten allerdings sowohl die anlagespezifischen Energieverbräuche erfasst als auch die institutionellen Voraussetzungen in der ukrainischen Umweltverwaltung zur Überwachung eines solchen Handelssystems geschaffen werden.

Auch das Potenzial für erneuerbare Energiequellen wäre enorm, wird aber bisher kaum genutzt. Neben Wind- und Wasserkraft liegt das große Potenzial der Ukraine in der Biomassenutzung. Die Ukraine war traditionell die Kornkammer der Sowjetunion. Heute liegen weite landwirtschaftliche Flächen brach; ihre Produkte sind auf dem Weltmarkt nicht konkurrenzfähig. Die Restrukturierung des Energie- und des Landwirtschaftssektors könnten also Hand in Hand gehen, wenn die Ukraine auf Biomasse setzen würde. Biogas könnte teilweise das Erdgas aus Russland ersetzen und Biomassekraftwerke den Strom aus Atomkraft. In den Stabsabteilungen der großen deutschen Energie- und Autokonzerne wird schon heute überlegt, in der Ukraine große landwirtschaftliche Flächen unter Vertrag zu nehmen, um Energiepflanzen für die Produktion von Äthanol und Biodiesel anzubauen.

Doch die zweite einheimische Energieressource der Ukraine ist Uran. Nach Angaben des World Energy Council lag die einheimische Förderung 1999 bei drei Prozent der weltweiten Produktion und damit an zehnter Stelle weltweit. Trotzdem muss wegen des hohen Stellenwerts der Atomenergie bei der einheimischen Stromproduktion weiteres Uran aus Russland importiert werden. Ihre energiepolitische Abhängigkeit von Russland verringert die Ukraine mit dem Ausbau der einheimischen Atomwirtschaft also nicht.

Trotzdem möchte die ukrainische Regierung bis zum Jahr 2030 20 weitere Atomkraftwerke errichten. Vergangenes Jahr trugen AKWs 46 Prozent zur Strom- und 14 Prozent zur Primärenergieproduktion der Ukraine bei. Momentan sind im Land 15 Reaktoren in Betrieb. Khmelnitsky 2 und Rovno 4 (zusammen auch als K2R4 bezeichnet), die beide 2004 ans Netz gingen und die im Jahr 2000 stillgelegte Anlage von Tschernobyl ersetzen, sind die jüngsten Atomreaktoren Europas. Der Bau der K2R4-Reaktoren wurde anfangs von der Europäischen Entwicklungsbank EBRD mitfinanziert, mit dem politischen Ziel, die Anlage von Tschernobyl stillzulegen. Dabei war eine interne Studie der Bank zu dem Schluss gekommen, dass der alternative Bau neuer Gaskraftwerke erheblich kostengünstiger gewesen wäre. Als die EBRD schließlich auch noch schärfere Sicherheitsauflagen erließ, stieg die ukrainische Regierung aus dem Vertrag aus und stellte beide Reaktoren mit russischer und einheimischer finanzieller Unterstützung fertig. Nach Abschluss des nun in russischer Nukleartechnik durchgeführten Projekts finanzierten EBRD und Europäische Kommission doch noch sicherheitstechnische Nachrüstungen in einem Umfang von 120 Millionen Euro.

Die Lehre von Tschernobyl

Die Ukraine hat für die Zukunft der Atomenergie Symbolcharakter. Sie war Schauplatz der größten Katastrophe, die die zivile Nutzung der Atomenergie bisher erlebt hat. Als am 26. April 1986 Reaktor Nummer vier des Atomkraftwerks in Tschernobyl außer Kontrolle geriet, wurden acht Tonnen radioaktives Material in die Umwelt entlassen. Die Atomkatastrophe von Tschernobyl und der Versuch der Regierung Gorbatschow, ihr wahres Ausmaß zu verschleiern, trugen zum Niedergang der Sowjetunion bei. Noch heute sind nach Angaben der Vereinten Nationen 150.000 Quadratkilometer in der Ukraine, in Weißrussland und Russland radioaktiv so verstrahlt, dass der Anbau gesunder Lebensmittel nicht möglich ist. UN-Generalsekretär Kofi Annan sagte im Juli 2004: »Mindestens drei Millionen Kinder in Weißrussland, der Ukraine und der Russischen Föderation benötigen ärztliche Behandlung.« In den betroffenen Landesteilen leben immer noch sechs Millionen Menschen. Der wirtschaftliche Schaden durch gesundheitliche Beeinträchtigungen und den Verlust der Landwirtschaft als Einkommensquelle stellt für alle drei Länder eine erhebliche langfristige Belastung dar. Der traurige Gedenktag, der sich im April

2006 zum zwanzigsten Mal jährte, sollte für die EU deshalb Anlass sein, mit ihren osteuropäischen Nachbarn über eine Neuorientierung ihrer immer noch auf die Atomenergie ausgerichteten Energiepolitik zu sprechen. Tschernobyl und die Folgen brachten auch das Bewusstsein, wie klein Europa und wie groß die gegenseitige Abhängigkeit – in positiver wie in negativer Hinsicht – ist. Energiepolitische Entscheidungen in einem Land haben weitreichende Folgen für die unmittelbaren Nachbarn und manchmal sogar für scheinbar weit entfernte Länder. Die Lektion aus diesem Trauerspiel lautet, dass die EU auf wichtige energiepolitische Einzelentscheidungen ihrer Nachbarländer nur dann Einfluss nehmen kann, wenn sie diesen Ländern eine umfassende Perspektive der wirtschaftlichen Integration anbieten kann. Die geplante Integration der Ukraine in den EU-Energiebinnenmarkt würde dafür sorgen, dass sich die ukrainische Energiebranche langfristig nach Europa ausrichten würde und die in der EU üblichen Sicherheitsstandards übernehmen muss.

Die Seidenstraße des 21. Jahrhunderts

Die Türkei bemüht sich seit Jahren, ihr geostrategisches Gewicht als Knotenpunkt für den Energieexport zu stärken. Kernstück dieser Strategie ist die im Juli 2006 in Betrieb genommene Baku-Tiflis-Ceyhan (BTC) Pipeline. Die BTC-Pipeline führt Öl vom Kaspischen Meer über die Länder Aserbaidschan und Georgien zum türkischen Mittelmeerhafen Ceyhan. Umgangen werden Russland, der Iran und Armenien. Nach Ceyhan führen zukünftig auch die Ölleitungen von den nordirakischen Ölfeldern um Kirkuk und Mossul. Kasachstan möchte ebenfalls Öl über die BTC-Pipeline exportieren. Türkische Diplomaten bezeichnen diese poetisch schon als »Seidenstraße des 21. Jahrhunderts«.

An der türkischen Ostgrenze sollen zukünftig mehrere Gaspipelines zusammenlaufen, unter anderem die Nabucco-Pipeline, die Erdgas aus dem Iran und Zentralasien in den Westen bringen soll. Geplant ist der Bau einer Erdgasleitung mit Abzweigungen zur georgischen und iranischen Grenze bis nach Österreich. Von dort aus soll

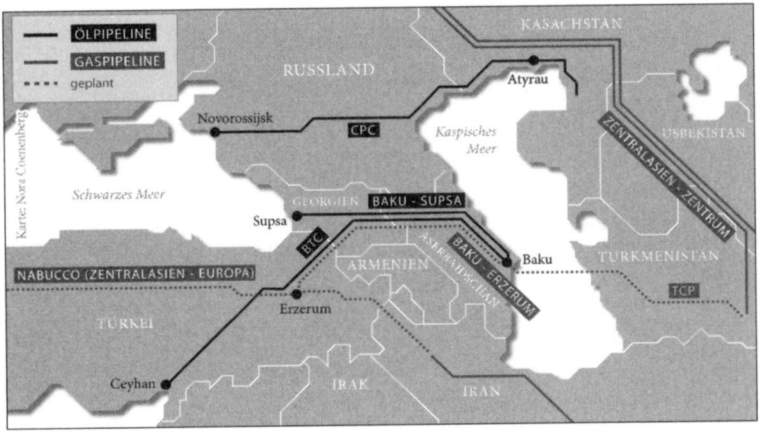

Öl- und Gaspipelines in der Kaukasusregion

der westeuropäische Markt bedient werden. Die voraussichtlich 4,6 Milliarden Euro teure Pipeline, deren Fertigstellung für 2011 geplant ist, soll die EU mit den kaspischen und iranischen Erdölvorkommen verbinden und so die Abhängigkeit von russischen Importen verringern. Das Projekt gehört zu den von der Europäischen Kommission unterstützten transeuropäischen Energienetzen und wird durch Kredite der Europäischen Investitionsbank (EIB), einer staatlichen Bank der EU, abgesichert. Auch Kasachstan und Turkmenistan, die ihre Exporte bisher hauptsächlich über das Netz des Pipelinemonopolisten Gazprom leiten, könnten in die Zulieferleitungen des Nabucco-Systems einspeisen. Weitere Interessenten sind Ägypten und andere Gaslieferanten des Nahen Ostens.

Die regionale Schlüsselstellung der Türkei und ihr Plan, Energiedrehscheibe für den Export nach Europa zu werden, sind ein wichtiger Grund dafür, warum die außenpolitischen Strategen in den europäischen Hauptstädten auf den EU-Beitritt der Türkei drängen. Damit die Türkei ein stabiler Partner für die Gewinnung von mehr Energiesicherheit auf dem europäischen Kontinent ist, müssen jedoch zuerst eine Reihe sicherheitspolitischer Zeitbomben entschärft werden. Neben alten Grenzstreitigkeiten mit Griechenland in der Ägäis, dem Zypernkonflikt und der nicht aufgearbeiteten Vergangenheit des

Völkermords an der armenischen Minderheit ist das vor allem der Bürgerkrieg im kurdischen Südosten des Landes. Im kurdischen Grenzgebiet, nicht weit den Ölfeldern von Kirkuk und Mossul, stoßen türkische, iranische und amerikanische Interessen aufeinander. Wenn die Türkei in die EU möchte, muss sie das Kurdenproblem friedlich lösen. Dazu gehört, dass die Kurden politische und kulturelle Autonomie erhalten. Ebenso gehört dazu eine faire Gewinnbeteiligung am lukrativen Öltransit durch die Region, statt diesen militärisch, wie durch Feindesgebiet, abzusichern.

So rosig die Zukunft der Türkei als Energiedrehscheibe potenziell aussehen könnte, so prekär ist die Lage des Landes, was seine eigene Energieversorgung angeht. 80 Prozent der türkischen Erdgasimporte stammen aus Russland und dem Iran. Die ukrainisch-russische Energiekrise vom Jahresanfang 2006 sorgte deswegen auch in Ankara für Nervosität. Auch die Türkei müsste deswegen ein Interesse daran haben, als Komponente seines EU-Beitrittsprozesses schon heute Teil eines mächtigen europäischen Verhandlungsblocks gegenüber den großen Gasexporteuren in seinem Norden und Osten zu sein.

Der südliche Kaukasus – vergessener Nachbar Europas

Schon in der Antike war bekannt, dass man auf der Apsheron-Halbinsel, vor der Toren der heutigen aserbaidschanischen Hauptstadt Baku, Öl finden konnte. Das Öl, das natürlich an die Oberfläche trat, wurde in der griechischen Welt nicht nur als Heilmittel und Konservierungsstoff genutzt, sondern diente auch als Grundlage des Zarathustra-Feuerkults. Ende des 19. Jahrhunderts wurde der Ölreichtum am Kaspischen Meer von den Rockefellers und Rothschilds wiederentdeckt. Wer heute von Baku nach Süden Richtung Shirvan-Nationalpark und iranische Grenze fährt, kommt noch an den alten, im Schlamm versinkenden Holzbohrtürmen vorbei, bevor er die Baustellen westlicher Ölfirmen erblickt.

Als Energieproduzent, aber auch als Drehkreuz für den Energietransit von Zentralasien ist der südliche Kaukasus wieder ins Blickfeld der internationalen Politik gerückt. Sogar eine James Bond-Film beginnt in der Region – und folgender Dialog entfaltet sich:

M: »007, was wissen Sie über das Kaspische Meer?«
JAMES BOND: »Kaviar. Riesige, wunderbare Belugas. Fest, aber doch zart.«
(M schaut ihn indigniert an)
JAMES BOND: »Das größte Binnenmeer der Welt. Viel Öl. Hitler wollte an das Öl, aber Stalin besiegte ihn.«
M: »Es geht ums Öl (...) Drei Pipelines gehen ans Schwarze Meer und sind durch instabile Regierungen oder eine Blockade durch Russland gefährdet.«
JAMES BOND: »Und das neue Pipelineprojekt (...) geht durch die Türkei direkt ans Mittelmeer?«
(»Die Welt ist nicht genug«, Metro Goldwyn Mayer 1999; zitiert nach »Schwarzbuch Öl«)

Agent 007 war seinen Zeitgenossen in der EU-Hauptstadt Brüssel weit voraus. Obwohl Georgien, Armenien und Aserbaidschan Teilnehmer an der Europäischen Nachbarschaftspolitik, einem System von Kooperationsverträgen zwischen der EU und ihren Nachbarstaaten, sind, hatte man diese drei Länder seit dem Zerfall der Sowjetunion in Brüssel fast vergessen. Dabei steht der südliche Kaukasus seit Jahren im Mittelpunkt eines geopolitischen Kräfteringens zwischen dem großen Nachbarn Russland, den beiden Regionalmächten Iran und Türkei sowie den USA. Gleich nach Ende des Kalten Krieges erkannte die US-Regierung das Potenzial der drei ehemaligen Sowjetrepubliken als Energietransitregion. Aserbaidschan ist selbst ein bedeutender Erdölproduzent. Vor der aserbaidschanischen Küste im Kaspischen Meer wurde vor einigen Jahren auch Erdgas gefunden.

Der Bau der BTC-Pipeline wurde von den USA politisch initiiert und abgesichert, auch wenn der Großteil der Investitionsmittel von europäischen Firmen wie British Petroleum (BP) stammte. Die autoritär geführte Regierung Aserbaidschans lebt fast ausschließlich von den Ölexporten. Georgien profitiert von den Transitgebühren. Armenien, das mit Aserbaidschan wegen der Bergenklave Karabach im permanenten Kriegszustand lebt, wurde von der Entwicklung abgeschnitten. Das BTC-Pipelineprojekt stabilisiert also nicht nur das autoritäre Regime in Baku, sondern verfestigt auch den Interessengegensatz zwischen den verfeindeten Nachbarn Armenien und Aserbaidschan.

Russland hat seit dem Bau der BTC-Pipeline seinen beherrschenden Einfluss auf die Ölwirtschaft der Region verloren. Politik machen die Russen aber mit ihrem Beinahemonopol über die Gasversorgung Georgiens und Armeniens. Als im Winter 2005/06 die Versorgungspipelines sabotiert wurden, fielen in beiden Ländern Heiz- und Industrieanlagen aus.

Wenn die Europäische Union wirklich langfristig daran interessiert ist, die Staaten des südlichen Kaukasus in den gemeinsamen europäischen Markt und langfristig in die EU selbst zu integrieren, dann reicht ein Politikansatz, der die Region allein aus der Perspektive ihrer Bedeutung für den Energietransit betrachtet, nicht aus. Um die Südkaukasus-Staaten an Europa heranzuführen, müssen diese sich einem umfassenden politischen und wirtschaftlichen Transformationsprozess unterwerfen. Dazu gehört auch die schrittweise Lösung der zahlreichen »eingefrorenen« Minderheiten- und Territorialkonflikte, die eine grenzüberschreitende regionale Zusammenarbeit bisher fast unmöglich machen. Ziel dieser Strategie muss die wirtschaftliche Gesamtentwicklung der Region sein, die nur durch eine Überwindung der einseitigen Ölabhängigkeit möglich ist. Der Ressourcenreichtum der Region muss gezielt genutzt werden, um regionale Zusammenarbeit durch Schaffung einer gemeinsamen Infrastruktur zu fördern. Dazu gehören auch die Einbeziehung Armeniens und die Heranführung des Iran an die transkaukasischen und transeuropäischen Energienetze.

Transeuropäische Energienetze

Auch wenn es der EU langfristig gelingen muss, ihre Abhängigkeit von Energieimporten durch eine effizientere Energienutzung und erneuerbare Energien zu verringern, so wird sie doch auf absehbare Zeit von Importen abhängig bleiben. Ziel europäischer Politik muss es deswegen sein, diese Importe möglichst zu diversifizieren, um nicht in Abhängigkeit von einzelnen Exporteuren zu geraten. Die transeuropäischen Energienetze sind das Kernstück dieser Strategie.

Schon seit Anfang der neunziger Jahre verfolgt die EU-Kommission das Ziel, den gemeinsamen europäischen Binnenmarkt durch sogenannte transeuropäische Netze (TEN) in den Bereichen Verkehr, Telekommunikation und Energie zu verbinden. Während mit Hochdruck Datenleitungen gelegt werden und am europaweiten Eisenbahn- und Autobahnnetz gebaut wird, sind die transeuropäischen Energienetze bisher Stückwerk geblieben. Gut ausgebaut wurde seit der Liberalisierung des Strommarkts nur das europäische Netz von Hochspannungsleitungen.

Dabei gibt es positive Beispiele für eine weitergehende energiepolitische Kooperation zwischen der EU und ihren Nachbarn. Mit den Ländern des ehemaligen Jugoslawien hat die EU schon einen Vertrag zur energiepolitischen Zusammenarbeit geschlossen. Langfristig sollen alle Länder des westlichen Balkans in die EU aufgenommen werden. Bevor es so weit ist, möchte die EU aber als ersten Schritt ihren Energiebinnenmarkt Richtung Südosteuropa ausweiten. Geplant sind moderne Stromtrassen sowie neue Öl- und Gasleitungen für den Transit aus der Türkei und vom Schwarzen Meer nach Westeuropa. Unternehmen aus der EU soll die Möglichkeit gegeben werden, im ehemaligen Jugoslawien in eine moderne Energieinfrastruktur zu investieren. Die EU und andere internationale Akteure, wie die Weltbank, unterstützen als Voraussetzung dafür die Privatisierung der Energieversorgungsunternehmen der Westbalkanländer. Schließlich soll die regionale Zusammenarbeit auf dem politisch geteilten Balkan verstärkt werden. Besonders die gemeinsame Nutzung erneuerbarer Energiequellen, beispielsweise von Windenergie an den Küsten und Wasserkraft in den Bergen, bietet sich dafür an.

Das Ziel der TEN ist nicht nur, einen freien Stromhandel zu ermöglichen und saisonale Versorgungsengpässe auszugleichen, sondern auch die Abhängigkeit von Importen zu mindern. So werden die baltischen Staaten nach der Abschaltung des maroden litauischen Atommeilers Ignalina vital von russischen Stromimporten abhängig sein und planen deshalb den gemeinsamen Neubau eines AKW. Alternativ könnten die drei Staaten mit Überlandleitungen aus Polen ans europäische Stromnetz angeschlossen werden.

Entscheidend ist allerdings die Frage, ob es gelingt, auch Russland in die Planung und den Bau der transeuropäischen Netze einzubinden. Der Gasexport aus Russland in die EU erfolgt weiterhin durch den russischen Staatsmonopolisten Gazprom. Der Bau der Exportpipelines, die Russland mit dem Westen verbinden, war auf beiden Seiten schon immer ein Politikum. Als Deutschland Ende der siebziger Jahre erstmals im großen Stil Erdgas aus der Sowjetunion importieren wollte, führte dies zum Konflikt mit den USA, die eine wirtschaftliche Abhängigkeit ihrer westeuropäischen Alliierten von den Sowjets fürchteten. Die deutsche Regierung hatte jedoch neben wirtschaftlichen Interessen auch ihre Entspannungspolitik im Auge: Durch gemeinsame wirtschaftlicher Interessen sollte eine gegenseitige politische Abhängigkeit erzeugt und eine militärische Auseinandersetzung damit langfristig unmöglich gemacht werden. Die so genannte »Freundschaftspipeline« von Russland in den Westen wurde schließlich gebaut. Weitere Pipelines, die Russland mit dem Westen verbinden, kamen über die Jahre hinzu. Ziel der EU ist es allerdings, dass kein Land die Energieinfrastruktur im gemeinsamen Haus Europa monopolisieren und auf diese Weise politischen und wirtschaftlichen Druck ausüben darf. Deswegen haben der südliche Kaukasus, Südosteuropa und die Türkei sowie die durch diese Länder verlaufenden Energietransitrouten, in den vergangenen Jahren für die EU an strategischem Stellenwert gewonnen.

Das Kioto-Protokoll und der europäische Emissionshandel

Im Klimaschutzabkommen von Kioto hat die EU sich verpflichtet, ihren Ausstoß an Treibhausgasen, gemessen am Ausgangsstand von 1990, bis zum Jahr 2012 um acht Prozent zu verringern. Das Basisjahr 1990 ist für die EU von besonderer Relevanz, weil es auch den Zusammenbruch des sowjetischen Wirtschaftssystems in Mittel- und Osteuropa markiert. In den Folgejahren ging der Energieverbrauch in den ehemaligen Ostblockländern drastisch zurück. Schließlich wurde ein Großteil der industriellen Anlagen geschlossen, mit verheerenden Folgen für Wirtschaft und Arbeitsmarkt dieser Länder, aber mit positiven Auswirkungen auf die Umwelt und den Klimaschutz. Heute geht es mit der Wirtschaft in Ländern wie Polen, Tschechien oder der Slowakei wieder bergauf. Die Frage ist, auf welche Weise der erneut steigende Energiebedarf befriedigt wird.

Um ihr CO_2-Reduktionsziel zu erreichen, hat die EU ein System zum Handel mit Emissionszertifikaten eingeführt. Jeder EU-Mitgliedstaat bekommt eine bestimmte Menge an Emissionsrechten zugeteilt, die er seiner nationalen Industrie zuweisen kann. Beteiligen müssen sich die Betreiber großer Industrieanlagen und Kraftwerke. Alle Teilnehmer können die ihnen zugeteilten Emissionsrechte untereinander handeln. Marktteilnehmer sind dabei die Wirtschaftsunternehmen; der Staat überwacht einzig das Verfahren und teilt die Emissionsquoten zu. Die Grundidee ist, dass Investitionen in moderne und energiesparende Anlagen dort getätigt werden, wo sie am günstigsten sind. Schließlich ist es der Atmosphäre gleich, wo in der EU – oder in der Welt – eine Tonne CO_2 eingespart wird.

Der Emissionshandel bewirkt zweierlei. Für den Ausstoß des Treibhausgases CO_2 wird eine europaweite Höchstgrenze festgesetzt. Dadurch wird, wenn man so will, der Verbrauch fossiler Energieträger europaweit rationiert. Der bisher grenzenlose Zugang zu Energie wird somit staatlicher Kontrolle unterworfen. Dadurch, dass die EU eine gemeinsame Obergrenze festgelegt hat, werden ihre Staaten und ihre wirtschaftlichen Akteure in einem gemeinsamen Emissionsbewirtschaftungssystem aneinander gebunden. Der Emissionshandel trägt also auf sehr grundsätzliche, da materielle Weise zur Vertiefung der europäischen Integration bei. Man könnte die Vergemeinschaftung der CO_2-Emissionen mit der der europäischen Kohleproduktion durch den EGKS-Vertrag vergleichen. Während in den mitteleuropäischen EU-Mitgliedsländern, Polen und Tschechien an der Spitze, die Wirtschaft boomt und der Energieverbrauch wieder wächst, liegt in den ehemaligen Sowjetrepubliken Ukraine, Weißrussland und Moldawien – sowie natürlich in der Russischen Föderation selbst – der Energieverbrauch und damit der CO_2-Ausstoß noch weit unter dem Stand von 1990. Diese Länder könnten als Teil eines paneuropäischen Emissionshandelssystems Zertifikate für gutes Geld an diejenigen EU-Mitgliedstaaten verkaufen, die Schwierigkeiten haben, ihre Klimaschutzziele durch eigene Maßnahmen zu erreichen. Tatsächlich gibt es Berechnungen der Weltbank, nach denen die Ukraine noch zwei Jahrzehnte lang durch den Verkauf von Emissionsrechten an die EU kräftig Geld verdienen könnte. Das europäische Emissionshandelssystem ist nicht nur wirtschaftlich ein attraktives Angebot für die Nachbarn der EU im Osten. Es könnte auch ein erster Schritt zur rechtlichen und politischen Integration Russlands, der Ukraine und anderer Nachbarstaaten in den gemeinsamen EU-Energiebinnenmarkt sein. Im Gegensatz zur Europäischen Energiecharta, die Russland zurzeit nicht unterzeichnen möchte, ist Russland dem Kioto-Protokoll beigetreten. Darauf aufbauend, kann die energiepolitische Zusammenarbeit zwischen der EU und Russland in einem gemeinsamen rechtlichen Rahmen weiterentwickelt werden.

Eurasische Zukunft

Eine zukunftsorientierte EU-Energiepolitik muss über den europäischen Tellerrand hinaublicken. Die Autoren der Europäischen Energiecharta hatten deswegen nicht nur Osteuropa und Russland, sondern den ganzen eurasischen Doppelkontinent im Visier. Darin liegt das große Potenzial dieses weitgehend unterschätzten völkerrechtlichen Vertrags. So hat Japan die Charta bereits ratifiziert. Die Mongolei ist ebenfalls Mitglied, macht eine Ratifizierung aber davon abhängig, ob der große Nachbar Russland diesen Schritt geht. China, Südkorea und die südostasiatischen Staaten haben Beobachterstatus. Die Alternative zur Umwandlung der Europäischen in eine Eurasische Energiecharta wäre, dass die ostasiatischen Wachstumsökonomien ihr eigenes regionales Bündnis schließen. Vorbild dafür könnte die Europäische Gemeinschaft für Kohle und Stahl sein, mit der nach dem Zweiten Weltkrieg die europäische Integration ebenfalls um eine energiepolitische Fragestellung herum begann. Für Europa ist wichtig, dass ein neues regionales Bündnis im Osten Asiens nicht als Konkurrenz für die EU erwächst, sondern sich als Partner begreift.

Der Schlüssel für die eurasische Zusammenarbeit liegt wieder einmal in Russland. Der Gedanke, Russland in den gemeinsamen europäischen Raum zu integrieren, stand Pate bei der Gründung der Europäischen Energiecharta. Doch nicht nur hat die russische Staatsduma den Vertrag bisher nicht ratifiziert, russische Politiker haben inzwischen sogar Zweifel daran, ob es eine gute Idee war, das Abkommen damals in den neunziger Jahren zu unterzeichnen. Seitdem jedenfalls haben sich die Kräfteverhältnisse zwischen Russland und dem Westen mit den steigenden Öl- und Gaspreisen und mit der Konsolidierung der Energieindustrie unter Führung des Kreml grundlegend geändert. Außerdem ist Russland dabei, über den Hebel der ökonomischen Dominanz und durch Beherrschung der transnationalen Energieinfrastruktur seine politische Kontrolle über die ehemaligen Sowjetrepubliken Zentralasiens zurückzugewinnen. Schon heute ist beispielsweise das Erdgas exportierende Turkmenistan zu 100 Prozent auf das Pipelinenetz des russischen Monopolisten Gazprom angewiesen. Gleiches, so kann man unterstellen, haben die Strategen im Kreml langfristig mit den Ländern Osteuropas und des südlichen Kaukasus vor.

Deshalb bestehen die Russen darauf, ein für sie günstiges Unterabkommen zum Energietransit auszuhandeln, bevor sie die Energiecharta in der Duma ratifizieren. Im Kern geht es darum, wer den Transport von Öl und Gas aus Zentralasien und dem kaspischen Becken über russisches Staatsgebiet nach Europa kontrollieren wird.

Die Europäer pochen dabei auf freien Zugang für westliche Unternehmen und Investoren. Russland möchte, dass seine Staatsunternehmen die Kontrolle über die entstehenden transeurasischen Energienetze übernehmen.

Die Europäische Energiecharta, ein festes rechtliches Regelwerk für Handel, Investitionen und Marktzugang, mit gemeinsamen Zielvorstellungen und Mindeststandards für eine umweltfreundliche Energienutzung in ganz Eurasien, bleibt für die Europäische Union die Zielvorstellung. Alle politischen Gegenmodelle, die diskutiert werden, laufen darauf hinaus, den Kontinent in verschiedene Machtblöcke zu spalten. Die energiepolitische Zusammenarbeit würde dadurch eher erschwert als erleichtert.

Ein Negativbeispiel ist der von der national-konservativen polnischen Regierung unter Premierminister Kaczinsky 2006 ins Spiel gebrachte Vorschlag einer sogenannten »Energie-NATO«, inklusive einer analog Artikel 5 des NATO-Vertrags formulierten Beistandsklausel, in der nur Mitgliedstaaten der EU und der NATO Platz fänden. Dieser Vorschlag richtet sich eindeutig gegen Russland und wäre weder der Energiesicherheit noch anderen wirtschaftlichen und politischen Interessen der EU-Mitgliedstaaten förderlich. Die von Polen gewünschte Integration der Ukraine in den gemeinsamen Energiebinnenmarkt kann – durch eine Teilübernahme des europäischen Gesetzes- und Regelungswerks (*Acquis Communautaire*) – auch ohne ein neues Abkommen erfolgen. Dasselbe gilt auch für die Staaten des westlichen Balkan und andere Länder in der unmittelbaren Nachbarschaft der EU. Analog wird in Moskau die Gründung einer Ost-NATO, bestehend aus Russland und seinen Satellitenstaaten, diskutiert. Ähnlich wie der Warschauer Pakt und das ehemalige Wirtschaftsbündnis des Ostblocks, COMECON, stünde diese Organisation unter russischer Vorherrschaft. Zusammengehalten würde sie nicht durch die Rote Armee, sondern durch das russische Öl- und Gastransportmonopol und die dadurch gegebene Abhängigkeit Osteuropas, Zentralasiens und des südlichen Kaukasus von der Macht des Kreml. Kaczinskys Energie-NATO und der Moskauer Block stünden sich in einem Kalten Energiekrieg gegenüber. Für Sicherheit und Stabilität in Europa genauso wie für eine langfristig ausgerichtete gemeinsame Energiepolitik wäre dies ein Schreckensszenario.

Noch problematischer für Europa wäre eine russisch-asiatische Energieallianz, die sich aus der Shanghai Cooperation Organisation (SCO) herausbilden könnte. Russland und China, die beiden Gründerstaaten der SCO, sind in der Energiepolitik gleichzeitig Rivalen und Partner. Die boomende chinesische Wirtschaft braucht verlässliche Öl- und Gasimporte aus Russland. Umgekehrt haben die Russen an einem neuen, zahlungskräftigen Großkunden Interesse. Konkurrenz belebt außerdem das Geschäft. Deswegen stellte Russlands Präsident Putin im Frühjahr 2006 bei seinem Besuch in Peking auch den Bau einer neuen Gaspipeline von den westsibirischen Ölfeldern Richtung Osten nach China in Aussicht. Der Clou bei diesem Projekt ist, dass aus den westsibirischen Fördergebieten bisher ausschließlich Europa beliefert wird. Vorausgesetzt, dass die Fördermengen überhaupt ausreichen, um über die mit den Europäern geschlossenen langfristigen Lieferverträge hinaus auch nach Ostasien zu liefern, gerieten Europa und China damit erstmals in direkte Konkurrenz über den Ressourcenzugang.

Hier ist sie wieder, die Rückkehr der Geopolitik. Politische Bündnisse werden zukünftig vor allem dazu dienen, der eigenen Volkswirtschaft den Zugang zu überlebenswichtigen Ressourcen und Märkten zu sichern. Die Geostrategen in Moskau, Peking und Washington wollen die Energiezukunft ihrer Länder auch durch militärischen Einfluss und notfalls auch Einsatz absichern.

Kann die EU da mithalten? Sie sollte es nicht – jedenfalls nicht in jedem Fall und um jeden Preis. Die EU wäre gut beraten, auch in der energiepolitischen Zusammenarbeit mit ihren Nachbarn der Methode Monnet vor einem rein geopolitischen Kräftemessen den Vorzug zu geben. Die Energiekooperation mit Russland, den anderen osteuropäischen Ländern und den Staaten des Mittelmeerraums muss auf Grundlage völkerrechtlicher Verträge und im Rahmen gemeinsamer Institutionen erfolgen. Die Strategie heißt: Verrechtlichung der bestehenden wirtschaftlichen Konkurrenz. Die bestehenden Kooperationsabkommen mit einzelnen Nachbarländern sowie das Kioto-Protokoll bieten dafür eine gute Basis. Langfristig muss das Ziel der EU ein Grundlagenvertrag über die Energiepolitik in ganz Europa sein. Die Europäische Energiecharta kommt dieser Vision schon nahe. Aus europäischer Sicht kann es nicht nur darum gehen, beim Wettlauf um die letzten Ressourcen die Nase vorn zu haben. Die Nutzung knapper Ressourcen kann auf dem engen europäischen Kontinent nur dann ohne zerstörerische Konflikte erfolgen, wenn sie auf Kooperation basiert. Teil von Europas Energiezukunft muss aber auch sein, den Kontinent weniger abhängig von den Ressourcen zu machen, die uns ohnehin ausgehen. Außen- und umweltpolitische Interessen, Energie- und Klimasicherheit gehen Hand in Hand.

KAPITEL 6

DIE VERTEIDIGUNG DER LETZTEN PARADIESE

Auf der Suche nach den letzten Öl- und Gasvorkommen des Planeten geraten Umwelt und Demokratie gleichermaßen unter Druck. In der Arktis, auf den Weltmeeren, in tropischen und nordischen Wäldern wird durch den Rohstoffabbau bisher unberührte Natur bedroht. Für den Transport von Öl und Gas werden neue Schneisen durch Gebirge, Eis und Wälder geschlagen. Giftige Abfälle und Unfälle bedrohen einheimische Tier- und Pflanzenarten und entziehen damit der traditionellen Wirtschaftsweise die Grundlage. Wo das Öl regiert, kommt die Demokratie zu kurz. Die Verletzung von Menschenrechten und die Störung traditioneller Lebensweisen der einheimischen Bevölkerung führen zu sozialen Konflikten und politischer Instabilität. Umweltverbände und andere NGOs, die gegen diese Politik protestieren, verteidigen deswegen nicht nur die Natur, sondern auch Demokratie und Freiheit. Freiheit, Gerechtigkeit und Demokratie wiederum machen eine wirtschaftliche Entwicklung, die über den schnellen Ölreichtum hinausgeht, überhaupt erst möglich.

Die Perle Sibiriens

Einer der größten Siege, den die russische Umweltbewegung in den vergangenen Jahren erzielt hat, war die Verlegung der geplanten transsibirischen Ölpipeline von den Ufern des Baikalsees auf eine ökologisch weniger empfindliche Trasse. Schon in den achtziger Jahren hatten sowjetische Wissenschaftler, Heimat- und Umweltschützer begonnen, sich für den Schutz des Baikalsees einzusetzen. Anfangs machte sich ihr vorsichtiger Protest am Schutz einiger symbolträchtiger Tierarten, wie der seltenen Baikalrobbe, fest. Daraus entwickelte sich eine internationale Protestkampagne von Umweltschützern, der es geschickt gelang, die Interessen der verschiedenen Parteien im Streit um den sibirischen Ölreichtum gegeneinander auszuspielen.

Die Baikalrobbe – von Naturschützern zum Symbol des »sibirischen Meeres« auserkoren – lebt als einzige Robbenart nur im Süßwasser. Sie stammt wahrscheinlich von der in der ganzen Arktis lebenden Ringelrobbe ab. Wie sie in das sibirische Binnenland gelangt ist, weiß niemand. Nachdem die Jagd sie in der ersten Hälfte des 20. Jahrhunderts beinahe ausgerottet hatte, wurden im Jahre 2000 wieder 84.000 Tiere gezählt. Außer durch die weiter anhaltende illegale Jagd wird die Robbe durch Gifteinleitungen in den Baikalsee und die Zerstörung der Fischvorkommen, vor allem der am Boden des Sees lebenden Baikalgroppe, bedroht. Deswegen ist die Robbe auch Wappentier der sibirischen Umweltorganisation »Ökologische Baikalwelle«.

Der Baikalsee wird auch gern als »die Perle Sibiriens« bezeichnet. Mit einer Länge von 650 Kilometern und einer Breite von bis zu 80 Kilometern gehört er zu den größten Seen der Welt. Angesichts seines Alters von 25 Millionen Jahren ist er außerdem der älteste und mit 1.700 Metern der tiefste See der Welt. Maximal fasst der See 23.000 Kubikkilometer Wasser. Das ist mehr als das Volumen der Ostsee und der 460 fache Inhalt des Bodensees. Das Einzugsgebiet des Sees umfasst mit seinen Zuflüssen 1.487.480 Quadratkilometern und ist damit viermal so groß wie Deutschland.

Die Umwelt des Baikalsees weist eine einzigartige Flora und Fauna auf: Etwa zwei Drittel der insgesamt 2.500 Tier- und Pflanzenarten sind endemisch, das heißt, sie kommen ausschließlich an dieser Stelle vor. Außer der Baikalrobbe und der Baikalgroppe tummeln sich hier der Omul, eine Lachsart, oder der Golomjanka, ein Fettfisch, der am tiefsten lebende Süßwasserfisch der Erde. Möglich wird diese einmalige Tierwelt unter anderem auch durch die niedrige Wassertemperatur des Sees, die an der Oberfläche im Jahresmittel nur etwa sieben Grad Celsius beträgt. Die UN-Wissenschaftsorganisation UNESCO vergleicht seine Artenvielfalt mit der der Galapagos-Inseln und nahm den Baikalsee 1996 in ihre Liste »Weltnaturerbe in Gefahr« auf.

In Gefahr deshalb, weil die staatliche russische Ölfirma Transneft die längste Ölpipeline der Welt von Irkutsk bis zum pazifischen Wladiwostok 800 Meter nördlich des Baikalsees vorbei plante. Proteste der staatlichen russischen Umweltbehörden stießen lange auf taube Ohren. Mit der ostsibirischen Pipeline soll der asiatische Markt, vor allem China, Korea und Japan, mit russischem Erdöl versorgt werden. Bisher erfolgt der Ölexport in den Osten ausschließlich per Bahn und deshalb nicht in der ökonomisch möglichen Größenordnung.

Umweltschützer – darunter auch die »Ökologische Baikalwelle« – befürchten, dass das Süßwasserreservoir des Baikal und seine einmalige Fauna durch Unfälle, Naturkatastrophen und terroristische Anschläge gefährdet werden könnten. Die Baikalwelle war in den Zeiten der Perestroika gegründet worden, um das einmalige Naturdenkmal des Baikalsees vor der rapiden Industrialisierung des sibirischen Ostens zu retten. Hauptprobleme waren Anfang der neunziger Jahre die rapide Abholzung und die damit zusammenhängende Erosion des Seeufers sowie eine große Zellstofffabrik, die ihre Abwässer in den See leitete. Neben den ökologischen Auswirkungen wurde damit die wirtschaftliche Grundlage der von der Fischerei lebenden ethnischen Minderheiten der Region gefährdet. Stand das gigantische Zellstoffwerk für die umweltverschmutzenden Großprojekte der untergegangenen Sowjetzeit, so steht die Pipeline der Transneft für das »neue Russland«, das mit Öl- und Gasexporten seinen weltpolitischen Einfluss wiedergewinnen möchte.

Laut UNESCO hätte die geplante Pipeline auf zwei Dritteln ihres geplanten Verlaufs seismisch aktives Gebiet zu überqueren. Die Reputation der Firma Transneft gab ebenfalls Anlass zur Sorge. Zwischen 1993 und 2001 traten in der Region Irkutsk insgesamt sechs größere Lecks in Pipelines und Anlagen auf, bei denen insgesamt 42.000 Tonnen Rohöl in die Umwelt flossen. Eine schon Mitte der neunziger Jahre südlich des Baikal geplante Pipeline wurde aus eben diesen Gründen nicht verwirklicht. Im weiteren Verlauf sollte die Pipeline außerdem am Naturpark von Kedrovaja Pad vorbeiführen, einem der letzten Lebensräume des Schneeleoparden.

Im Frühjahr 2006 traf Russlands Präsident Putin schließlich die

Entscheidung, die Pipeline weiter nördlich und damit abseits vom ökologisch sensiblen Ufer des Baikal zu verlegen. Ausschlaggebend waren zwar nicht ausschließlich ökologische Überlegungen, aber die von japanischen NGOs organisierte internationale Umweltkampagne zur Rettung des Baikalsees hatte sich die politischen Interessengegensätze, die sich um den Bau der Pipeline entwickelt hatten, geschickt zu Nutze gemacht. Die Umweltverbände gaben dem Ölexporteur Russland und dem Ölimporteur Japan letztendlich die richtigen ökologischen Argumente in die Hand, um eine geostrategische Entscheidung gegen die Energieinteressen der Dritten im Bunde, der Chinesen, herbeizuführen.

Die südlichere Variante der Pipeline, die schließlich verworfen wurde, hätte zwangsläufig weiter nach China geführt. Die Nordvariante endet in einem russischen Hafen. Von dort können per Schiff auch Japaner und Koreaner beliefert werden. Der Bau der nördlichen Trasse wird zwar als deutlich teurer veranschlagt, lässt Russland aber die Flexibilität, die ostasiatischen Ölimporteure gegeneinander auszuspielen. Da der Kreml auch hier den Ölexport als Instrument seiner Außenpolitik nutzen möchte, wurde Transneft angewiesen, den höheren Preis für die durch unwegsames Gelände im inneren Sibirien führende Trasse zu zahlen. Ökologische Argumente und das Schicksal des Baikal spielten in der massiven Lobbykampagne der japanischen Regierung für die von ihr favorisierte Pipelinevariante eine bedeutende Rolle. Präsident Putin kündigte seine Entscheidung auf einer Pressekonferenz vor dem G8-Gipfel in St. Petersburg an und demonstrierte damit der Weltöffentlichkeit, dass Umwelt und Demokratie auch in Russland respektiert werden.

Ölinsel Sachalin

Ansonsten sind die Planungen des Ölpipelinemonopolisten Transneft sakrosankt. Dem Ausbau des eurasischen Pipelinenetzes und dem strategischen Ziel des Öl- und Gasexports werden andere Interessen rücksichtslos unterordnet. Beispiele dafür sind die Erschließung der Arktis, die *Offshore*-Förderung vor den Küsten des Pazifiks, des

Nordmeers und der Ostsee und vor allem der Ausbau der Ölförderung auf der Pazifikinsel Sachalin.

Russlands neues Arabien liegt im Osten Sibiriens und auf der östlich von Sibirien und nördlich von Japan gelegenen Pazifikinsel Sachalin.

Dort erschließen die russische Regierung und internationale Energiekonzerne derzeit mehrere große Öl- und Gasfelder für den Export nach Japan, China, Korea sowie für den Weltmarkt. Ein noch zu bauendes Pipelinenetz soll das Schwarze Gold nach China, Japan und in die beiden Koreas bringen.

Finanziell unterstützt wird das Projekt unter anderen von der Europäischen Entwicklungsbank EBRD. Als Anton Tschechow im Jahr 1893 Sachalin besuchte, hatte er das Gefühl, am Ende der Welt angekommen zu sein. »Von hier aus geht es nicht weiter«, schrieb er in einem Brief nach Hause. Auch für die Ölindustrie markiert Sachalin eine neue Grenze. Geringe Mengen an Öl wurden auf der Insel schon seit frühen Sowjetzeiten gefördert, meist durch die Insassen der fernöstlichen Straflager. Worum es aber heute geht, ist die Förderung *offshore* vor den Küsten der Insel. Die Ölindustrie stößt hier, unter arktischen Bedingungen, bei Packeis und hoher See, auf bisher ungekannte Herausforderungen. Sollten die internationalen Konzerne, die hier investieren, die technischen Herausforderungen der Großförderung vor Sachalin bewältigen, dann stehen ihnen prinzipiell auch andere vermutete Vorkommen in der Barents-, Beaufort- oder Bering-See beziehungsweise im Norden Alaskas und Kanadas offen.

Von der russischen Regierung wurden Sachalin und die davor liegenden Meeresgründe in sechs Förderzonen unterteilt. Das Konsortium zur Erschließung von Sachalin 1 wird von der amerikanischen Firma Exxon geleitet. Sachalin 2 wird von der Royal Dutch Shell gemeinsam mit japanischen Partnern betrieben. Die Felder 3 bis 6 sollen zu einem späteren Zeitpunkt vergeben werden. Diese Lizenzen gehören zu den attraktivsten Preisen, die der Kreml in den kommenden Jahren an internationale Investoren vergeben kann. Politische Erwägungen und ein Entgegenkommen der ausländischen Partner bei anderen Fragen werden bei dieser Entscheidung sicherlich eine bedeutende Rolle spielen. Russische Energieunternehmen sind auf der Insel bisher nicht vertreten. Damit stellen die in der Frühzeit der Jelzin-Jahre vergebenen Konzessionen auf Sachalin eine Lücke im Exportmonopol der staatlichen Gazprom dar.

Sachalin ist allerdings auch ein Testfall dafür, wie mit der fragilen arktischen Natur, ihren Fisch- und Meeressäugerbeständen und den Interessen der indigenen Bevölkerung dieser Regionen umgegangen wird. Ökologisch besonders problematisch ist das Fördergebiet Sachalin 2.

Bis vor wenigen Jahren war Sachalin von industrieller Entwicklung weitgehend unberührt. In der nordischen Waldlandschaft der Insel tummeln sich, bei vergleichsweise mildem pazifischem Klima, andernorts selten gewordene Großwildarten. Die Insel wird von 65.000 Flüssen und Wasserläufen durchzogen, die dem pazifischen Lachs als Brutgebiet dienen. Noch reicher ist die Natur der Küstenlandschaft, mit großen Robbenkolonien und Seevögeln wie dem seltenen Stellar Seeadler. In der See vor Sachalin leben die letzten 120 westpazifischen Grauwale – eine Art, die schon als ausgestorben galt und dort erst Mitte der siebziger Jahre wieder entdeckt wurde. Die russischen Meeresbiologen, die seitdem die Population überwachen, glauben, dass in dieser Gruppe nur noch 20 Weibchen im gebärfähigen Alter leben. Die Unterwasserpipeline des Großprojekts Sachalin 2 würde direkt durch die Weidegründe der Grauwale führen. Gefährdet würden die letzten großen Meeressäuger nicht nur durch die Zerstörung der Unterwasserfauna und eventuelle Öllecks, sondern auch durch den immensen Baulärm, der in den kommenden Jahren das empfindliche Sonarsystem der Wale stören würde.

Bedroht wird die Schönheit Sachalins von der gesamten Produktionskette der Ölförderung, die sich über die ganze Insel ziehen soll. Von den Ölplattformen geht eine erhebliche Verschmutzung der Meeresumwelt und damit der Futtergründe der Grauwale, Robben und zahlreicher Hochseefische aus. Der Schiffsverkehr stört nicht nur die Ruhe, sondern auch die Wege wandernder Tierarten. Der Bauschutt und der Abraum der Bohrarbeiten des Projekts Sachalin 2 sollen nach jetziger Planung direkt in der Aniva-Bucht vor der Küste der Insel versenkt werden.

All diese Bedenken, die schon seit Jahren von internationalen Umweltschützern vorgebracht worden waren, haben neuerdings auch das Gehör der russischen Umweltbehörde gefunden. Vor allem der Schutz der Grauwale hat es ihr angetan. Die Moskauer Behörde drohte im Sommer 2006 deshalb damit, die Genehmigung für die Royal Dutch Shell, Sachalin 2 weiterzubauen, auslaufen zu lassen. Der Hintergrund für diese bisher unbekannte Strenge der Umweltbehörde ist ein anderer. Der Kreml möchte, dass das Betreiberkonsortium Anteile an den russischen Gazprom-Konzern verkauft und auch den Export über den Staatsmonopolisten abwickelt. Um den Eindruck von Behördenwillkür zu vermeiden, kam das Umweltargument der Genehmigungsbehörde gerade recht. Sollten Shell und seine japanischen Konsortialpartner nachgeben und Gazprom in ihr Geschäft aufnehmen, ist zu erwarten, dass bei der nächsten Umweltverträglichkeitsprüfung wieder ein Auge zugedrückt wird. Die Öl- und Gasprojekte sind allerdings auch ein Testfall für die an seiner Finanzierung mitbeteiligten internationalen Banken, darunter die öffentliche Europäische Entwicklungsbank EBRD. Sie müssen ihr Kreditgeschäft laut Gesetz an strengeren Vorschriften und Umweltauflagen orientieren, als sie in einem Land wie Russland gelten. Die EBRD argumentiert bisher, dass ihre Beteiligung an dem Projekt dazu führt, dass Mindeststandards an Transparenz, öffentlicher Beteiligung und Umweltschutz eingehalten werden. Für europäische Umweltorganisationen ergibt sich daraus die Chance und Pflicht, die Einhaltung dieser Vorschriften durch die aus Steuermitteln finanzierte Entwicklungsbank einzufordern. Welche Möglichkeiten NGOs dazu haben, Investitionsentscheidungen über international agierende Geldgeber zu beeinflussen, wird weiter unten beschrieben.

Kurische Nehrung

Von Sachalin gesehen am anderen Ende des russischen Imperiums liegt die Kurische Nehrung. Vor der Kurischen Nehrung und in unmittelbarer Nähe der litauischen und polnischen Ostseeküste, begann der russische Konzern Lukoil 2004 mit der Ölbohrung. Auch wenn der zu erwartende Ertrag bescheiden sein dürfte, so droht dem Weltnaturerbe der Kurischen Nehrung der Untergang, sollte es bei der Förderung oder dem Transport des Öls nur einmal zu einem größeren Unfall kommen. Dann bedroht das Projekt neben der Kurischen Nehrung die gesamte Ostsee. Die Ostsee weist heute schon eine überdurchschnittliche Verschmutzung auf. Wegen der hohen Sensibilität ihres Ökosystems treten Umweltschützer dort für ein generelles Ölförderungsverbot ein. Bis heute wird das russische Öl in einwandigen Tankern bei hohem Unfallrisiko durch die engen Fährrinnen der Ostsee transportiert. Auf den Bau einer großen Ölraffinerie in Kaliningrad (dem ehemaligen Königsberg) hat Lukoil nach Bürgerprotesten inzwischen verzichtet.

Die Kurische Nehrung wurde im Jahr 2000 von der UNESCO zum Weltnaturerbe erklärt. Die fast 100 Kilometer lange Sandbank trennt das Kurische Haff von der Ostsee und schafft einen einzigartigen Lebensraum für Meerestiere und -pflanzen. Daneben finden sich Feuchtwälder, Wiesen, Moore und Schilfgebiete, die die Nehrung zu einem bedeutenden Rastplatz für den Vogelzug machen. Für die von Russland isolierte Enklave Kaliningrad bietet der naturverträgliche Tourismus, der sich dort in den vergangenen Jahren entwickelt hat, eine der wenigen Chancen wirtschaftlicher Entwicklung. Zudem liegen auf dem litauischen Teil der Nehrung einige der beliebtesten Badeorte des Landes. Die deutsche Umweltorganisation Urgewald schreibt deshalb: »Für die Region birgt die Ölförderung zahlreiche Risiken, als schlimmstes den Verlust des Nationalparks Kurische Nehrung. Zudem ist selbst im Fall eines unfallfreien Betriebs der Bohrinsel von Verlusten in der Fischereiindustrie auszugehen, was mehrere Hundert Arbeitsplätze bedroht.«

Lukoil ist einer der verbleibenden privaten Ölkonzerne Russlands. Die Finanzierung des Projekts vor der Kurischen Nehrung ist deswegen nur durch westliche Kreditgeber möglich. Dem Bankenkonsortium, das Lukoil 765 Millionen US-Dollar als Kredit zur Verfügung stellte, gehören auch deutsche Banken wie die HypoVereinsbank und die Westdeutsche Landesbank (WestLB) an. Beide hatten nach dem Johannesburger Weltgipfel für Nachhaltige Entwicklung 2002 die sogenannten Equator-Prinzipien, eine Selbstverpflichtung von über 40 internationalen Großbanken zur Einhaltung hoher Umwelt- und Sozialstandards, unterschrieben. NGOs wie Urgewald dringen nun darauf, dass internationale Finanziers von Öl- und Gasprojekten diese Standards auch anwenden.

Politikum Ostseepipeline

Seit der ehemalige deutsche Bundeskanzler Gerhard Schröder zum Vorstandsvorsitzenden des Betreiberkonsortiums ernannt wurde, ist die von der russischen Gazprom geplante Ostseepipeline endgültig zum Politikum geworden.

Die von Russen und Deutschen gemeinsam geplante Nordeuropäische Gaspipeline (»Ostseepipeline«) ist – wie weiter oben beschrieben – vor allem deswegen umstritten, weil sie Polen und Balten links liegen lässt. Auch die zu erwartenden Umweltauswirkungen dieses gigantischen Bauprojekts sind bedrohlich. Obwohl der Bau der Pipeline schon 2008 beginnen soll, wurde noch keine umfassende Umweltverträglichkeitsprüfung durchgeführt. Um die 2.100 Kilometer lange Pipeline von den westsibirischen Gasfeldern von Juschno Russkoje zum mecklenburgischen Ostseehafen Lubmin zu errichten, müssen 60 Millionen Kubikmeter Meeresboden vor der baltischen, polnischen und deutschen Küste aufgegraben und 1,3 Millionen Tonnen Stahlrohre verlegt werden. Die Unterwassertrasse, auf der die Rohre verlegt werden sollen, wird 30 Meter breit sein. Da die Pipeline küstennah in flachem Gewässer verlaufen wird, werden die Laichgebiete zahlreicher Fischarten – und damit die Wirtschaftsgrundlage der Ostseefischerei und die Nahrungsgrundlage der Seevögel – zerstört oder durchschnitten. Kurz vor dem Ziel führt die projektierte Trasse der Ostseepipeline durch den Greifswalder Bodden und damit durch den Ostseenationalpark Vorpommersche Boddenlandschaft. Der Nationalpark ist Brut- und Durchzugsgebiet für zahlreiche seltene Vogelarten, wie den Seeadler, die Seeschwalbe oder den Kranich.

Eine weitere stille Gefahr liegt seit den beiden Weltkriegen auf dem Grund der Ostsee. Zum Ende des Ersten Weltkriegs wurden dort sowohl russische als auch deutsche Giftgasgranaten versenkt. Auch im Zweiten Weltkrieg wurden Teile der Ostsee vermint. Allein nördlich der deutschen Ostseeküste sind 14 verminte Gebiete bekannt und auf den Seekarten eingetragen. Für die baltische Küste fehlen entsprechende Daten. Genauso wenig ist bekannt, was mit Flora und Fauna des fragilen Ökosystems Ostsee passieren würde, wenn eine der Baumaschinen auf 2.100 Kilometer Strecke auf eine Granate trifft und Giftgas ins Meer strömt.

Großprojekte weltweit

Russland steht nicht allein mit seiner hemmungslosen Ausbeutung der letzten Naturressourcen. Auch in den USA wächst der Druck auf die Erschließung der letzten Paradiese. Seit Jahrzehnten verfolgen amerikanische Ölkonzerne und lokale Politiker das Vorhaben, in einem der größten Wildschutzgebiete des nördlichen Alaska Öl zu fördern. Neben dem direkten Eingriff durch den Bau von Förderanlagen drohen weitreichende Beeinträchtigungen der Natur durch die notwendige Infrastruktur und den Transport über Land, Wasser und Luft. Die Erschließung der Ölvorräte in der amerikanischen Arktis ist Teil des Energieplans der Regierung Bush, der das Ziel anstrebt, das Land weniger abhängig von Ölimporten aus dem Nahen Osten zu machen. Doch immerhin existieren in den USA eine machtvolle Umweltbewegung und eine freie Presse, die nach dem Sinn zweifelhafter Projekte wie der Ölförderung in Alaskas Wildschutzgebieten fragen. Seit dem Sieg der oppositionellen Demokratischen Partei bei den US-Kongresswahlen im November 2006 ist das Projekt vorerst auf Eis gelegt. Die geplante Neuförderung aus Alaska würde die Ölversorgung Amerikas nur wenige zusätzliche Monate sicherstellen. Das Hauptproblem ist nicht das mangelnde Angebot an neuen Förderquellen, sondern der zu hohe Verbrauch im Land der unbegrenzten Energieverschwendung.

Chinas größte Öl- und Gasvorkommen liegen in seinen muslimischen Westprovinzen und in Tibet. Die Erschließung neuer Förderfelder, der Bau von Infrastruktur und Pipelines fügen sich deswegen in die umfassendere Strategie der Führung in Peking ein, diese Minderheitenregionen ökonomisch zu integrieren und durch die Zuwanderung von Arbeitskräften der Han-chinesischen Mehrheit unumkehrbar an die Zentralmacht zu binden. Großprojekte wie die Sebei-Lanzhou-Pipeline durch Tibet werden deswegen unter Ausschluss der Bevölkerung durch sensible Bergregionen vorangetrieben. Aus China sind verlässliche Informationen über die Umweltschäden, die bei diesen Energiegroßprojekten entstehen, besonders schwierig zu bekommen.

Auch wenn westliche Großkonzerne wie Shell und internationale Geldgeber wie die Weltbank inzwischen unter dem Druck von Nichtregierungsorganisationen und kritischer Öffentlichkeit stehen, so hat der Einzug Chinas ins afrikanische Ölgeschäft für einen weiteren Verfall ökologischer Standards und der Einhaltung internationalen Rechts wie lokaler Gesetze gesorgt. Als der Internationale Währungsfonds von der Regierung des ölreichen Landes Angola verlangte, vor der Vergabe eines Kredits und der Stützung der angolanischen Währung innenpolitische Reformen und mehr Demokratie einzuführen, sprangen die Chinesen ein. China vergab an die Regierung in Luanda Kredite in gleicher Höhe unter der einzigen Auflage, dass chinesische Firmen bei der Ausschreibung neuer Ölfelder und dem Export angolanischen Öls den ersten Zuschlag erhalten. Am augenfälligsten ist die Vermischung chinesischer Ölinteressen mit der völligen Missachtung der Menschenrechte im Sudan. China ist der größte Investor in Sudans wachsendem Ölsektor. Dadurch unterstützen die Chinesen das islamistische Regime in Khartum und dessen Politik der Menschenrechtsverletzungen, des Sklavenhandels und der Umweltzerstörung im nichtmuslimischen Süden des Landes. Europäer und USA dringen deswegen darauf, dass auch China bei seinen Auslandsinvestitionen gewisse Mindeststandards im Bereich Umwelt und Menschenrechte einhält.

Viele erdölexportierende Länder Afrikas, Lateinamerikas oder Zentralasiens leiden unter wirtschaftlicher Stagnation, hoher Armut,

Umweltzerstörung und gewaltsamen Konflikten. Die Gewinne aus dem lukrativen Geschäft mit der Energie streichen die nationalen Eliten und die Ölfirmen ein. Nur wenig Geld fließt in die betroffenen Regionen zurück. Zurück bleiben aber zerstörte Umwelt und nachhaltig geschädigte soziale Strukturen.

Schwarzes Gold vom Schwarzen Kontinent

Eines der ersten Großprojekte, die Anfang der neunziger Jahre den wirtschaftlichen Aufbruch Afrikas symbolisieren sollten, ist die Tschad-Kamerun-Ölpipeline. Als Modellprojekt ist die Tschad-Kamerun-Pipeline gescheitert. Trotzdem lassen sich wertvolle Schlussfolgerungen aus der Genese dieses einst von der Weltbank und der Europäischen Investitionsbank enthusiastisch unterstützten Projekts ziehen.

Als im Sahelstaat Tschad, einem Land ohne Zugang zum Ozean oder anderen überregionalen Verkehrsverbindungen, Öl entdeckt wurde, stellte sich nicht nur die Frage nach der technischen Anbindung des Landes an den Energieweltmarkt, sondern auch danach, wer diese bezahlen würde. Tschad und das benachbarte Kamerun gehören zu den ärmsten Ländern der Welt. Im Tschad herrscht seit mehreren Jahrzehnten ein Bürgerkrieg, der von den Nachbarländern Libyen und Sudan mitgeschürt wird. Kamerun ist laut Transparency International das korrupteste Land der Welt. Als die Weltbank deswegen gefragt wurde, ob sie die Erschließung der Ölfelder im Südtschad, den Bau einer über 1.000 Kilometer langen Pipeline an die kamerunische Küste und ein *Offshore*-Terminal zur Verschiffung für den Weltmarkt finanzieren würde, waren ihre Entwicklungsexperten erst einmal skeptisch. Die Mission der Weltbank ist laut ihrer Satzung die Hilfe für Entwicklungsländer und die Bekämpfung der Armut. Es erschien allerdings zweifelhaft, dass der Erlös des Erdölgewinns in diesen beiden autokratisch regierten und von Korruption geprägten Ländern den Armen zugute kommen würde. In Zusammenarbeit mit den drei ebenfalls an der Projektfinanzierung beteiligten Großkonzernen Exxon, Chevron und Petronas, der Europäischen Entwicklungsbank und beraten von Umwelt- und Entwicklungsorganisationen wurde deswegen beschlossen, den Kredit nur unter Auflagen zu vergeben. Laut Plan sollten zehn Prozent des Ölaufkommens in einen Zukunftsfonds, weitere 75 Prozent in Entwicklungsprojekte für Bildung, Gesundheit und Regionalentwicklung fließen, aber nur 12 Prozent in den allgemeinen Haushalt beider Länder. Überwacht werden sollte das Ganze durch eine Reihe internationaler Aufsichtsgremien.

Schon beim Bau der Pipeline tauchten allerdings Probleme auf. Die Route führte nicht nur durch fruchtbare landwirtschaftliche Flächen im südlichen Tschad, sondern auch durch bisher unberührten Regenwald und das Siedlungsgebiet der Volksgruppe der Pygmäen. Neben der Vertreibung der einheimischen Wohnbevölkerung wurde Ackerboden vernichtet, und die Wasserqualität der angrenzenden Flüsse sank.

Als die ersten Gewinne zu sprudeln begannen, lenkte das in einen Bürgerkrieg mit radikalislamischen Rebellen verstrickte Regime des Tschad Mittel aus dem Bildungs- und Gesundheitsfonds in Waffenkäufe um. Grundlage war eine auf Geheiß des Präsidenten erfolgte Gesetzesänderung, nach der auch Ausgaben für die Sicherheit zur Entwicklung des Landes gehörten. Die Weltbank sperrte einige der Konten des Tschad, gab die Mittel nach Verhandlungen aber wieder frei, um zumindest einen Teil der Gelder für die ursprünglich vorgesehenen Entwicklungsmaßnahmen zu sichern.

Inzwischen hat sich die Verhandlungsposition des Tschad gegenüber der Bank deutlich verbessert. Die Rohölpreise steigen, und damit sinkt auch die Abhängigkeit des Tschad vom Wohlwollen der internationalen Gemeinschaft. Nachdem der Bürgerkrieg im benachbarten Darfur in den Tschad herübergeschwappt ist, haben der Westen – vor allem die ehemalige Kolonialmacht Frankreich und die USA – Interesse daran, das Regime zu stabilisieren. Sollten die westlichen Ölkonzerne aus dem Deal aussteigen wollen, so bleibt immer noch die malaysische Petronas. Chinas staatliche Ölkonzerne, im benachbarten Sudan schon aktiv, stehen Gewehr bei Fuß.

Dennoch wurde mit dem Tschad-Kamerun-Modell erstmals ausprobiert, wie Gewinne aus einem großen öffentlich geförderten

Investitionsvorhaben durch ausgeklügelte Verteilungs- und Überwachungsmechanismen nicht nur den wenigen Reichen, sondern den vielen Armen zugute kommen können. Internationale Umwelt- und Entwicklungsgruppen hatten lange vorher kritisiert, dass das Projekt für beide Länder zu früh komme und argumentiert, dass es an politische Reformen gekoppelt werden solle. Trotzdem ist es gelungen, zumindest einen Teil der Ölgewinne in Bildung und Gesundheit, und nicht auf Schweizer Bankkonten fließen zu lassen.

Das Gesetz der Petropolitik

Der amerikanische Kolumnist Thomas Friedman hat die Behauptung aufgestellt, dass Öl und Demokratie sich nicht miteinander vertragen. Im Frühjahr 2006 veröffentlichte er in der Zeitschrift »Foreign Policy« seine These unter dem Titel »The First Law of Petropolitics« (Das erste Gesetz der Ölpolitik). Demnach geht es mit steigendem Ölpreis in Ländern wie Nigeria, Venezuela, Russland oder dem Iran mit der Demokratie bergab. Der neue Reichtum ist ungleich verteilt und wird von wenigen Profiteuren in den wirtschaftlichen und politischen Eliten zur Stärkung des staatlichen Unterdrückungsapparats genutzt. Einige Länder haben es jedoch geschafft, den Ressourcenreichtum in soziale Entwicklung zu investieren oder langfristig anzulegen. Internationale Initiativen fordern zumindest mehr Transparenz, sodass multinationale Konzerne sich nicht mitschuldig machen an den Verbrechen, die lokale Diktatoren gegen Demokratie und Menschenrechte begehen.

Schon seit den siebziger Jahren wird das Phänomen des »Ressourcenfluchs« beschrieben. Manchmal wird auch von der »Holländischen Krankheit« gesprochen. Als in den sechziger Jahren in den Niederlanden Erdgas entdeckt wurde, führte dieser vermeintliche Segen zu einem wirtschaftlichen Ungleichgewicht, von dem sich die Niederlande erst Jahrzehnte später erholten. Der ausschließlich auf der Erdgasförderung beruhende Exportboom führte zu einer Überbewertung des holländischen Gulden. Da jedoch die Produktions- sowie Exportfähigkeit anderer Wirtschaftszweige zurückging, wuchsen gleichzeitig die Importe. Der vermeintliche Segen des Gasreichtums führte also dazu, dass die Modernisierung der niederländischen Volkswirtschaft in anderen Bereichen stockte und das Land mit hoher Inflation, Arbeitslosigkeit und dem Abwandern ganzer Branchen den Preis dafür bezahlte. Allerdings nahmen die gefestigte Demokratie der Niederlande und das Rechtssystem keinen Schaden. Der »Ressourcenfluch« infizierte die Niederlande deswegen nur in seiner milden Form.

In Entwicklungsländern, in denen die Förderung von Öl, Gas und anderen Bodenschätzen den Großteil der Staatseinnahmen ausmacht, besteht die Gefahr, dass reine Rentenökonomien entstehen. Lizenzgebühren oder Steuern, die die Regierungen aus der Förderung von Rohstoffen beziehen, werden in der Volkswirtschaftslehre als Renten bezeichnet, die der Staat aus Besitz oder politischer Kontrolle der Ressourcen bezieht, ohne dafür investieren zu müssen. Diese scheinbar mühelos erzielten Einnahmen verführen zur hemmungslosen Bereicherung der politischen Eliten. Statt auf die langfristige Entwicklung der Wirtschaft und Infrastruktur zu setzen, wird ausschließlich in die Förderung von Öl und anderen Rohstoffen investiert. Weil die Regierung den zentralen Zugriff auf die Rohstoffeinnahmen hat, werden autoritäre und zentralistische Tendenzen gestärkt. Schließlich werden die Öleinnahmen nur noch für zwei Arten von Investitionen genutzt: die Villa am Genfer See und den polizeilichen Unterdrückungsapparat zu Hause.

Drei Negativbeispiele aus Afrika, Lateinamerika und Asien belegen diese These.

Ressourcenfluch konkret – Nigeria, Venezuela, Turkmenistan

Auf dem Höhepunkt des Ölbooms Mitte der siebziger Jahre und zum Zeitpunkt der ersten Ölkrise und steigender Preise wurde Nigeria schon als das Brasilien Afrikas gefeiert: Ein wirtschaftlich starkes, bevölkerungsreiches Land, das bald eine Schlüsselstellung auf dem afrikanischen Kontinent einnehmen werde. Darauf folgten fast 30 Jahre

Militärherrschaft, ethnische Konflikte und dauerhafter wirtschaftlicher Abstieg. Heute leben zwei Drittel der Nigerianer in Armut. In der Hauptstadt Lagos fällt regelmäßig der Strom aus. Benzin gibt es an den staatlichen Tankstellen nur unregelmäßig, obwohl Nigeria weiterhin der größte Ölexporteur Afrikas ist.

Nigeria hat nicht einfach nur Pech gehabt. Der plötzliche Ölreichtum kurz nach der Unabhängigkeit führte dazu, dass sich Politik und Wirtschaft des Landes ausschließlich auf die Aufteilung der Öleinnahme konzentrierten. Nigeria belegt seit Jahren in der von der internationalen Nichtregierungsorganisation Transparency International erstellten Liste einen Spitzenplatz als eines der korruptesten Länder der Welt. In der staatlichen Ölfördergesellschaft Nigerian National Petroleum Corporation herrschen Korruption und Ineffizienz. Die lukrativen Posten in der Ölwirtschaft werden nicht nach Befähigung, sondern nach politischer Gunst vergeben beziehungsweise schlicht und einfach an den Meistbietenden verkauft. Die Infrastruktur der staatlichen Ölindustrie zerfällt deswegen zusehends. Die Ölproduktion internationaler Großkonzerne im Nigerdelta erfolgt seit Jahren nur noch unter massivem Schutz der staatlichen Sicherheitskräfte. Die lokale Bevölkerung wehrt sich gegen Enteignung und die Zerstörung der Landwirtschaft und Fischerei durch massive Umweltverschmutzung sowie dagegen, dass die gesamten Öleinnahmen in die Taschen korrupter Beamter und Militärs fließen. Für die regionale Wirtschaftsentwicklung, für Schulen und Krankenhäuser bleibt nichts zurück.

International bekannt wurden die unhaltbaren Zustände im Nigerdelta, als der Schriftsteller Ken Saro-Wiwa und acht weitere Menschenrechtsaktivisten aus der Volksgruppe der Ogoni 1995 von der damaligen nigerianischen Militärjunta wegen angeblicher terroristischer Anschläge gegen Öltransportleitungen hingerichtet wurden. Saro-Wiwa hatte auch gegen die umweltzerstörende Förderpraxis der Firma Shell protestiert. Shell wiederum hatte sich geweigert, seinen erheblichen Einfluss für die Begnadigung der verurteilten Menschenrechtsaktivisten einzusetzen. Auch die Wandlung Nigerias von einer Militärdiktatur zur Demokratie beendete die ethnischen und sozialen Konflikte in den Ölfördergebieten nicht. Pipelines werden von lokalen Dorfgemeinschaften illegal angezapft. Dadurch kommt es häufig zu Unfällen und Explosionen mit erheblichen Menschenopfern. Aus Verbitterung über die ungleiche Verteilung des Ölreichtums kommt es häufig zu Sabotage und dadurch zu einer weiteren Gefährdung von Mensch und Natur. Seitdem mehrere Mitarbeiter internationaler Ölfirmen entführt und erst nach Zahlung hoher Lösegelder freigelassen wurden, verlegen die Ölmultis ihre Förderplattformen *offshore* vor die Küste des Landes. Auch wenn die Produktionskosten dort zwangsläufig höher werden, sind die Sicherheitskosten geringer. Shell und andere Ölmultis lassen ihre Anlagen außerdem schon lange nicht mehr von der nigerianischen Polizei, sondern von privaten Söldnertruppen bewachen. Dazu gehören internationale Sicherheitsfirmen wie Erinys International (www.erinysinternational.com), die vom Personenschutz und über die Terrorismusbekämpfung eine ganze Palette »besonderer Dienstleistungen« anbieten. Kleinere Firmen, die sich die teuren Wachdienste nicht leisten können, haben sich aus dem nigerianischen Ölgeschäft inzwischen zurückgezogen.

Nigeria sitzt auf einem Pulverfass, weil in den Zeiten der Militärdiktatur die radikalislamische Bewegung des Landes gewachsen ist. Al-Quaida und andere aus Arabien stammende Terrornetzwerke rekrutieren auch in Nigeria. Unter der Masse der jugendlichen Arbeitslosen und sozial Unzufriedenen finden ihre Thesen vom heiligen Krieg gegen den Westen und seine Demokratie immer mehr Zuspruch.

1999 wurde der ehemalige Luftwaffenoffizier Hugo Chavez erstmals zum Präsidenten Venezuelas gewählt. Seitdem geht es nach Einschätzung der amerikanischen NGO Freedom House, die einen weltweiten Index für die Einhaltung demokratischer Rechte entwickelt hat, mit der Demokratie in Venezuela bergab. Freedom House bemängelt, dass unter Chavez die Pressefreiheit und die Rechte von Oppositionsparteien, NGOs und Gewerkschaften massiv eingeschränkt wurden. Transparency International stuft Venezuela inzwischen auf Platz 130 seines globalen Korruptionsindex' ein, an exakt gleicher

Stelle wie Kirgisien und der Kongo. Trotzdem ist der venezolanische Präsident in seinem Land populär. Solange die Öleinnahmen steigen und staatliche Sozialprogramme damit finanziert werden können, bleibt die politische Situation stabil.

Schon einmal, nach der weltweiten Ölkrise 1973, waren die Einkünfte des Landes aus dem Erdölexport in die Höhe geschnellt. Die venezolanische Regierung nutzte die Einnahmen für großzügige staatliche Sozialleistungen, vernachlässigte aber die Entwicklung der Wirtschaft. Mit dem eklatanten Verfall des Ölpreises seit 1983 brachen diese Einkünfte jedoch weg. Da es keine Investitionen in andere Wirtschaftszweige gegeben hatte, die die drastisch sinkenden Erdöleinnahmen zu kompensieren vermochten, führte dies, gemeinsam mit den immer höher werdenden Auslandsschulden, zu einer anhaltenden Wirtschaftskrise.

Heute steigen die Ölpreise wieder, und Chavez ist dabei, denselben Fehler zu wiederholen. Außerdem kombiniert er eine paternalistische Sozialpolitik nach innen mit einer aggressiven, gegen die USA gerichteten Außenpolitik, mit der er die politischen Verhältnisse in Lateinamerika neu ordnen möchte.

Als die Opposition im Jahr 2002 versuchte, Chavez aus dem Amt zu putschen, war die Unterstützung durch die USA offensichtlich. Seitdem warnt Chavez die USA davor, sich in die inneren Angelegenheiten des Landes einzumischen, und droht damit, den Ölhahn zuzudrehen. Immerhin 15 Prozent der US-Importe kommen aus Venezuela.

Chavez nutzt seinen Ölreichtum außerdem dazu, linke und US-kritische politische Bewegungen in anderen lateinamerikanischen Nationen zu unterstützen. Mit seiner politischen Hilfe kam der neue bolivianische Staatspräsident Evo Morales an die Macht. In einer seiner ersten Amtshandlungen ließ Morales die bolivianische Gasindustrie verstaatlichen und durch Militär besetzen. Besonders aufgebracht darüber ist Boliviens Nachbarland Brasilien. Der staatliche brasilianische Energiekonzern Petrobras hatte massiv in Bolivien investiert. In Lateinamerika stehen sich seitdem zwei Entwicklungsmodelle gegenüber: Die sozialdemokratischen Regierungen Brasiliens und Chiles, die auf Demokratisierung nach innen und eine Integration ihrer Ökonomien in den Weltmarkt nach außen dringen, sowie das venezolanische Modell des Ressourcennationalismus und einer regionalen Blockbildung gegen die USA.

Von den ehemaligen Republiken der Sowjetunion haben nur wenige den Übergang zu Demokratien im westlichen Sinn geschafft. Eines der autoritärsten Länder der Welt und eine Diktatur der bizarreren Art ist das zentralasiatische Turkmenistan. Präsident Saparmurat Nijasow, ein ehemaliger Sowjetfunktionär, hat sich selbst zum »Turkmenbaschi«, dem Oberhaupt aller Turkmenen, aufgeschwungen. Er regiert nicht nur despotisch und absolut, sondern hat einen ausgeklügelten Kult um seine Person angeordnet. Denkmäler des Turkmenbaschi, teilweise vergoldet, finden sich überall. Sogar die Kalendermonate wurden umbenannt und heißen nun nach dem Präsidenten und seine Familienmitgliedern.

Turkmenistan gehört neben Nordkorea, Burma oder dem Sudan zu den repressivsten Diktaturen der Welt. Trotzdem halten sich die internationalen Proteste in Grenzen. Denn Turkmenistan sitzt auf den drittgrößten Erdgasreserven der Welt. Deshalb wird das Land von seinen Nachbarn hofiert. Die US-Menschenrechtsorganisation Freedom House berichtet, dass die 1,3 Milliarden Exporteinnahmen jährlich direkt in den Präsidialfonds von Diktator Nijasow fließen. China und Russland unterstützen die turkmenische Diktatur politisch und liefern dem Turkmenbaschi Waffen und Polizeiausrüstung für seinen Unterdrückungsapparat. Nach den Terroranschlägen des 11. September 2001 wurde das an Afghanistan grenzende Turkmenistan kurzfristig auch zum Bündnispartner der USA im Kampf gegen den Terror. Seitdem wird die demokratische Opposition im Land unter dem Banner des Kampfes gegen den angeblichen islamischen Terrorismus noch brutaler unterdrückt.

Der Export des turkmenischen Erdgases geht bisher über russische Pipelines nach Europa. Das billige turkmenische Gas subventioniert die Abnahmepreise für Weißrussland und die Ukraine. Über diese Subventionen, die jederzeit entzogen werden können, wahrt Russland seinen politischen Einfluss und kann damit drohen, die Regierungen in Kiew und Minsk zu destabilisieren. Auch Westeuropa und Deutschland beziehen turkmenisches Gas. Nach der für 2011 projektierten Fertigstellung der Nabucco-Pipeline, die Erdgas über den Knotenpunkt Türkei von Zentralasien nach Westeuropa bringen wird, soll der Anteil turkmenischen Erdgases für die EU nochmals steigen. Auch wenn der westliche Konsument den Unterschied nicht merkt – die Unterdrückung des turkmenischen Volkes wird auch mit Euro bezahlt.

Geheime Staatsaffäre

Öl und Wasser, Öl und Demokratie mischen sich schlecht. Das gilt nicht für die korrupten Despotien Zentralasiens oder die gescheiterten Staaten (»failed states«) Afrikas, sondern auch für vermeintlich gut funktionierende Demokratien der westlichen Welt.

Ein Musterbeispiel dafür ist der Korruptionsskandal um den staatlichen französischen Ölkonzern Elf Aquitaine, in dem auch die deutsche Bundesregierung eine unrühmliche Rolle spielte.

Nachdem sich im Ersten Weltkrieg der Zugang zu Öl und Benzin für die Kriegsflotte, Flugzeuge und Lastfahrzeuge als kriegsentscheidend erwiesen hatte, entschloss Frankreich sich zu einer nationalen Ölpolitik. Aus der Konkursmasse des untergegangenen Osmanischen Reichs sicherten sich die Franzosen eine lukrative Beteiligung an den Ölvorkommen Mesopotamiens. Bis zum Vorabend des Zweiten Weltkriegs stammten 40 Prozent des französischen Ölverbrauchs aus dem Irak. Eigene Vorkommen wurden in der südfranzösischen Region Aquitanien entdeckt. Aus einer Reihe von Vorläufergesellschaften gründete die französische Regierung schließlich 1976 den Ölkonzern Elf Aquitaine. Das Logo des Elf-Konzerns, das noch heute über den Tankstellen der Firma zu sehen ist, setzt sich zusammen aus einem stilisierten Bohrmeissel und der französischen Flagge. Elf fungierte von Anfang an auch als Instrument französischer Industrie- und Außenpolitik.

Bereits in den sechziger Jahren berichteten französische Medien darüber, dass Elf Aquitaine Bestechungsgelder an afrikanische Politiker zahlte. Dabei ging es um den Zugang zu nationalen Förder- und Vertriebsrechten, aber auch um weitere Ziele der französischen Afrikapolitik. Der staatliche Ölkonzern bot der Regierung in Paris die ideale Tarnung und die finanziellen Ressourcen für politische Operationen im Interessengebiet Frankreichs in Afrika. Dabei fungierte die Firma als eine Art Nachrichtendienst über die wirtschaftliche und politische Lage in den ehemaligen Kolonien. Über Elf kanalisierte Mittel wurden sowohl dafür genutzt, die Wahlkämpfe frankreichfreundlicher Politiker zu finanzieren, als auch Waffen für auf der Seite Frankreichs stehende Bürgerkriegsparteien und Milizen zu besorgen. Mit der Hilfe von Omar Bongo, dem Präsidenten des Gabun, erhielt Frankreich sogar Zugang in das Innere des Erdölkartells OPEC. Die Bestechungsgelder an Bongo und seine Familie zahlten sich durch sprichwörtlich unbezahlbare Informationen aus den internen Preisverhandlungen der OPEC aus.

Was Elf in den sechziger bis achtziger Jahren vorexerzierte, liest sich heute wie ein Drehbuch für das hemdsärmlige Vorgehen der Chinesen auf den afrikanischen Ölmärkten. US-amerikanische und andere westliche Ölkonzerne haben sich nicht grundlegend anders verhalten. Insofern hat die Kritik des Westens an Chinas Investitionen in den Ölreichtum afrikanischer Diktaturen wie des Sudan einen schalen Beigeschmack.

In Deutschland erwarb Elf Aquitaine nach der Wende unter bisher nicht vollständig geklärten Umständen die Leuna-Werke im ostdeutschen Chemiedreieck. Als lukratives Zusatzgeschäft durfte Elf außerdem die ostdeutsche Tankstellenkette Minol erwerben. Dabei sollen Bestechungsmittel an die sozialistische Partei des französischen Präsidenten Mitterand und an die deutsche CDU geflossen sein. Möglicherweise finanzierte die CDU mit den Mitteln von Elf ihren siegreichen Bundestagswahlkampf 1990. Die Rolle des ehemaligen Bundeskanzlers Helmut Kohl in der Affäre ist ungeklärt. Jedenfalls kostete der Erwerb der Leuna-Werke und die Sanierung des ökologisch verseuchten Chemiestandortes den deutschen Steuerzahler Milliarden an Subventionen. Hintergrund dafür war, dass Kohl im

Wahlkampf versprochen hatte, das Herzstück des ostdeutschen Chemiedreiecks, die Leuna-Werke, in jedem Fall am Leben zu erhalten.

Dabei wurde mit den Geldern aus der Firmenkasse nicht immer sorgfältig umgegangen. Erkleckliche Beträge landeten auch in den Taschen französischer Politiker und Mittelsmänner in der Wirtschaft. Beschrieben und karikiert wird das Phänomen Elf in Claude Chabrols Sittenkomödie »Geheime Staatsaffäre«. Isabelle Huppert spielt darin eine Ermittlungsrichterin, die dem wahren Vorbild von Eva Joly nachempfunden ist, die Ende der neunziger Jahre die Schmiergeldskandale um Elf aufdeckte.

1991 wurde Elf Aquitaine erstmals an internationalen Börsen gehandelt. Im Jahr 2000 fusionierte die Firma schließlich mit dem anderen großen Ölkonzern Frankreichs zu dem Unternehmen Total FinaElf. Auch wenn der Einfluss des französischen Staates über dieses neue Unternehmen nicht mehr absolut ist, so war – und ist – es das Ziel der Fusion zu einem homogenen französischen Ölriesen, im internationalen Wettbewerb ein schlagkräftiges Instrument französischer Industrie- und Außenpolitik zu behalten.

Investieren für die Zukunft

Nicht alle Staaten, die durch Öl zu Geld gekommen sind, verschleudern ihren Reichtum und nehmen den Abstieg in diktatorische Verhältnisse. Norwegen ist der einzige Nettoölexporteur Westeuropas. Das Land hat seine Öleinnahmen in einem Investitionsfonds angelegt und teilweise in alternative Energien für die Zukunft wie Wind und Wasserkraft investiert. Im US-Bundesstaat Alaska wird neben einem Zukunftsfonds, der die Staatsausgaben auch noch nach Abklingen der Öleinnahmen sichern soll, eine staatliche Grundsicherung an alle Bürger ausgezahlt. Norwegen und die USA, genauso wie die Niederlande vor dem Ausbruch der Holländischen Krankheit, waren schon Demokratien, bevor bei ihnen Öl gefunden wurde. Auch wenn die Ölförderung in Alaska zu massiven Umweltschäden, vom Tankerunglück der Exxon Valdez bis zur Zerstörung der Weidegründe der

Karibuherden, geführt hat, so wurde zumindest über die Verwendung der staatlichen Einnahmen im Parlament entschieden. Das Modell der Zukunftsfonds, mit dem die einmalig erzielten Rohstoffrenten auch zukünftigen Generationen zugute kommen, wurde auch in der afrikanischen Nation Botswana angewandt. Botswana besitzt kein Öl, aber Diamanten. Und Botswana ist eine der ältesten und stabilsten Demokratien auf dem afrikanischen Kontinent.

Von der Konkurrenz zur Kooperation

Die Konkurrenz um Ressourcen kann Konflikte schaffen. Sie kann aber auch als Anreiz dienen, diese Konflikte durch gemeinsames Ressourcenmanagement kooperativ zu lösen. Die Umwelt- und Sicherheitsinitiative der Organisation für Sicherheit und Zusammenarbeit in Europa (OSZE) und des Umweltprogramms der Vereinten Nationen (UNEP) sammeln erfolgreiche Fälle von Ressourcenmanagement, die zu Sicherheit und Stabilität beigetragen haben, um die gewonnenen Erfahrungen auf andere Krisenherde zu übertragen. Zwei Regionen, in denen Deutschland sich aktiv um die zivile Prävention von Ressourcenkrisen bemüht, sind der südliche Kaukasus und das Altaigebirge.

Das Altaigebirge findet sich im Vierländereck von Russland, China, Kasachstan und der Mongolei. Bei seinem Besuch in Peking im Frühjahr 2006 kündigte der russische Präsident Putin an, eine neue Gaspipeline über den kurzen russisch-chinesischen Grenzabschnitt von den westsibirischen Gasfeldern nach China zu führen. Diese Entscheidung birgt in dreierlei Hinsicht Konfliktpotenzial. Erstens würde damit erstmals Gas aus den westsibirischen Feldern, die bis dato ausschließlich Europa beliefern, Richtung Osten abgezweigt. Russland würde damit seine Drohung wahr machen, Europäer und Asiaten auf dem Gasmarkt gegeneinander auszuspielen. Zweitens würde die Pipeline als größtes Wirtschaftsprojekt der Region die beiden Anrainerstaaten Kasachstan und Mongolei umgehen. Beide Nachbarn würden weder von den Investitionen und Arbeitsplätzen noch von einem Anschluss an die neue Gasversorgungsleitung profitieren. In dieser Hinsicht ähnelt der Konflikt dem Streit um die Ostseepipeline, die auf dem Weg von Russland nach Deutschland die baltischen Staaten und Polen sprichwörtlich links liegen lässt. Schließlich würde das Pipelineprojekt ein bedeutendes Naturschutzgebiet im Altaigebirge durchschneiden.

Genau dort setzt ein Modellprojekt des deutschen Bundesamts für Naturschutz (BfN) an. Das BfN versucht seit Jahren, in Verhandlungen mit den vier Anrainerstaaten einen grenzüberschreitenden Biosphärenpark zu schaffen. Ziel ist, die wichtigsten Naturschätze des Altai zu bewahren, aber gleichzeitig dieser armen und unterentwickelten Region durch naturnahe Nutzung und Ökotourismus eine wirtschaftliche Perspektive zu bieten. Dahinter steht die Idee, durch grenzüberschreitende Zusammenarbeit in Naturschutzfragen eine darüber hinausreichende Kultur der Kooperation zwischen den vier Nachbarländern zu schaffen. Ziel ist eine stärkere regionale Zusammenarbeit und damit politische Stabilität. Auch wenn das chinesisch-russische Pipelineprojekt erst einmal für Nervosität und zusätzliche Spannungen sorgt, so könnte es doch so konzipiert werden, dass alle benachbarten Länder davon profitieren. So könnte eine Verlegung der Trasse, eventuell durch einen der beiden Nachbarstaaten, für einen naturverträglicheren Verlauf des Großprojekts sorgen. Durch abzweigende Versorgungsstränge könnte die Region mit dem relativ umweltfreundlichen Erdgas versorgt werden. Der gemeinsame Planungsprozess würde nicht nur die Umwelt- und Planungsbehörden, sondern auch die politischen Entscheidungsträger auf allen Seiten des Vierländerecks näher zueinander bringen. Schließlich müssen alle beteiligten Länder zukünftig auch in anderen Politikbereichen, beispielsweise beim Schutz der neuen Gaspipeline vor terroristischen Anschlägen, miteinander kooperieren.

Ein weiterer Krisenherd, in dem umwelt-, energie- und sicherheitspolitische Interessen zusammenstoßen, ist der südliche Kaukasus. Die drei ehemaligen Sowjetrepubliken Georgien, Armenien und Aserbaidschan teilen zwar weder Sprache noch Kultur, haben aber alle mit denselben Problemen zu kämpfen. Die Region liegt zwischen den rivalisierenden Mächten Russland, Türkei und Iran. Alle drei Länder haben es mit Minderheitenproblemen und sezessionistischen Bewegungen zu tun. Die wirtschaftliche Situation hat sich seit dem Zusammenbruch der Sowjetunion dramatisch verschlechtert, der erhoffte Beitritt zur Europäischen Union rückt deswegen in immer weitere Ferne. Der schwerste Konflikt in der Region ist der Streit zwischen Armenien und Aserbaidschan um die Bergregion Nagorno-Karabach. Beide Länder stehen sich unversöhnlich gegenüber, seitdem Armenien diese Region Anfang der neunziger Jahre durch einen blutigen Feldzug besetzte. Eines der wenigen hoffnungsvollen Zeichen ist die Zusammenarbeit von acht Bergdörfern auf beiden Seiten der Grenze unter dem Zeichen des Naturschutzes und der nachhaltigen Entwicklung. Angestoßen wurde dieses Projekt vom deutschen Umweltministerium nach dem Vorbild der Alpenkonvention, die Schutz und Nutzung unter der Vielzahl der Alpenländer regelt. Besondere Brisanz gewinnt diese grenzüberschreitende Zusammenarbeit in einer anscheinend abgelegenen Region dadurch, dass der südliche Kaukasus als Transitgebiet für Energie wieder in den Mittelpunkt geopolitischer Aufmerksamkeit rückt.

Die am 13. Juli 2006 feierlich in Betrieb genommene Baku-Tiflis-Ceyhan (BTC) Pipeline ist das größte Energieinfrastrukturprojekt des beginnenden 21. Jahrhunderts. Mit ihr möchte die Türkei zur Energiedrehscheibe zwischen Europa, Nahost und Zentralasien werden. Weitere Projekte, die Öl und Gas aus diesen Regionen – und an Russland vorbei – Richtung Europa pumpen, sind in Planung.

Mit der BTC-Pipeline wird Öl aus dem aserbaidschanischen Ölhafen Baku über das georgische Tiflis bis zum türkischen Mittelmeerhafen Ceyhan gepumpt. Bemerkenswert an diesem Drei-Länder-Projekt, hinter dem übrigens im Wesentlichen amerikanische Wirtschaftsinteressen stehen, ist, wer nicht dabei sein darf. Die Pipeline geht nicht nur an Amerikas geostrategischen Gegnern Russland und Iran vorbei, sondern auch an Armenien, das sowohl mit Aserbaidschan wie mit der Türkei im Clinch liegt. Selbst wenn die Pipeline also drei Länder wirtschaftlich und politisch aneinander bindet, schließt sie doch drei weitere aus.

Auch ökologisch und sozial ist der gewählte Trassenverlauf nicht unproblematisch. Der Kaukasus und der Norden der Türkei gehören zu den seismisch aktivsten Gebieten der Welt. Im Fall eines größeren Erdbebens besteht die Gefahr eines Pipelinebruchs und einer Umweltkatastrophe durch austretendes Öl. Niemand weiß, wie lange die Reparaturarbeiten im unwegsamen Gelände des Kaukasus dauern würden und ob ein solches Beben nicht auch die letzten Versorgungswege verschütten und zerstören würde. Dasselbe Problem stellt sich natürlich im Fall eines terroristischen Angriffs.

Die Pipeline durchschneidet einen der wichtigsten Nationalparks des Kaukasus, eine der artenreichsten Regionen der Welt. So gehört der Kaukasus zu den – nach einem russischen Biologen benannten – Wawilow'schen Zentren, aus denen die gesamte Artenvielfalt der Welt hervorgeht. Auf dem Gebiet des georgischen Borjomi-Nationalparks liegt auch der wichtigste Trinkwasser-Aquifer des Landes. Wasser aus Borjomi versorgt nicht nur die Hauptstadt Tiflis, sondern gehört auch zu den wichtigen Exportprodukten Georgiens. Zukünftig hieße es dann »Öl statt Wasser«.

Der südliche Kaukasus ist eine der labilsten Krisenregionen der Welt. Die Gewinne aus dem Pipelinebau sind ausgesprochen ungleich verteilt. Während Baku zur glitzernden Ölmetropole heranwächst, herrschen in den Bergregionen Aserbaidschans weiterhin Arbeitslosigkeit und Armut.

Das Kooperationsprojekt des Bundesumweltministeriums in der armenisch-aserbaidschanischen Grenzregion ist also eines der wenigen Hoffnungszeichen in einer Region, in der die Zeichen ansonsten auf Konflikt stehen. Grenzüberschreitendes Ressourcenmanagement und gemeinsame wirtschaftliche Regionalentwicklung müssen gerade deswegen im Mittelpunkt der zukünftigen Politik stehen. Sonst führt die gefährliche Mischung, die sich im südlichen Kaukasus aus Großmachtkonkurrenz, ethnischen Konflikten, wirtschaftlicher Unterentwicklung und Petronationalismus zusammenbraut, bald zu einer politischen Explosion wie Mitte der neunziger Jahre auf dem Balkan.

Die Umweltfriedensmacher

Nicht nur staatliche Akteure, sondern auch NGOs und die Organisationen indigener Völker tragen zu kooperativen Lösungen von Ressourcenkonflikten bei.

Eine der innovativsten zwischenstaatlichen Organisationen ist der Arktische Rat (Arctic Council). Seine Mitglieder sind nicht nur die Anrainerstaaten der Arktis, sondern auch Vertreter der indigenen Völker, die den hohen Norden bewohnen und naturverträglich genutzt haben, noch bevor in dieser Region staatliche Grenzen existierten. Der neue Wettlauf um die letzten Öl- und Gasressourcen hat auch die Arktis erreicht. Für Inuit, Samen, Lappen und die indigenen Einwohner Sibiriens bedeutet der neue Ölboom im Norden nicht nur eine Kolonisierung ihrer Heimat durch internationale Öl- und Gaskonzerne, sondern auch die Bedrohung ihrer Lebensgrundlage durch Verschmutzung von Luft, Wasser und die Schädigung der fragilen einheimischen Tier- und Pflanzenwelt. Die Bewohner der Arktis gehören auch zu den ersten, die den weltweiten Klimawandel nicht nur aus Zeitung und Fernsehreportagen, sondern hautnah erleben. Eisfischen nach Seehunden ist nicht mehr möglich, weil das Eis vor den arktischen Küsten verschwindet. Zur Jahrtausendwende taute der Nordpol im Sommer erstmals vollständig auf. Die Schifffahrtsrinnen nördlich Sibiriens und Kanadas sind demnächst ganzjährig befahrbar. Dem Transport von Öl und Flüssiggas auf den Weltmarkt steht damit nichts mehr im Weg. Der Arktische Rat und sein Beirat für indigene Völker verstehen sich als Mahner und erste Zeugen der Klimakatastrophe, die auf lange Sicht die Lebenswelt der ganzen Menschheit zu verändern droht. Wie der Kanarienvogel im Käfig früher die Bergleute vor austretendem Grubengas warnte, so sind die Inuit die ersten, die uns die reale Bedrohung des Klimawandel so zeigen können, wie er jenseits von statistischen Berechnungen und bunten Grafiken in der wirklichen Welt aussieht.

Neben den Organisationen der indigenen Völker und den Interessengruppen ethnischer Minderheiten, die nicht nur in der Arktis, sondern auch auf Sachalin, am Baikalsee, in Tibet und im Nigerdelta auf die sozialen und ökologischen Zerstörungen der Rohstoffausbeutung hinweisen, sind es die weltweit agierenden Nichtregierungsorganisationen, die am meisten zur Aufklärung und damit zum Umsteuern beitragen.

So durchleuchtet die Organisation Bankwatch die Kreditvergabe internationaler Großbanken, wie der Weltbank und der Europäischen Entwicklungsbank EBRD. Von 1992 bis 2005 gab die Weltbank elf Milliarden US-Dollar für Projekte zur Förderung fossiler Energien aus, davon vier Milliarden für die Ausweitung der Ölförderung. 80 Prozent dieser Weltbankgelder gingen in Projekte, die den Export fossiler Energieträger aus Entwicklungs- in Industrieländer befördern und damit die gegenseitige Abhängigkeit vom Suchtmittel Öl weiter verstärken. Auch die EBRD steckte in den vergangenen Jahren einen großen Teil ihrer Kredite in Öl- und Gasprojekte. Da Weltbank- und EBRD-Kredite für Privatbanken das politische Risiko reduzieren, haben sie oft eine Pilotfunktion, die weitere Mittel aus den privaten Geldmärkten anzieht. NGOs wie Bankwatch kritisieren seit Langem, dass der Großteil der energiepolitischen Projekte internationaler Entwicklungsbanken in Kohle, Öl und Gas statt in zukunftsfähige erneuerbare Energien oder in Energiesparprojekte und den Aufbau einer modernen, umweltfreundlichen Energieversorgungsstruktur in Entwicklungsländern geht. Auch der Extractive Industries Review, eine von der Weltbank Ende der neunziger Jahre in Auftrag gegebene interne Studie über ihre Projekte im Bereich der Rohstoffförderung, kam vor einigen Jahren zu dem Schluss, dass die Förderung fossiler Energieprojekte nicht zu langfristigen Entwicklungserfolgen führe und deshalb nicht mehr sinnvoll sei. Die Expertengruppe empfahl der Bank ein Moratorium der Förderung für den Kohleabbau und den Ausstieg aus Erdölprojekten. Die Anteilseigner der Weltbank, die gerade mit diesen Projekten gute Geschäfte machen, weigern sich aber bisher, die Empfehlungen des Extractive Industries Review umzusetzen. Im Vorstand der Weltbank sitzen mehrheitlich ihre größten Anteilseigener, also westliche Industrieländer wie die USA, Japan oder Deutschland. Auch die Kunden der Bank, die Regierungen der Entwicklungsländer, bestehen oftmals auf Ressourcenförderungsprojekten im alten Stil. Dabei stellt sich die Frage, ob die Politiker und hohen Beamten, die in manchen Entwicklungsländern über solche Projekte entscheiden, die Interessen ihres Landes oder ihr eigenes Bankkonto im Auge haben.

Die deutsche NGO Urgewald ist nur eine von vielen, die durch gewissenhafte Recherche aufdecken, welche finanziellen Interessen hinter einzelnen Großprojekten stehen und wie die ökologischen und sozialen Folgen der Rohstoffausbeutung vertuscht werden. Das oben erwähnte Beispiel der Ölbohrungen von Lukoil vor der Kurischen Nehrung ist nur einer der Skandale, den Urgewald aufgedeckt und in die Medien gebracht hat. International vernetzte und professionell organisierte Umweltorganisationen arbeiten dabei mit lokalen Partnern zusammen und stärken diese im Kampf gegen übermächtige wirtschaftliche und politische Interessen. So unterstützt der japanische Zweig der weltweit agierenden Umweltorganisation Friends of the Earth – deutscher Zweig ist der Bund für Umwelt- und Naturschutz Deutschland (BUND) – lokale Umweltinitiativen auf Sachalin, in Indonesien und auf den Philippinen und schaut gleichzeitig japanischen und anderen internationalen Ölkonzernen auf die Finger.

Einer der wichtigsten Schritte auf dem Weg zu einer demokratischen Entscheidung über Ressourcenpolitik ist die Schaffung von Transparenz. So hat das Open Society Institute des ehemaligen Großspekulanten und heutigen Philanthropen George Soros die Initiative »Publish What You Pay« ins Leben gerufen. Sie fordert von allen Ölfirmen weltweit die Offenlegung ihrer Zahlungen an die Regierungen in den Ländern, in denen sie aktiv sind. Die vom britischen Premierminister Tony Blair auf dem Johannesburger Weltgipfel für Nachhaltige Entwicklung 2002 vorgestellte Extractive Industries Transparency Initiative (EITI) möchte Regierungen, Unternehmen und Zivilgesellschaften bei der Umsetzung von Großprojekten an einen Tisch bringen. Gesucht werden sollen »Win-Win-Situationen«, bei denen alle Seiten von den geplanten Großprojekten profitieren. Auch die Weltbank durchleuchtet inzwischen ihr Kreditgeschäft im Öl-, Gas- und Bergbausektor im Rahmen ihres »Extractive Industries Review«. Ein Bericht des ehemaligen indonesischen Umweltministers

Emil Salim an die Bank fordert sogar, bis zum Jahr 2008 ganz aus der Förderung fossiler Energieprojekte auszusteigen und das Gros der Mittel an Projekte der Energieeffizienz und erneuerbaren Energien zu geben. Transparenz ist also ein unerlässlicher Schritt auf dem Weg zu einer Demokratisierung unserer Energiepolitik, auch wenn sie ein grundsätzliches Umsteuern hin zu umweltfreundlichen und erneuerbaren Energiequellen nicht ersetzt.

Entwicklung als Freiheit

Einer der Vordenker der Globalisierungsdebatte und ein entschiedener Anwalt einer demokratischen Wirtschaftsordnung ist der indischstämmige Wirtschaftswissenschaftler Amartya Sen, der an der Harvard Universität lehrt. 1998 erhielt er den Nobelpreis für Wirtschaftswissenschaften für seine Arbeiten zur Wohlfahrtsökonomie und zur Theorie der wirtschaftlichen Entwicklung. In seinem Buch »Ökonomie für den Menschen« setzt Sen die menschliche Freiheit in das Zentrum wirtschaftlicher Entwicklung. Freiheit, Gerechtigkeit und Demokratie machen nach seiner Auffassung wirtschaftliche Entwicklung und die Bekämpfung von Armut erst möglich. Dort, wo Freiheit zugunsten der wirtschaftlichen Entwicklung eingeschränkt wird, so wie beispielsweise im heutigen China, nehmen politische und sozialen Widersprüche zu, und auch die wirtschaftliche Entwicklung stößt letztendlich an ihre Grenzen. Die politische Antwort auf den Ressourcenfluch heißt deshalb, Freiheit und Demokratie zu stärken.

KAPITEL 7

AUSWEGE AUS DER ABHÄNGIGKEIT – SONNE ODER ATOM?

Die Internationale Energieagentur schreibt in ihrem World Energy Outlook 2006: Die Fortsetzung der bisherigen energiepolitischen Trends ist teuer, schadet der Umwelt und gefährdet die Sicherheit. Sie beklagt die Abhängigkeit von fossilen Energieträgern, die wachsende Marktmacht weniger energieexportierender Länder und das Risiko des Klimawandels. Was aber sind die Alternativen: Ist die Welt reif für eine Wiederentdeckung der Kernenergie? Oder können erneuerbare Energien wie Sonne, Wind und Biomasse den wachsenden Energiehunger der Welt stillen?

Flucht in die Atomenergie

Seit einigen Jahren erlebt die Atomenergie einen neuen Aufschwung. Nach Angaben der Internationalen Atomenergieorganisation (IAEO) betrieben Ende des Jahres 2005 30 Länder insgesamt 443 kommerzielle Reaktoren. Damit wurden nur fünf Prozent des weltweiten Energieverbrauchs, aber immerhin 16 Prozent der genutzten Elektrizität abgedeckt. Die große Mehrheit der AKWs wird in den traditionellen Industrieländern betrieben (USA 104, Frankreich 59, Japan 55, Russland 31, Großbritannien 23, Deutschland 18). Südkorea besitzt bisher 20 AKWs, Indien 15 und China neun. In den ost- und südasiatischen Ländern liegt daher das größte Wachstumspotenzial für die Nutzung der Atomenergie. Die IAEO schätzt, dass sich »angesichts der wachsenden Weltbevölkerung, des Nachholbedarfs in Entwicklungsländern und der Notwendigkeit des Klimaschutzes« die weltweite Nuklearkapazität bei entsprechender Förderung bis 2050 vervierfachen könnte.

Erst war es die Angst vor dem Klimawandel, die einige Regierungen dazu bewog, wieder auf die CO_2-freie Energiequelle Atomkraft zu setzen. Dabei ist es streng genommen nicht wahr, dass bei der Atomkraftnutzung kein CO_2 entsteht. So ist die Förderung von Uran, des Brennstoffs, mit dem noch immer die meisten AKWs betrieben werden, extrem energieaufwändig. Eingesetzt werden dafür meistens mit Öl betriebene Bergbaumaschinen. Auch der Bau der Kraftwerke sowie Transport und Lagerung atomarer Abfälle beeinflussen die Energiebilanz der Atomenergie negativ. Der Energieinput, der für die Errichtung von Anlagen zur Förderung erneuerbarer Energien notwendig ist, ist deutlich niedriger.

In den vergangenen Jahren hat jedoch das Argument der Energiesicherheit an Bedeutung gewonnen. Außerdem sind die Preise für fossile Energien sprunghaft gestiegen und drohen auch zukünftig weiter anzusteigen. Dadurch wird die teure Atomenergie wirtschaftlicher, als sie es bei niedrigen Ölpreisen in den achtziger und neunziger Jahren war. Strom aus Atomkraft kann grundsätzlich Strom aus fossilen Energien wie Kohle, Öl und Gas ersetzen. Atomkraftwerke können auch thermische Energie, also Wärme für den Betrieb industrieller Anlagen und für Heizzwecke, erzeugen. Langfristig wird sogar spekuliert, dass Atomenergie zur Wasserstoffhydrolyse und damit zur Treibstofferzeugung eingesetzt werden könnte. Ob die Wasserstofftechnologie die bestehenden technologischen Hürden überwinden wird und damit den Treibstoff der Zukunft bereitstellen kann, steht aber noch in den Sternen.

Die Angst vieler Länder vor energiepolitischer Abhängigkeit muss ernst genommen werden. Vor allem die Staaten Osteuropas, Ost- und Südasiens setzen auf den Ausbau der Atomenergie, um die Abhängigkeit vom Import fossiler Energieträger zu verringern.

Nach dem Reaktorunfall von Tschernobyl und den gleichzeitig einsetzenden politischen Veränderungen im sowjetischen Block kamen die meisten Atomprogramme Mittel- und Osteuropas zum Stillstand. Heute haben oft dieselben Technokraten in den Energieministerien ihre Position wieder gefestigt und verfolgen ihre alten Projekte weiter. Als wichtigstes Argument für den Ausbau der nationalen Atomprogramme wird immer wieder die Unabhängigkeit von Energieimporten aus Russland genannt.

So planen die drei baltischen Staaten ein gemeinsames Atomkraftwerk, um von russischen Gasimporten unabhängiger zu werden. Das neue baltische AKW soll im litauischen Ignalina errichtet werden, am Standort eines alten Reaktors sowjetischer Bauart, der auf Forderung der EU stillgelegt werden muss. Dabei könnten die baltischen Staaten auch aus den anderen EU-Ländern mit Strom und Gas versorgt werden, wenn die transeuropäischen Energienetze schon entsprechend ausgebaut wären. In einem solchen einheitlichen europäischen Versorgungsgebiet käme der Strom aus unterschiedlichen Quellen und würde das Gas nicht nur aus Russland, sondern auch aus Norwegen oder Nordafrika importiert werden. Die Errichtung grenzüberschreitender Leitungssysteme über Polen ins Baltikum wäre sicherlich kurzfristiger und kostengünstiger zu realisieren als der Neubau eines AKW bei Ignalina.

Auch andere osteuropäische Länder wollen an der Atomkraft festhalten, um sich nicht in eine einseitige Abhängigkeit von Energieimporten aus Russland zu begeben. Bulgarien, das sich verpflichtet hat, sein einziges AKW nach dem EU-Beitritt stillzulegen, möchte diese Entscheidung rückgängig machen. Inzwischen hat eine Protestbewegung mehrere Hunderttausend Unterschriften für die Beibehaltung des bulgarischen AKWs in Kosloduj gesammelt. Armenien, dessen Stromerzeugung fast vollständig aus dem einzigen AKW des Landes stammt, möchte seinen störanfälligen Reaktor durch einen Neubau an derselben Stelle ersetzen. Das Problem dabei ist, dass Armeniens AKW auf einer Erdbebenspalte gebaut wurde, in dem kleinen Land aber keine alternativen Standorte zur Verfügung stehen.

Auch Finnland, das einzige westeuropäische Land, das zurzeit ein neues AKW errichtet, begründet das Projekt mit seiner hohen Importabhängigkeit aus Russland. Wie alle diese Beispiele zeigen, wird in den meisten Ländern nicht mit wirtschaftlichen oder technologischen Argumenten für die Beibehaltung oder den Ausbau der Atomenergie argumentiert, sondern mit dem Wunsch nach politischer

Unabhängigkeit. Wenn es den Europäern zukünftig also gelingt, das Verhältnis zu Russland verlässlicher zu gestalten und gleichzeitig die Abhängigkeit ihrer Volkswirtschaften vom Erdgas durch eine vernünftige Diversifizierungsstrategie und den Einsatz erneuerbarer Energien zu vermindern, so würde ein wichtiges Argument für die Beibehaltung der Atomenergie wegfallen.

Bedeutender als die verhältnismäßig bescheidenen Atomprogramme der europäischen Staaten sind die Planungen einiger großer Schwellenländer. Indien, China und Brasilien haben ihre Atomprogramme bereits vor Jahrzehnten beschlossen, aber nur ansatzweise realisiert, sodass der Anteil der Atomkraft an ihrer Stromerzeugung vergleichsweise gering ist. So deckt die Atomkraft in China bisher nur ein Prozent des Primärenergiebedarfs. Trotzdem möchte China nicht allein vom Öl- und Gasimport abhängig sein und den Anteil der Atomkraft mindestens vervierfachen. Auch Indien setzt auf den Bau von Atomkraftwerken, um seine Importabhängigkeit zu verringern. Der Ausbau des indischen Atomprogramms war ins Stocken geraten, weil der Westen nach dem indischen Atomwaffentest Ende der neunziger Jahre ein Embargo für moderne Nukleartechnik und den Uranimport verhängt hatte. Jetzt soll das Embargo auf Initiative der USA aufgehoben werden. Die US-Regierung argumentiert mit dem wichtigen Beitrag, den die Atomenergie zur Entwicklung der indischen Wirtschaft, zum Klimaschutz – und sicher auch für die Kassen der amerikanischen Exportwirtschaft – leisten kann. Die Weiterführung des indischen Atomwaffenprogramms und damit die Gefahr eines nuklearen Wettlaufs in der Region werden offenbar billigend in Kauf genommen. So kündigte Chinas Regierung Ende 2006 an, seine atompolitische Kooperation mit Indiens Nachbarn und Rivalen Pakistan auszubauen. Hinter dem regionalen atomaren Wettlauf zwischen Indien und Pakistan stünden somit die Großmächte USA und China.

Südkorea, der zweitgrößte Kohle- und drittgrößte Ölimporteur der Welt, setzt auf den Bau zusätzlicher AKWs, um seinen Energiebedarf zu stillen. Vier weitere Leichtwasserreaktoren sollen bis 2017 den Atomstromanteil Südkoreas von 40 auf 60 Prozent erhöhen. Südkorea besitzt eine große Antiatombewegung, die Angst davor hat, dass eines der südkoreanischen AKWs zum Ziel eines Raketenangriffs aus dem kommunistischen Norden wird. Aber seitdem die einstmals atomkritische demokratische Bewegung des Landes die frühere Militärdiktatur abgelöst hat und selbst an der Macht ist, wiegt das Argument der energiepolitischen Unabhängigkeit von übermächtigen Nachbarn wie Russland und China schwerer als die Angst vor dem atomaren GAU. Für Südkorea, aber auch für den Inselstaat Taiwan zählt vor allem die Sorge um eine Unterbrechung der Öl- und Gasimportrouten. Beide Länder sind bei ihren Ölimporten zu 100 Prozent vom Nahen Osten abhängig, wobei der Import fast ausschließlich auf dem Seeweg erfolgt. Die Tankerrouten entlang der chinesischen Küste könnten bei jedem Konflikt zwischen China und Taiwan beziehungsweise den USA, blockiert oder durch kriegerische Handlungen unterbrochen werden.

Japan wiederum kündigte nach der Kioto-Konferenz an, sein CO_2-Einsparziel durch den Bau von 20 neuen AKWs zu erreichen. Inzwischen wurden diese Pläne revidiert. Es sind nur noch – oder immerhin – zwölf neue Reaktoren geplant.

Die Beherrschung der Atomenergie gilt in vielen Entwicklungsländern immer noch als Krone des technischen Fortschritts und als Frage des nationalen Prestiges. Doch Staaten, die auf Atomenergie setzen, begeben sich in eine gefährliche politische und wirtschaftliche Abhängigkeit. So wenig wie bei Öl und Gas handelt es sich bei der Atomkraft um eine einheimische Energiequelle. Nur wenige Länder und Firmen sind heute in der Lage, moderne Atomanlagen zu errichten und ordnungsgemäß zu warten. Um den sich in Ost- und Südasien entwickelnden Markt konkurrieren derzeit vor allem die Atomexporteure Russland, Japan, USA und Frankreich. Der internationale Handel mit Atomtechnologie ist außerdem strikt reglementiert. Wie das indische Beispiel zeigt, kann ein Embargo sensibler Technologie oder des Nuklearbrennstoffs Uran das Atomprogramm eines der größten Länder der Welt zum Stillstand bringen. Länder, die – wie der Iran – versuchen, auf Umwegen an moderne Atomtechnologie heranzukommen, müssen jahrelange Verzögerungen ihrer Pläne in Kauf nehmen. Im Fall des Iran könnten internationale Sanktionen, die weit über den Energiesektor hinausreichen, hinzukommen.

Der Brennstoff für konventionelle Atomkraftwerke, Uran, ist ebenfalls eine knapper werdende Ressource. Die wenigsten Länder besitzen eigene Uranvorräte. Obwohl Uran langfristig gelagert werden kann, reichen die bisher bekannten Vorräte nur noch wenige Jahrzehnte. Im Jahr 2004 lag die weltweite jährliche Bergbauförderung von Uran bei 40.000 Tonnen; verbraucht wurden jedoch 68.000 Tonnen. Der Fehlbedarf wurde bisher aus militärischen Lagerbeständen gedeckt, die jedoch irgendwann aufgebraucht sein werden. Durch die nukleare Wiederaufbereitung oder so genannte »Schnelle Brüter« können atomare Brennstäbe gewissermaßen recycelt und danach wieder verwendet werden. Dabei fallen jedoch atomwaffenfähige Materialien an, und das Proliferationsrisiko steigt. Die Brütertechnologie ist zudem schwer zu beherrschen. Deutschland hat seinen Modellreaktor im nordrhein-westfälischen Kalkar deswegen nach wenigen Betriebsstunden wieder stillgelegt.

Die wichtigsten Uranexporteure sind heute Kanada und Australien. Beide Länder besitzen große, noch nicht erschlossene Vorkommen. In den Ländern des Westens wird oft argumentiert, dass die Uranversorgung aus den stabilen Demokratien Australien und Kanada verlässlicher sei als der Öl- und Gasimport aus krisenanfälligen Regionen wie dem Nahen Osten und Afrika. Trotzdem kann sich die Energiewirtschaft auf der geplanten Ausbau des Uranbergbaus nicht verlassen. Gegen den extrem umweltbelastenden Uranabbau regt sich nämlich massiver Protest. In Australien beispielsweise wird kontrovers diskutiert, ob es wirklich im Interesse des Landes ist, den schädlichen Uranbergbau auszuweiten, um China den großflächigen Einstieg in die Atomkraft zu ermöglichen. Zahlreiche Uranvorkommen befinden sich außerdem unter den heiligen Stätten der australischen Ureinwohner, der Aborigines. Wenn Australien seine demokratischen Grundsätze und den Schutz seiner Minderheiten ernst nimmt, werden diese Vorräte bis auf Weiteres unerschlossen bleiben.

Weitere Uranminen befinden sich in Kasachstan, Usbekistan,

Russland, Niger, Südafrika, Namibia und dem Iran. Kleinere Vorkommen, die aber kaum wirtschaftlich abgebaut werden können, finden sich an zahlreichen anderen Orten über die ganze Welt verstreut. Ein Beispiel war der nach der Wende eingestellte Uranabbau der Wismut Bergbaugesellschaft in Ostdeutschland. Das Schwermetall Uran ist extrem selten. Deswegen sind größere neue Funde nicht zu erwarten.

Das größte Problem der ostasiatischen Länder, die heute auf Atomenergie setzen, ist weder der Zugang zur Technologie noch der Erwerb des Atombrennstoffs Uran, sondern die Entsorgung der in immer größeren Mengen anfallenden nuklearen Abfälle. Südkorea, das Land mit dem größten Atomprogramm in der Region, sucht schon seit den achtziger Jahren nach einem geeigneten Endlager für die 6.500 Tonnen strahlender Abfälle, die sich inzwischen angesammelt haben. Taiwan versuchte, seinen Atommüll nach Nordkorea oder auf die Marshall-Inseln zu exportieren. Das Nordkorea-Projekt wurde auf Protest der Südkoreaner aufgegeben. Die 100.000 Fässer taiwanesischen Atommülls, die zurzeit auf den Marshall-Inseln lagern, müssen nach Protesten der einheimischen Bevölkerung bis 2013 zurückgenommen werden.

Die Gegenargumente, mit denen die Anti-AKW-Bewegung der siebziger und achtziger Jahre für das faktische Atommoratorium in den westlichen Industriestaaten gesorgt hatte, sind auch heute noch gültig. Die angeblich sicheren neuen Reaktortypen, die die Atombranche seit Jahren verspricht, haben ihren Praxistest noch nicht bestanden. Auch der Atomunfall von Harrisburg oder die Katastrophe von Tschernobyl hatte man technisch nicht für möglich gehalten. Im Sommer 2006 kam es in Schweden, einem der Länder, dem Experten besonders hohe Sicherheitsstandards zugeschrieben hatten, beinahe zu einer Kernschmelze und damit zu einer Wiederholung des Tschernobyl-GAUs. Im AKW Forsmark waren mehrere Sicherheitssysteme und Notstromaggregate gleichzeitig ausgefallen. Die Kühlung der Brennstäbe drohte deshalb auszufallen. Das Beispiel Forsmark zeigt, dass selbst die ausgefeilteste Technik versagen kann. Sie wird von Menschen betrieben, unterliegt politischen und Profitinteressen und kann in Krisen, Kriegen und bei Naturkatastrophen beschädigt oder zerstört werden.

Siamesische Zwillinge

Seit der atompolitischen Debatte der achtziger Jahre sind außerdem einige entscheidende neue Argumente hinzugekommen. Drei der wichtigsten sicherheitspolitischen Herausforderungen von heute sind der internationale Terrorismus, die Proliferation von Massenvernichtungswaffen und der Zerfall von Staaten in unregierbare Einheiten beziehungsweise von kriminellen Warlords regierte Schattenstaaten. Alle drei Entwicklungen machen die Atomkraft für einen militärischen oder terroristischen Missbrauch noch anfälliger als bisher.

Die zivile und die militärische Nutzung der Atomenergie waren von Anfang an siamesische Zwillinge. Atomtechnologie, das entsprechende Wissen und nukleares Material können weitergegeben werden. Nuklearexperten können ihr Heimatland verlassen oder ihr Wissen an kriminelle Netzwerke verkaufen. Schon 1975 warnte eine CIA-Studie vor der Gefahr des nuklearen Terrorismus. Bei der Geburt des Atomaren Nichtverbreitungsvertrags in den sechziger Jahren stand die Befürchtung Pate, dass es durch die Ausbreitung ziviler Atomtechnik bald bis zu 30 Länder mit Atomwaffen geben werde. Zahlreiche große Entwicklungsländer, manche von ihnen Militärdiktaturen wie Argentinien und Brasilien, strebten damals noch nach der Bombe. Südafrika gab später zu, die Atombombe entwickelt zu haben. Das Apartheidsystem wollte damit sein Überleben sichern und sich gegen einen möglichen militärischen Angriff seiner schwarzafrikanischen Nachbarstaaten wappnen. Auch die nuklearen Ambitionen des Iran nahmen in dieser Zeit ihren Anfang. Bis zum Ende des Kalten Krieges haben der Nichtverbreitungsvertrag und die Kontrolle, die die beiden Supermächte über ihre jeweiligen Machtblöcke und fast alle Länder mit nukleartechnologischen Kenntnissen ausübten, dieses Schreckensszenario verhindert. Heute droht die bisher so erfolgreiche Eindämmungspolitik gegen die nukleare Proliferation in sich zusammenzubrechen. Der wichtigste Grund dafür ist die Renaissance der zivilen Atomenergienutzung und die damit einhergehende Ausbreitung auch militärisch nutzbarer Technologie. Hinzu kommt, dass die USA mit ihrer Politik gegenüber dem Iran den bisher so erfolgreichen Nichtverbreitungsvertrag unterminieren. Gegenüber dem Iran setzen die USA mehr auf militärische und wirtschaftliche Drohungen als auf die im Fall des Irak nach dem ersten Golfkrieg so erfolgreichen Inspektionen der Internationalen Atomenergie Organisation (IAEO).

Nach dem ersten Golfkrieg 1991 deckten die Inspekteure der IAEO und der USA auf, dass Irak ein weit fortgeschrittenes militärisches Atomprogramm besaß und kurz vor dem Bau seiner ersten Bombe stand. Im Jahr 1998 überraschten sowohl Indien als auch Pakistan westliche Geheimdienste mit der Zündung von Atombomben. Beide Länder wurden für einen gewissen Zeitraum mit internationalen Sanktionen belegt, die im Fall Indiens demnächst aber im Rahmen eines weitreichenden nuklearen Kooperationsabkommens mit den USA wieder aufgehoben werden sollen. Sowohl Nordkorea als auch der Iran zeigen außerdem, wie schwer die Unterscheidung zwischen zivilen und geheimen militärischen Atomprogrammen zu treffen ist. Oft werden dieselben Anlagen und Technologien benutzt. In Zeiten des internationalen Terrorismus, zerfallender Staaten und der gleichzeitigen Zunahme von Staaten, die die zivile Atomenergienutzung beherrschen, wächst auch die Gefahr der Proliferation und damit der Nutzung nuklearen Materials für militärische und kriminelle Zwecke.

Alle neuen Atommächte haben ihre militärischen Programme über zivile Nuklearprogramme begonnen oder zumindest hinter diesen verborgen. Indien produzierte das Plutonium für seine erste Atomexplosion 1974 mit einem in Kanada entworfenen Forschungsreaktor. Ein Forschungsreaktor, diesmal aus russischer Produktion, stand auch am Anfang des nordkoreanischen Programms. Auch Südafrika, das sein Atomwaffenprogramm nach dem Ende der Apartheid eingestellt hat, entwickelte sein ursprünglich ziviles Programm militärisch weiter. Pakistan gelang es, die Technologie für sein Zentrifugenprogramm zur Urananreicherung aus den Niederlanden zu stehlen. Auf indirekte Weise basiert also auch das Programm Pakistans auf der zivilen Atomenergienutzung eines anderen Landes.

Forschungsreaktoren, wie sie in zahlreichen Ländern, darunter auch Deutschland, betrieben werden, nutzen oft hoch angereichertes und damit waffenfähiges Uran. Das Garchinger »Atom-Ei«, der erste Forschungsreaktor in Deutschland, wurde ebenfalls mit hochangereichertem Uran (highly enriched uranium, HEU), betrieben. Ursprünglich wurde er auf Initiative des damaligen Bundesverteidigungsministers Franz-Josef Strauß mit dem Hintergedanken errichtet, auch Deutschland die Atomwaffenoption offenzuhalten.

Nukleare Wiederaufbereitungsanlagen trennen Plutonium, ein weiteres Waffenmaterial, aus abgebrannten Atombrennstäben ab. Urananreicherungsanlagen, die aus Natururan das Material für Brennstäbe machen, können auch militärisch genutzt werden. Im Fall des Iran befürchtet die internationale Gemeinschaft, dass die Zentrifugenanlagen zur nuklearen Anreicherung nicht nur dazu genutzt werden, den für Atombrennstäbe notwendigen niedrigen Anreicherungsgrad zu erzielen, sondern die deutlich höhere Anreicherungsstufe, die für die Herstellung von Atomsprengstoff notwendig ist. Fast an jeder Stelle des nuklearen Brennstoffkreislaufs lauern Gefahren, sind die zivile und die militärische Nutzung nur unscharf voneinander zu trennen beziehungsweise kann gefährliches Material abgezweigt werden.

Hinzu kommt die Gefahr, dass zivile Atomanlagen militärisch angegriffen werden. Ob auf der koreanischen Halbinsel, zwischen Taiwan und der Volksrepublik China, oder zwischen Indien und Pakistan – ein militärischer Konflikt in einem dieser Spannungsgebiete könnte schnell nuklear eskalieren. Zivile Atomanlagen können aus der Luft oder vom Boden aus angegriffen oder zufällig getroffen werden. Im iranisch-irakischen Krieg bombardierte die Luftwaffe des Irak mehrfach die Baustelle des iranischen AKWs Buschehr. Iraks eigener Osirak-Reaktor wurde noch vor seiner Fertigstellung durch israelische Luftangriffe zerstört. Angriffe auf einen mit nuklearen Brennstäben bestückten Reaktor sind bisher noch nicht vorgekommen, sind aber nicht auszuschließen.

Nach dem 11. September 2001 untersuchte die deutsche Reaktorsicherheitskommission im Auftrag der Bundesregierung, ob die Stahlbetonhüllen deutscher Atomkraftwerke gegen den gezielten Absturz einer Passagiermaschine gewappnet wären. Zumindest für die älteren Anlagen, wie das AKW im baden-württembergischen Obrigheim, bestehen berechtigte Zweifel. Der Schutzmantel der deutschen AKWs ist darauf ausgelegt, den Absturz eines Sportflugzeugs oder einer Militärmaschine, aber nicht einer mittleren Passagiermaschine von der Größe eines Airbus 320 zu überstehen. Amerikanische Reaktoren sind überhaupt nicht gegen Flugzeugabstürze gesichert, französische weitaus schlechter als deutsche. Die meisten russischen AKWs haben nicht einmal einen Schutzmantel, der Explosionen auf das Innere des Reaktors begrenzt und das Ausdringen von Radioaktivität verhindert.

In Kriegszeiten kann außerdem die Kontrolle über nukleares Material verloren gehen. Als die Amerikaner 2003 in den Irak einmarschierten, vergaßen sie, die wichtigste Nuklearforschungsanlage des Landes vor Plünderungen zu schützen. Die IAEO stellte anschließend fest, dass sowohl Dokumente als auch nukleares Material verschwunden waren. Teilweise tauchten diese Materialien auf dem Schwarzmarkt auf; ein geringer Teil von ihnen konnte dort beschlagnahmt und auf diese Weise sichergestellt werden.

In Zeiten des internationalen Terrorismus wächst die Gefahr, dass nukleares Material in die Hände von Terroristen oder einfachen Kriminellen gerät, die es an diese weiterverkaufen könnten. Bei der Durchsuchung von al-Quaida-Ausbildungslagern in Afghanistan wurden Skizzen für einfache nukleare Waffen gefunden. Befürchtet wird auch die Herstellung so genannter »schmutziger Atombomben« durch Terroristen. Man bezeichnet damit einen Sprengsatz aus konventionellem Sprengstoff, dem radioaktives Material beigemischt wird, das durch die Explosion möglichst weit verteilt werden soll. Eine Kernspaltung und somit Nuklearexplosion findet dabei nicht statt. Der Irak hat in seinem großen Bericht über seine Massenvernichtungswaffen an die UNO im Dezember 2002 zugegeben, zeitweilig die Machbarkeit einer solchen Waffe untersucht zu haben.

Einfache Atomwaffen sind nicht sonderlich schwer herzustellen. Bauanleitungen finden sich im Internet. Selbst Trägerraketen, um eine Atombombe sicher ans Ziel zu bringen, sind immer leichter verfügbar. Die Raketen der Hisbollah aus dem südlichen Libanon reichen inzwischen bis weit nach Israel, wie der jüngste Konflikt gezeigt hat. Es ist nur eine Frage der Zeit, bis Raketen aus iranischer oder nordkoreanischer Produktion mit noch längerer Reichweite auf dem internationalen Markt verfügbar sind. Selbstmordattentäter bräuchten solche Trägerwaffen nicht einmal. Sie könnten sich mit der Bombe vor Ort in die Luft sprengen.

Was es bisher für Terroristen schwierig bis unmöglich gemacht hat, Atomwaffen herzustellen, war der Zugang zu dem notwendigen nuklearen Material, vor allem hochangereichertem Uran. Die dafür notwendige Technologie ist schwer zu beschaffen und kann nur von hochspezialisierten Experten bedient werden. Terroristen brauchen für die Durchführung solcher Anschläge den Rückhalt oder zumindest die stillschweigende Duldung eines Staates, der entweder über Atomwaffen oder atomwaffenfähiges Material verfügt. Der Iran gehört zur Gruppe der Staaten, die schon heute terroristische Organisationen wie die Hisbollah unterstützen. Pakistans Geheimdienst belieferte jahrelang die afghanischen Taliban mit Waffen. Selbst ein Schwellenland wie Iran, das seit Jahrzehnten ein militärisches Atomprogramm betreibt, war jedoch bisher nicht in der Lage, ausreichend Uran für den Bau einer ersten Bombe anzureichern. Genau hier liegt aber die Gefahr eines massiven Ausbaus der zivilen Atomkraft. Die Gesamtmenge nuklearen Materials, das weltweit im Umlauf ist, würde dadurch dramatisch ansteigen. Es ist zwar heute noch unwahrscheinlich, aber zukünftig nicht auszuschließen, dass auch staatliche Atomtechnologie im Rahmen einer solchen Kooperation in falsche Hände gerät.

Terroristen müssen außerdem nicht einmal die Bombe selbst besitzen, um eine atomare Katastrophe auszulösen. Derselbe Effekt würde durch einen gezielten Anschlag auf ein Atomkraftwerk, auf andere oftmals wenig gesicherte zivile Atomforschungsanlagen oder auf Transporte von nuklearem Material erreicht. Auch hier tritt wieder ein

Mengeneffekt auf. Je mehr Atomkraftwerke ein Land besitzt, desto mehr Transporte zu Land, Wasser und in der Luft finden statt. Proportional steigt die Gefahr von Anschlägen, Unfällen sowie das Risiko, dass Atomtransporte versehentlich oder absichtlich zu Zielen kriegerischer Handlungen werden.

Auch manche Länder mit schwachen staatlichen Strukturen und entsprechend rudimentär ausgeprägten Sicherheitsvorkehrungen interessieren sich für die Atomkraft. Wie sicher können wir uns eigentlich sein, dass Pakistan, ein Land, das nicht nur ein ziviles, sondern sogar ein militärisches Atomprogramm besitzt, in seiner jetzigen Form noch 20 Jahre weiter besteht und nicht irgendwann in radikalislamische Untereinheiten zerfällt? Ist es völlig ausgeschlossen, dass der chinesische Zentralstaat einmal auseinanderfällt, so wie es der Sowjetunion Anfang der neunziger Jahre ergangen ist? In diesen historischen Zeiträumen muss aber jeder denken, der für den weiteren Ausbau der Atomenergie plädiert. Schon nach dem Ende der Sowjetunion und dem Zerfall der gigantischen Atomindustrie der ehemaligen Großmacht ließ sich nicht mehr nachweisen, wo signifikante Mengen nuklearen Materials geblieben waren. Nicht nur radioaktive Substanzen, sondern auch sensible Atomtechnologie und eventuell sogar einige taktische Atomsprengköpfe könnten inzwischen verschwunden sein. Besonders langfristige und gefährliche Auswirkungen hatte die Abwanderung Tausender gut ausgebildeter sowjetischer Atomexperten auf den internationalen Arbeitsmarkt. Viele von ihnen haben in Pakistan und in den arabischen Golfstaaten Arbeit gefunden. Heute arbeiten über 1.000 russische Experten und Ingenieure auf der Baustelle des iranischen Atomreaktors in Buschehr.

Letztendlich muss die Politik die Gefahren der Atomkraft gegen andere Risiken wie den globalen Klimawandel und die Abhängigkeit von fossilen Energien, aber auch gegen mögliche Alternativen wie die erneuerbaren Energien abwägen. Der wissenschaftliche Beirat der deutschen Bundesregierung für globale Umweltveränderungen schreibt dazu: »Lässt sich das Katastrophenpotenzial auch bei bester Bemühung nicht sinnvoll oder nur unter exorbitanten Kosten reduzieren, dann ist (…) eine solche Risikoquelle nur dann zu genehmigen, wenn einerseits der Nutzen dieser Risikoquelle existenziell bedeutsam ist und andererseits sichergestellt werden kann, dass technisch, institutionell und organisatorisch alle Möglichkeiten genutzt werden, um den Katastrophenfall erst gar nicht eintreten zu lassen (…). Diese zweite Voraussetzung ist besonders dann wichtig, wenn solche Risikoquellen im Rahmen des Technologietransfers ins Ausland exportiert werden.« Die Frage, ob diese Voraussetzungen unter den Bedingungen zerfallender Staaten, internationaler Spannungen und ideologischer Großkonflikte wie dem zwischen dem Westen und dem radikalen Islamismus erfüllt sind, kann getrost mit Nein beantwortet werden. »Die weltweite Durchsetzung der Kernenergie«, so der Physiker und Philosoph Carl-Friedrich von Weizsäcker, »fordert als Konsequenz eine weltweite radikale Veränderung der politischen Struktur aller heutigen Kulturen. Sie fordert die Überwindung der wenigstens seit dem Beginn der Hochkulturen bestehenden politischen Institution des Krieges.« Da das aber eine Utopie ist, muss das vorhandene Risiko durch internationale Konventionen und Institutionen möglichst begrenzt und eingeengt werden.

Nicht nur Umweltpolitiker bezweifeln allerdings, dass die Nutzung der Atomenergie unverzichtbar notwendig ist, um unsere Energiezukunft zu sichern. Schließlich existiert als Alternative das hohe Potenzial der erneuerbaren Energien. Diese These gilt es im Folgenden nachzuprüfen.

Energiesicherheit durch erneuerbare Energien

Wer die Atomenergie nicht will, muss auf erneuerbare Energien setzen. Eine nationale Energiepolitik, die nicht von fossilen Energieimporten abhängt, sondern auf die Nutzung erneuerbarer Energieträger setzt, könnte auch einen friedenspolitischen Beitrag leisten. Doch können erneuerbare Energien die Lücke, die durch den Verzicht auf Atomkraft und den Rückgang der fossilen Vorräte entsteht, auch wirklich schließen? Vor allem für Entwicklungs- und Schwellenländer ist es wichtig, nicht nur theoretisch das Potenzial von Sonne,

Wind und Wasser zur Energieversorgung nachzuweisen, sondern auch für den Zugang dieser Länder zu Technologien und Kapital zu sorgen. Schließlich müssen sich die erneuerbaren Energien gegen eingefleischte Interessen der Öl-, Gas-, Kohle- und Atomlobby durchsetzen.

Effiziente Energienutzung und der Umstieg auf erneuerbare Energien erhöhen nicht nur deshalb unsere Sicherheit, weil sie die Abhängigkeit von teuren und unsicheren Energieimporten verringern. Gleichzeitig trägt eine Energiepolitik, die auf die Substitution fossiler Rohstoffe setzt, zum Klimaschutz bei. Auch Klimaschutz, so argumentieren nicht nur Umweltpolitiker, sondern auch Sicherheitsexperten, ist langfristig angelegte aktive Sicherheitspolitik. Die ehemalige US-Außenministerin Madeleine Albright stellte schon Ende der neunziger Jahre fest, dass der Klimaschutz für die Weltmacht USA zu den wichtigsten außenpolitischen Herausforderungen gehöre. Sie fügte hinzu: »Nirgends habe ich bisher so komplexe Verhandlungen erlebt.« Der britische Premierminister Tony Blair erklärte in einer umweltpolitischen Grundsatzrede: »Wir werden nicht sicher leben können, wenn der Klimawandel unsere Lebensgrundlagen zerstört.«

Das theoretische Potenzial der erneuerbaren Energien ist unbestritten hoch. Schätzungen der Internationalen Energieagentur, des wissenschaftlichen Beirats für Globale Umweltfragen und anderer gehen davon aus, dass erneuerbare Energien den bisherigen und zukünftigen Energieverbrauch vollständig ersetzen und sogar eine Steigerung des weltweiten Energiekonsums um das Drei- bis Sechsfache zulassen würden. Damit liegt das theoretische Potenzial der erneuerbaren Energien deutlich über dem der Atomkraft, deren Ausbau selbst beim Einsatz Schneller Brüter und der Brennstoffwiederaufbereitung durch die zur Neige gehenden natürlichen Uranvorräte begrenzt ist.

Praktisch beschränkt wird dieses Potenzial vorerst durch die derzeitigen wirtschaftlichen Rahmenbedingungen. So liegen die Kosten für die Strom- und Wärmeerzeugung aus Sonne, Wind und Geothermie immer noch über den vergleichbaren Kosten für die Verwendung von Kohle, Öl und Gas. Bei steigenden Preisen für die fossilen Energieträger und bei gleichzeitig sinkenden Kosten für erneuerbare Energietechnologien wird sich diese Preislücke aber über die kommenden Jahre schließen. Staatliche Anreize, wie die Einführung von CO_2-Steuern und Emissionszertifikaten, können diesen Prozess beschleunigen. Die meisten großen Energieunternehmen haben viel in ihre auf fossilen Energieträgern basierte Infrastruktur investiert. Wenn die Politik neuen umweltfreundlichen Technologien zum Durchbruch verhelfen möchte, muss sie deshalb durch wirtschaftliche Anreize und politischen Druck dafür sorgen, dass nicht nur kleine Pionierunternehmen, sondern auch die großen Energiekonzerne umsteuern. Eine rein ökonomische Betrachtungsweise hilft ohnehin nicht weiter. Wenn es stimmt, dass die Abhängigkeit unserer Volkswirtschaften von Öl- und Gasimporten aus Krisenregionen und autoritären Staaten unsere Demokratie und Sicherheit bedrohen, dann wird die Wende hin zu erneuerbaren Energien zu einer strategischen, sicherheitspolitischen Frage. Unsere eigene Sicherheit sollte uns aber finanzielle Investitionen wert sein, die über eine rein betriebswirtschaftliche Betrachtung hinausgehen.

Neben wirtschaftlichen Hürden müssen auch politische Widerstände gegen Anlagen erneuerbarer Energien überwunden werden. Beim Bau neuer Wind- und Wasserkraftanlagen sind sowohl Naturschutzvorgaben als auch das Interesse der lokalen Bevölkerung zu berücksichtigen. Das gilt vor allem für den Bau großer Staudämme, für die oft Massenumsiedlungen notwendig sind. Ein Beispiel ist der Drei-Schluchten-Staudamm am chinesischen Fluss Jangtsekiang. Dieser wurde am 20. Mai 2006 in Betrieb genommen und erzeugt im Normalbetrieb eine Strommenge, die 14 Prozent des deutschen Verbrauchs entspricht. Der Staudamm leistet unbestritten einen Beitrag zur CO_2-Vermeidung und zum Klimaschutz, denn alternativ hätte China weitere Kohle- oder Atomkraftwerke errichten müssen. Deswegen stimmte sogar das Bundesumweltministerium zu, als es darum ging, den Export deutscher Turbinentechnologie für den gigantischen Staudamm zu genehmigen. Auf der Negativbilanz des Projekts steht allerdings, dass 24.000 Hektar Land überflutet wurden und fast zwei Millionen Menschen umgesiedelt werden mussten. Auch für Projekte der erneuerbaren Energien gilt daher, dass sie nach Durchführung einer Umweltverträglichkeitsprüfung und der demokratischen Beteiligung der lokalen Bevölkerung durchgeführt werden sollten. Per se umweltfreundlich wäre es nur gewesen, die notwendige Energie an anderer Stelle durch kleinere Anlagen erneuerbarer Energien zu erzeugen oder durch Effizienzmaßnahmen einzusparen. In autoritär geführten Staaten wie China wird jedoch auch der energiepolitische Kurs über die Köpfe der Bevölkerung hinweg entschieden. Umso wichtiger ist es, dass ein Land wie Deutschland bei der Vergabe von Exportgenehmigungen und -krediten darauf achtet, dass auch im Ausland gewissen Mindeststandards der Öffentlichkeitsbeteiligung und des Umweltschutzes eingehalten werden.

Die Potenziale für erneuerbare Energien sind je nach Region unterschiedlich verteilt. Große Wasserkraftwerke wie der Drei-Schluchten-Staudamm, die auf einen Schlag die Stromversorgung einer Großstadt oder einer gesamten Industrieregion sichern, können nur an einigen wenigen großen Strömen errichtet werden. Kleinere Wasserkraftanlagen reichen allerdings in vielen dünner besiedelten Gegenden, vor allem in Bergregionen, aus, um den lokalen Strombedarf zu stillen. Windenergie lässt sich vor allem in Küstennähe nutzen. Die Sonnenenergie ist vor allem in südlichen Ländern wirtschaftlich nutzbar und hat einen großen Flächenbedarf. Wenn alle erneuerbaren Energiequellen zusammen betrachtet werden, so weist jedoch fast jedes Land der Welt ein erhebliches Potenzial auf. Selbst in bevölkerungsreichen, dicht besiedelten und wirtschaftlich starken Schwellenländern wie Indien und China hat die Biomassenutzung ein hohes Potenzial.

Einige Länder, beispielsweise die Industrienationen Europas oder die USA, werden auch zukünftig einen Teil ihres Energiebedarfs durch Importe decken. Die sonnenreichen Kontinente Afrika und Lateinamerika haben dagegen das Potenzial, solar erzeugten Strom oder Treibstoff aus Biomasse zu exportieren. Biosprit kann Benzin und Diesel als Treibstoff für Autos, zum Heizen und zur Erzeugung von Wärme und Strom in Kraftwerken ersetzen. Er wird schon heute

Benzin und Diesel beigemischt. Wichtig ist allerdings, dass ein auf erneuerbaren Energien aufbauendes Weltwirtschaftssystem so strukturiert wird, dass die alten Abhängigkeiten von Öl und Gas nicht durch neue einseitige Abhängigkeiten ersetzt werden.

Kommt nach dem Öl- das Wasserstoffzeitalter?

Seitdem die Ölpreise dramatisch steigen, haben auch die Öl- und Automobilkonzerne die erneuerbaren Energien entdeckt. Wasserstoff gilt bei technologischen Visionären als Energieträger der Zukunft. Folgt also auf das Öl- das Wasserstoffzeitalter?

Wasserstoff ist das häufigste Element auf unserem Planeten. Da Wasserstoff brennbar ist und unter hohem Druck verflüssigt werden kann, ist die allgegenwärtige Substanz prinzipiell sowohl zur Stromerzeugung als auch als Treibstoff geeignet. Eine mögliche Anwendung, die die Fantasien beflügelt, ist die elektrolytische Spaltung von Wasser zu Wasserstoff und dessen Rückumwandlung in Brennstoffzellen zu Strom. Damit könnten nicht nur Automotoren, sondern auch Heiz- und Industrieanlagen angetrieben werden. Jeremy Rifkin, einer der Propheten des Wasserstoffzeitalters, stellt sich sogar vor, dass zukünftig der Toaster zu Hause und das Handy unterwegs von der Brennstoffzelle gespeist werden.

Sicherheitsprobleme und technische Hürden stehen dem großflächigen Einstieg in das Wasserstoffzeitalter noch entgegen. Tritt Wasserstoff in größeren Mengen aus, verbrennt er bei Berührung mit dem Sauerstoff in der Luft zu Wasser. Diese spontan auftretende Reaktion kennt jedes Schulkind aus dem Chemieunterricht als Knallgaseffekt. Was in der siebten Klasse noch lustig ist, wird großindustriell zum erheblichen Risiko.

Weil Wasserstoff das kleinste Element im Periodensystem ist, ist er schwer zu speichern und zu transportieren. Dafür geeignet sind nur Speziallegierungen und aufwändig herzustellende Verbundmaterialien. Normale Erdgasleitungen und Tanks können dafür nicht verwendet werden. Wasserstofftankstellen müssten völlig neu gebaut werden.

Die technischen Probleme beim Aufbau einer großflächigen Wasserstoffinfrastruktur haben aber auch politische Auswirkungen. Die hochkomplexe Technik und die strengen Sicherheitsstandards, die einzuhalten wären, machen die Wasserstofftechnik nur für entwickelte Industrieländer und stabil regierte Staaten zur wirklichen Option. Insofern ähnelt die Wasserstoffwirtschaft der Atomkraft.

Andere erneuerbare Energietechnologien, Photovoltaikzellen oder solare Warmwasseranlagen wurden oft von Tüftlern vorangebracht. Für jeden Schritt der Herstellung, des Transports und der Verwendung von Wasserstoff ist dagegen Hochtechnologie notwendig. Die gesamte technologische Kette ist patentierbar. Dieser kapitalintensiven Aufgabe können sich nur wenige Großunternehmen stellen, in deren Hand sich diese Technologie dann konzentrieren würde.

Entscheidend dafür, wie umwelt- und klimafreundlich der Energieträger Wasserstoff ist, ist außerdem, mit welcher Primärenergiequelle die Elektrolyse von Wasser zu Wasserstoff durchgeführt wird. Grundsätzlich kann diese mit Strom aus fossilen Kraftwerken, aus erneuerbaren Energien wie Wasserkraft und Photovoltaik, aber auch aus AKWs geschehen. So wird immer wieder vorgeschlagen, Wasserstoff durch Solarenergie in der Sahara zu erzeugen und per Pipeline nach Europa zu transportieren. Da die Pipelinetechnologie wegen der erwähnten Flüchtigkeit von Wasserstoff noch nicht ausreichend entwickelt ist, wurde dieser Plan von der EU vorerst ad acta gelegt. Der kanadische Umweltpolitiker Maurice Strong, der 1992 den Erdgipfel von Rio organisiert hatte und anschließend zum Chief Executive Officer (CEO) des Wasserkraftkonzerns Quebec Hydro ernannt worden war, schlug vor, Wasserstoff mit dem Strom kanadischer Großstaudämme zu erzeugen und per Tankschiff in die USA und über den Atlantik zu exportieren. Die US-Energiebehörde ging unter Präsident Bush der Möglichkeit nach, Wasserstoff für Amerikas Autoflotte mit Atomstrom zu produzieren, was die oben genannten Sicherheits- und Proliferationsprobleme deutlich verschärfen würde.

Der Biomasse-Boom – Synthese aus Energie- und Agrarreform?

Osteuropa ist nur eine derjenigen Regionen, für die ein wichtiger Teil ihrer Energiezukunft in der Nutzung von Biomasse liegen könnte. In Russland, Weißrussland und der Ukraine, traditionellen Kornkammern Europas, nimmt die Bevölkerung wegen Abwanderung und niedriger Geburtenzahlen ab. Gleichzeitig stehen große landwirtschaftliche Flächen, die zu Sowjetzeiten nur ineffizient genutzt wurden, zur Verfügung. Der Anbau von Pflanzen zur Biomassenutzung könnte der osteuropäischen Landwirtschaft neue Perspektiven eröffnen. Die notwendige Reform ihrer Agrarpolitik könnte so für die Osteuropäer zu einem wichtigen Baustein der Energiewende werden.

Sowohl in großen deutschen Agrarunternehmen als auch in der petrochemischen Industrie und der Autoindustrie wird seit einigen Jahren überlegt, in der Ukraine große landwirtschaftlich nutzbare Flächen aufzukaufen, um dort Biodiesel und Äthanol als Benzinersatz zu produzieren. Biogas könnte prinzipiell aus Russland importiertes Erdgas ersetzen. Neben der Einsparung fossiler Rohstoffe würde dies auch die miserable Luftqualität in den Großstädten Osteuropas verbessern.

Die Produktion von Bioenergie muss allerdings auf eine Weise erfolgen, die nicht selbst neue Umweltbelastungen mit sich bringt. Oft werden für den Anbau von Getreide, Raps oder anderen Pflanzenarten zur Biomassegewinnung große Mengen fossiler Energieträger in Form von Treibstoff für Erntemaschinen, Verarbeitung, Kunstdünger oder Pestiziden aufgewendet. Die Energiebilanz kann bei intensiv betriebener Landwirtschaft deswegen sogar negativ ausfallen.

Die Agrarindustrie plant außerdem, für die Biomassenutzung großflächig gentechnisch optimierte Sorten anzupflanzen. Gentechnisch entwickelte Energiepflanzen, so die Vision, erbrächten eine höhere Energieausbeute, benötigten weniger Dünger und Pestizide und fielen nicht unter die strenge EU-Lebensmittelgesetzgebung. Der Anbau von Energiepflanzen gilt als eines der großen Anwendungsgebiete für die grüne Gentechnik. Anbauflächen für Energiepflanzen einerseits sowie Nahrungs- oder Futterpflanzen andererseits sind jedoch kaum voneinander zu trennen. Selbst Hybridsorten und gentechnisch steril gemachte Energiepflanzen sind in Freilandversuchen zurückmutiert und haben sich auf benachbarten Feldern ausgesät. In einer freien Marktwirtschaft und bei wechselnden Preisen würden die Landwirte regelmäßig zwischen dem Anbau zur Energie- und zur Nahrungsmittelproduktion wechseln. In Westeuropa verhindert eine gentechnikkritische Öffentlichkeit derzeit noch den großflächigen Einstieg in diese Agrartechnologie. In Osteuropa dagegen, vor allem in Ländern wie der Ukraine, die nicht an die verhältnismäßig strenge EU-Gesetzgebung gebunden sind, besteht die Gefahr, dass mit westlichen Geldern gentechnisch veränderter Energiepflanzen für den Export angebaut werden, bevor diese Länder sich in einer informiert geführten gesellschaftlichen Debatte für oder gegen diesen Weg entscheiden können. Die Frage der zukünftigen Energiepolitik ist also auch in diesem Fall eine Demokratiefrage.

In zahlreichen Ländern des Südens basiert die Energieversorgung traditionell auf Biomasse. Dazu gehören die Verbrennung von Holz, Stroh oder Dung. Diese traditionelle Nutzung ist oftmals wenig umweltfreundlich, belastet die städtische Luftqualität und führt zur Vernichtung natürlicher Ressourcen. Die Internationale Energieagentur nimmt an, dass heute 70 Prozent der Energie aus erneuerbaren Quellen aus der traditionellen Biomassenutzung stammt. Ein großer Teil dieser Nutzung erfolgt auf nicht nachhaltige Weise und führt teilweise, zum Beispiel in der Sahelzone, zu massiven Landnutzungskonflikten, zum Verlust landwirtschaftlicher Nutzfläche, zu Vertreibung und politischen Spannungen.

Ein Beispiel für die moderne Biomassenutzung ist China. China ist schon heute der drittgrößte Äthanolproduzent der Welt. Ende 2005 wurden 2,5 Prozent des chinesischen Treibstoffbedarfs mit Äthanol aus Getreide gedeckt. Die nationale Produktion soll bis 2020 noch einmal auf das Vierfache gesteigert werden. Selbst wenn weitere schnell wachsende Nutzpflanzenarten und landwirtschaftliche Abfälle für die Biomasseproduktion verwendet werden, ist bei einem Land wie China, das schon heute Lebensmittel für seine wachsende Bevölkerung importieren muss, eine Obergrenze für das Potenzial an Bioenergie absehbar.

China, Indien und andere bevölkerungsreiche Wachstumsökonomien des Südens werden ihren Treibstoffbedarf nur dann aus erneuerbaren Quellen decken können, wenn sie zukünftig Biosprit oder Wasserstoff statt Erdöl importieren. Dasselbe gilt für Nordamerika und Westeuropa. Auch wenn die Importeure die gleichen bleiben, die Exporteure werden sich ändern.

Entscheidend ist aber auch, dass die Lebensmittelproduktion und der Anbau von Energiepflanzen nicht in Konkurrenz zueinander geraten. Die Landwirte in Entwicklungsländern werden letztendlich das Produkt anpflanzen, das auf dem Markt den höchsten Preis erzielt. Die staatliche Rahmengesetzgebung dort muss deshalb sicherstellen, dass Menschen nicht hungern müssen, weil ihr Essen im Tank landet. Lester Brown, der Begründer des in Washington ansässigen Worldwatch Instituts, drückt es so aus: »Dann konkurriert der Supermarkt mit der Tankstelle. Anders ausgedrückt handelt es sich um einen Kampf zwischen den 800 Millionen Autobesitzern weltweit und den zwei Milliarden Menschen, die schlicht überleben möchten.«

Erneuerbare Energien und EU-Klimapolitik

Die Europäische Union hat sich vorgenommen, den Anteil der erneuerbaren Energien an der Stromerzeugung bis zum Jahr 2010 auf 21 Prozent zu erhöhen. Damit soll nicht nur das EU-Klimaschutzziel erreicht, sondern auch die Importabhängigkeit verringert werden. Am weitesten fortgeschritten sind Länder wie Deutschland, Spanien und Dänemark, die mit Einspeiseregelungen für erneuerbare Energien und anderen preislichen Anreizsystemen für einen Durchbruch der Windkraft und anderer neuer Technologien gesorgt haben. Andere westeuropäische Mitgliedstaaten, wie Frankreich und Großbritannien, haben noch viel nachzuholen. Das größte Potenzial für den weiteren Ausbau der erneuerbaren Energien besteht in den neuen Mitgliedstaaten. Das Erbe der Planwirtschaft in Osteuropa, die niedrigen Energiepreise und das Denken in Großprojekten verhindern das

Umschwenken zu einer dezentralen, nachhaltigen Energieversorgung. Dabei hätten gerade die osteuropäischen Länder ein starkes Eigeninteresse, sich aus ihrer einseitigen Abhängigkeit von Energieimporten aus Russland zu befreien.

Genutzt wird bis dato vorrangig die Wasserkraft. Der Errichtung weiterer Großkraftwerke stehen jedoch Naturschutzbedenken entgegen. Die baltischen Staaten und Polen haben an ihren Küsten außerdem günstige Bedingungen für den Ausbau der Windkraft. Estland könnte Studien zufolge seinen Strombedarf ausschließlich über Windenergie decken. Damit würde die Importabhängigkeit aus Russland beseitigt und der Bau des geplanten neuen baltischen AKWs überflüssig. Biomasse wird bisher vor allem auf traditionelle Weise genutzt, beispielsweise für die Holzbeheizung von Wohnhäusern in Litauen. Dabei hätte der gezielte Anbau von Energiepflanzen in stark landwirtschaftlich geprägten Ländern wie Polen ein hohes Potenzial. Die Modernisierung der polnischen Landwirtschaft und seiner Energieversorgung gingen Hand in Hand. In Ungarn wird auch Geothermie zur Warmwassergewinnung genutzt. Vor allem in dünn besiedelten Gebieten Osteuropas und im Osten Russlands, die nicht an die überregionalen Energienetze angeschlossen sind, sind geothermische Kraftwerke auch zur Stromerzeugung wettbewerbsfähig. So wird mit deutscher Hilfe derzeit ein geothermisches Kraftwerk auf der ostsibirischen Halbinsel Kamtschatka errichtet.

Obwohl außer Russland alle osteuropäischen Länder Netto-Energieimporteure sind, hat die Förderung der erneuerbaren Energien in der Politik der neuen EU-Länder noch nicht die notwendige Priorität. In den meisten mittel- und osteuropäischen Ländern wurden die gesetzlichen Voraussetzungen für die Förderung der erneuerbaren Energien inzwischen geschaffen. Aber mit der Umsetzung hapert es. Die Energiepreise sind in den meisten osteuropäischen Ländern immer noch subventioniert. Die Einführung von marktgerechten Preisen würde es den erneuerbaren Energien ermöglichen, mit polnischer Kohle und aus Russland importiertem Öl und Gas zu konkurrieren. Der Preisanstieg beim russischen Erdgas ist für die Entwicklung einer nachhaltigen Energieversorgung deswegen positiv. Schockartige

Preisanstiege über Nacht führen allerdings dazu, dass für viele ärmere Energiekonsumenten die Grenze des sozial Zumutbaren überschritten wird.

Trotzdem hat die EU gegenüber Konkurrenten auf dem Weltmarkt bei den erneuerbaren Energien einen Wettbewerbsvorteil. Deutschland ist Weltmarktführer bei der Windenergie und teilt sich mit Japan die Spitzenposition bei der Photovoltaik. Schweden und Island wollen in einigen Jahren von Energieimporten vollkommen unabhängig sein. Deutschland könnte nach Aussage des grünen Umweltpolitikers Reinhard Loske bis 2050 durch die Förderung von erneuerbaren Energien und Effizienzmaßnahmen seine CO_2-Emissionen auf Null bringen. Mit einer Mischung aus anwendungsorientierter Forschung, günstigen Marktmechanismen wie dem deutschen Einspeisegesetz, der Vielzahl kleiner und mittlerer Unternehmen und einem immensen eigenen Wachstumsmarkt in Mittel- und Osteuropa könnte die europäische Erneuerbare-Energien-Industrie sich an die Spitze des Weltmarkts setzen. Dadurch könnte die EU auch politischen Handlungsspielraum gegenüber denjenigen Ländern zurückgewinnen, die wie Russland und die Staaten des Nahen Ostens weiterhin auf fossile Energien setzen.

Solarpartnerschaft mit Nordafrika

Europa und die nordafrikanischen Länder sind voneinander abhängig. Neben Russland importieren die EU-Staaten ihr Öl und Gas vor allem aus Maghrebländern wie Libyen und Algerien. Auch Ägypten, das bevölkerungsreichste Land Nordafrikas, drängt massiv auf den europäischen Gasmarkt. Auf der anderen Seite stammen die Mehrzahl der Importe der nordafrikanischen Mittelmeeranrainer aus der EU. Neben gemeinsamen geschichtlichen Erfahrungen, wie der Kolonialzeit und den engen kulturellen Verbindungen zwischen beiden Regionen, sind Nordafrika und Europa heute durch eine Reihe gemeinsamer Probleme miteinander verknüpft. Dazu gehören demografische Entwicklungen, Migration, organisierte Kriminalität und der transnationale Terrorismus. Die gegenseitige Abhängigkeit der

Import- und Exportländer in der Region ist ein wichtiges Argument für eine engere politische Kooperation und wirtschaftliche Integration.

Länder wie Libyen oder Algerien beziehen einen Großteil ihrer Wirtschaftsleistung und ihres Staatshaushalts aus dem Energieexport. Diese einseitig auf das Energiegeschäft ausgerichtete Wirtschaftsstruktur birgt zweierlei Gefahren in sich. Erstens wurden andere Wirtschaftszweige in der Vergangenheit vernachlässigt. Zweitens ist völlig unklar, was folgt, wenn die Öl- und Gasquellen der nordafrikanischen Länder versiegen. Da der Zeitpunkt, zu dem die Öl- und Gasvorkommen zurückgehen, absehbar ist, sollte schon jetzt auf erneuerbare Energien umgesteuert werden. Die Länder Nordafrikas bringen zwei Bedingungen mit, die sie zu optimalen Standorten für die Produktion von Strom aus Solarenergie machen. An über 300 Tagen im Jahr scheint dort statistisch gesehen die Sonne. Außerdem steht in der unfruchtbaren Wüste und Halbwüste genug Platz für den Aufbau großflächiger Photovoltaikanlagen zur Verfügung. Die Länder des südlichen Mittelmeerraums sind für ihre eigene wirtschaftliche Entwicklung langfristig auf solche dauerhaft nutzbaren erneuerbaren Energien angewiesen. Darüber hinaus könnte auf dieser Basis auch zukünftig Energie – vor allem Strom – nach Europa exportiert werden. Um den gewonnenen Strom direkt zu exportieren, muss ein neues leistungsfähiges Hochspannungsnetz errichtet werden, das Nordafrika mit den europäischen Bevölkerungszentren verbindet. Ein solches »transmediterranes« Stromnetz wäre eine logische Erweiterung der transeuropäischen Energienetze, die von der EU-Kommission schon heute vorangetrieben werden.

Energiearmut stellt in vielen Ländern des Mittelmeerraums ein entscheidendes Hindernis für wirtschaftliche Entwicklung dar. Eine nachhaltige wirtschaftliche Entwicklung ist aber auch Grundvoraussetzung für die Entschärfung sozialer Konflikte und die Schaffung politischer Stabilität. Nirgends wird dies deutlicher als im dicht besiedelten Gebiet des unter palästinensischer Autonomie stehenden Gazastreifens. Die jordanische Akademie der Wissenschaften hat nun vorgeschlagen, mit Solarstrom von der ägyptischen Sinaihalbinsel die Stromversorgung der Bevölkerung und Wirtschaft des Gazastreifens sicherzustellen. Auf palästinensischem Gebiet selbst sind die dafür benötigten Flächen nicht vorhanden. Eine gesicherte, im regionalen Verbund organisierte Energieversorgung für die palästinensischen Gebiete hätte auch friedensstiftende Wirkung. Weder Israel noch Ägypten können schließlich ein Interesse daran haben, dass die palästinensische Wirtschaft kollabiert, die politische Lage eskaliert und junge Palästinenser als Wirtschaftsflüchtlinge in die Nachbarländer strömen.

Solarenergie kann auch helfen, die Wasserarmut in der Region zu lindern. In der Verknappung der Wasserressourcen bei rapide steigender Bevölkerung liegt wahrscheinlich noch mehr sozialer Sprengstoff als in der Energieknappheit. Im Jemen, einem Land, in dem sich die Bevölkerungszahl alle 25 Jahre verdoppelt, erreicht kein einziger Fluss heute mehr das Meer; alles Wasser wird für die menschliche Nutzung abgezweigt. Der Grundwasserspiegel unter der Hauptstadt Sana sinkt jährlich um sieben Meter. Schon heute nehmen zwischen den Stämmen im Jemen gewalttätige Auseinandersetzungen um Wasserrechte und den Zugang zu Brunnen zu. Die internationale Presse wurde durch eine Reihe spektakulärer Entführungen westlicher Reisender auf den Jemen aufmerksam. Viele dieser Entführungen zielen darauf ab, politische Konzessionen von der Regierung des Jemen, beispielsweise den Zugang entlegener Stammesregionen zu Energie und Wasser, zu erpressen.

Aber nicht nur im Jemen spitzt sich die Mischung aus demografischer Explosion und Ressourcenknappheit dramatisch zu. Wenn in Ägypten die Bevölkerung weiter wächst wie derzeit, dann braucht das Land im Jahr 2050 einen »zweiten Nil«. Ägypten ist das bevölkerungsreichste arabische Land und bisher einer der wenigen Stabilitätsfaktoren in der Region. Der Sohn von Präsident Mubarak, der Ambitionen auf die Nachfolge seines Vaters im höchsten Staatsamt hat, kündigte in seiner politischen Jungfernrede im Sommer 2006 an, die Energieprobleme des Landes durch den Bau von Atomkraftwerken zu lösen. Sie sollen auch Meerwasserentsalzungsanlagen betreiben und damit die drohende Wasserarmut lindern. Wenn neben dem

Iran mit Ägypten ein weiteres Land in der Region in die Atomkraft einstiege, droht allerdings auch eine weitere Ausbreitung militärischer Atomtechnologie im ganzen Nahen und Mittleren Osten. Viel sinnvoller wäre es deswegen, die notwendige Meerwasserentsalzung mit Sonnenenergie zu bewältigen und dadurch gleichzeitig der in den meisten Ländern des Mittelmeerraums herrschenden Energie- und Wasserknappheit zu begegnen.

Die zentrale Herausforderung für die Wirtschaftspolitik der meisten Mittelmeerstaaten ist die Schaffung von Arbeitsplätzen für die wachsende Zahl junger Menschen. Zu Recht benennt die 2003 vorgelegte europäische Sicherheitsstrategie die demografische Entwicklung in den nordafrikanischen Nachbarländern der EU als eines der großen zukünftigen Sicherheitsrisiken. Die Mischung aus hoher Arbeitslosigkeit, Migrationsdruck und radikalen Ideologien kann zur Stärkung gewaltbereiter politischer Bewegungen und einer Destabilisierung dieser Länder führen. Es ist deswegen für die Sicherheit Europas zentral, der nachwachsenden Generation in unseren Nachbarländern auch eine wirtschaftliche Perspektive zu bieten. Bisher gehören die Öl- und Gasförderung und der Energieexport zu den wenigen Bereichen, in denen qualifizierte und gut ausgebildete Arbeitnehmer Jobs finden. Wenn die Öl- und Gasquellen versiegen, muss hier Ersatz geschaffen werden. Die Solartechnik und andere erneuerbare Energien haben das Potenzial, zahlreiche qualifizierte und gut bezahlte Jobs für Techniker, Verwaltungsangestellte und einfache Arbeiter zu schaffen.

Die neuen Energie »Großmächte«

Wenn sich das Investitionsverhalten des saudischen Königshauses und der russischen Staatskonzerne nicht gewaltig ändert, bestimmen im Zeitalter der erneuerbaren Energien andere Staaten und Konzerne als heute die internationale Energiepolitik. Die EU, aber auch einige Schwellenländer des Südens haben gute Chancen, bei der Gruppe der zukünftigen Energiegroßmächte dabei zu sein. Besonders gut lässt sich diese »neue grüne Welt« am Beispiel der Energieerzeugung aus Biomasse darstellen.

Was in Osteuropa noch Zukunftsvision ist, die Verbindung von Agrar- und Energieindustrie, ist in Brasilien schon lange Realität. Seit den siebziger Jahren setzt Brasilien bei der Treibstoffproduktion auf Äthanol aus Zuckerrohr und anderen Nutzpflanzen. Wurden anfangs noch Urwaldflächen für die Zuckerrohrproduktion gerodet – mit dem Ergebnis einer schlechten Energiebilanz und rapidem Verlust der Bodenfruchtbarkeit –, so haben sich die Anbaumethoden inzwischen verbessert. Brasilien ist zur Biosprit-Supermacht aufgestiegen und hat angefangen, diesen auch nach Nordamerika und Europa zu exportieren. Weil Brasilien inzwischen über die Hälfte seines Rohrzuckers zur Treibstoffproduktion verwendet, sind die weltweiten Zuckerpreise gestiegen. Schon tauchen die ersten Konflikte auf. Bayerische Kleinbauern protestieren beim Bundeslandwirtschaftsministerium gegen die billige Konkurrenz aus Südamerika, und sie verlangen Subventionen oder Schutzzölle. Die USA besteuern die Einfuhr von Bioäthanol aus Brasilien. US-Politiker sprechen schon von der Angst, die alte Abhängigkeit von den Ölimporten aus dem Nahen Osten durch neue Abhängigkeiten von Bioenergiesupermächten wie Brasilien einzutauschen. Im Welthandelsvertrag der WTO ist die landwirtschaftliche Erzeugung industrieller Grundstoffe nicht eindeutig geregelt. Im Streit um Agrarsubventionen und Importzölle droht hier eine neue Front.

Auch andere Tropenländer setzen auf die Bioenergieproduktion für die Substitution von Rohölprodukten und für den Export. Malaysia errichtete in den Jahren 2005 und 2006 über 50 Raffinerien zur Verarbeitung von Palmöl zu Biodiesel.

Die USA entwickeln sich selbst rapide zur Biospritgroßmacht. Im Jahr 2006 landete schon ein Sechstel des in den USA geernteten Getreides als Bioäthanol im Tank. Deswegen steht weniger Getreide für den Export zur Verfügung. Für getreideimportierende Länder wie Japan, Mexiko oder Ägypten steigen deswegen die Preise. Problematisch wird es dort, wo die Ärmsten in den Entwicklungsländern diese Preise nicht mehr bezahlen können.

Neue »Großmächte« der erneuerbaren Energien werden die Öl und Gas exportierenden Mächte ergänzen oder ersetzen. Was Brasilien für den Biotreibstoff ist, könnte Europa für Wind und Photovoltaiktechnik werden. Anderen Staaten, wie den Ländern Nordafrikas, kann mit europäischer Hilfe der Übergang von der Öl- zur Solarökonomie gelingen. Wenn auf dem Weltmarkt zukünftig nicht nur Öl und Gas, sondern auch Strom aus der Sonne und Treibstoff aus Zuckerrohr gehandelt werden, verschieben sich die geopolitischen Gewichte und verändern sich auch die Regeln. Die meisten Staaten, die schon heute, zumindest teilweise, auf erneuerbare Energien setzen – zum Beispiel Brasilien, Japan und Deutschland –, sind Demokratien, die in Frieden mit ihren Nachbarn leben. Von der deutschen Windenergiebranche und von Brasiliens Zuckerbauern mag zwar zu erwarten sein, dass sie ihre wirtschaftlichen Interessen mit Nachdruck vertreten, sicher aber kein machtpolitisches Powerplay wie von den Saudis oder Gazprom.

KAPITEL 8

DIE STÄRKE DES RECHTS UND DIE DIPLOMATIE DER ZUKUNFT

Anfang der siebziger Jahre, ganz unter dem Eindruck der ersten Ölkrise, des Berichts des Club of Rome über die Grenzen des Wachstums und des ersten UN-Umweltgipfels in Stockholm 1972, wurde zum ersten Mal das Schreckgespenst der Ressourcenkriege heraufbeschworen. Von Boutros Boutros-Ghali, dem damaligen ägyptischen Außenminister und späteren UN-Generalsekretär, stammt der Ausspruch, dass der nächste Nahostkrieg nicht ums Öl, sondern um Wasser geführt werde. Zeitgleich geriet die These von Malthus, dass Überbevölkerung und Hunger in naher Zukunft zu Krisen und Aufständen führen würden, wieder in Mode. Als Beispiel wurde die Hungerkatastrophe in der Sahelzone mit ihren Auswirkungen auf den Staatenzerfall am Horn von Afrika herangeführt, ebenso die wachsenden innerstaatlichen Konflikte um Landnutzung und -rechte in Westafrika.

Seit dem Ende des Kalten Krieges wird oft vom Zeitalter der Globalisierung gesprochen. Zutreffender allerdings scheint die Bezeichnung »globaler Wandel«. Der aus den USA stammende Begriff »Global Change« umfasst einen weiten Forschungsbereich, der die miteinander verknüpften und weltweit voranschreitenden Änderungen in einer Vielzahl von Bereichen untersucht. Die wirtschaftliche Globalisierung ist einer der wichtigsten Veränderungstrends und sicher auch Motor zahlreicher anderer Entwicklungen. Zum globalen Wandel gehören aber auch Klima- und Umweltveränderungen, technische Innovation und Vernetzung, Migration und Flüchtlingsbewegungen ebenso wie die Ablösung traditioneller Nationalstaaten durch nichtstaatliche und transnationale Akteure. Darunter fallen sowohl multinationale Unternehmen wie Shell, als auch internationale

NGOs wie Greenpeace. Teil der neuen transnationalen Gesellschaft sind aber auch internationale Verbrechenssyndikate und der global operierende Terrorismus. Dem Staat kommt weiterhin eine zentrale Rolle dabei zu, diese Herausforderungen zu bewältigen und den globalen Wandel politisch positiv zu gestalten. Allerdings stößt der klassische Nationalstaat bei der Bewältigung des globalen Wandels an seine Grenzen. Er muss lernen, stärker in multilateralen Organisationen wie der UN und mit nichtstaatlichen Akteuren zu kooperieren, wenn er seine Ziele erreichen möchte.

Die weltweite Energiepolitik ist ein Paradebeispiel dafür, wie eng Veränderungen in der Wirtschafts-, Umwelt- und Außenpolitik miteinander verknüpft sind und aufeinander einwirken. Obwohl es schon eine Reihe von Verträgen und Institutionen gibt, die die Förderung, den Handel und den Umgang mit Energie regeln, ist das internationale Energierecht immer noch lückenhaft. Die Energieressourcen der Welt sind ungleich verteilt; die Förderung wird von wenigen staatlichen und privaten Konzernen beherrscht. Kaum ein Markt ist so undurchsichtig wie der globale Energiemarkt. Traditionelle Organisationen wie die Internationale Atomenergiebehörde und die Internationale Energieagentur lassen den Umweltschutz links liegen. Die internationalen Umwelteinrichtungen dagegen sind zu schwach und zu zersplittert, um die wichtigen ökologischen Auswirkungen der Energieversorgung in den Griff zu bekommen. Traditionelle Sicherheitsbündnisse wie die NATO, aber auch die neue Außen- und Sicherheitspolitik der EU sind noch nicht auf die neuen Herausforderungen eingestellt. Offensichtlich lässt sich der Zusammenhang zwischen Energie, Umwelt und Sicherheit mit den klassischen Methoden der Sicherheitspolitik nicht bearbeiten. Im Weltsicherheitsrat stand das Thema Energie – im Gegensatz beispielsweise zur Aidskrise – noch nie auf der Tagesordnung.

IAEO, IEA, IRENA & Co.

In den Jahrzehnten nach Ende des Zweiten Weltkriegs entstanden mit der Internationalen Atomenergiebehörde (IAEO) und der Internationalen Energieagentur (IEA) erste Eckpfeiler eines internationalen Systems energiepolitischer Institutionen und Verträge. Die IAEO soll einerseits die zivile Nutzung der Kernenergie fördern, auf der anderen Seite Proliferation verhindern. Die IEA liefert Daten, gibt Prognosen über Energieförderung und -verbrauch ab und soll die Energiepolitik ihrer Mitgliedstaaten koordinieren.

Auch innerhalb der Welthandelsorganisation WTO spielen der globale Energiehandel und Investitionsregeln für private und staatliche Energiekonzerne eine wichtige Rolle. So verhandelte die Europäische Union mit Russland intensiv über die Öffnung seiner Energiemärkte und eine transparente Preisgestaltung seiner halbstaatlichen Energieunternehmen.

Die IAEO wurde 1957 im Rahmen des UN-Programms »Atoms for Peace« gegründet. Im selben Jahr wurde der Euratom-Vertrag geschlossen. Heute bestehen beide Organisationen weiter, obwohl weder europa- noch weltweit ein Konsens zur Nutzung der Atomenergie besteht.

Die IAEO ist eine unabhängige wissenschaftlich-technische Organisation, die vertraglich bestimmte Aufgaben für die Vereinten Nationen und den UN-Sicherheitsrat übernimmt. Dazu hören vor allem die Förderung der internationalen Zusammenarbeit zur zivilen Atomkraftnutzung sowie die Überwachung des Atomwaffensperrvertrags. Bei letzterer Aufgabe, die Verbreitung von Kernwaffen über die anfänglichen fünf permanenten Mitglieder des Sicherheitsrats hinaus zu verhindern, war die IAEO ausgesprochen erfolgreich. Nur Indien, Pakistan und Israel, die einzigen drei Staaten, die den Atomwaffensperrvertrag nicht unterzeichnet hatten, legten sich seitdem die Bombe zu. Nordkorea, das als bisher einziges Land Ende der neunziger Jahre aus dem Atomwaffensperrvertrag austrat, zündete 2006 seine erste Atombombe.

Für ihre erfolgreiche Überwachungstätigkeit, vor allem im Irak, erhielt die Organisation 2005 den Friedensnobelpreis. Bei ihrer Hauptaufgabe, der Verbreitung der friedlichen Kernkraftnutzung, war die IAEO weniger erfolgreich. Die Zahl der AKWs stagniert heute weltweit. Auch die momentanen Pläne einiger osteuropäischer und asiatischer Länder, wieder verstärkt auf die Kernkraft zu setzen, sind weitaus bescheidener als die mutigen Prognosen der sechziger und siebziger Jahre. Ob diese überhaupt realistisch und bezahlbar sind, ist keineswegs sicher. Trotzdem ist die IAEO nicht überflüssig geworden. Für die Überwachung der nuklearen Proliferation und weltweiter Sicherheitsstandards für die verbleibenden AKWs sowie andere Nuklearanlagen ist die Organisation weiter notwendig. Das Mandat der IAEO sollte deswegen zukünftig stärker auf das Ziel der nuklearen Sicherheit bestehender Anlagen ausgerichtet werden.

Das bestehende globale System der Energiesicherheit wird den heutigen Herausforderungen nicht mehr gerecht. Es wurde nach dem arabischen Ölembargo 1973 aufgebaut. Sein Kernstück ist die Internationale Energieagentur (IEA) in Paris, in der alle Industrieländer Mitglied sind. Die IEA beobachtet die Entwicklung der Weltenergievorkommen und -märkte, analysiert zukünftig zu erwartende Entwicklungen und gibt diese Daten an ihre Mitgliedstaaten weiter. Die IEA kann keine Vorgaben für die Energiepolitik ihrer Mitgliedstaaten machen, aber für einen besseren Informationsaustausch und Politikkoordination sorgen. Ein wichtiges Element dieser Politikkoordination sind die strategischen Rohölreserven, die alle Industrieländer eingerichtet haben. Damit wollen sich die Mitgliedstaaten der IEA bei Krisen und Knappheiten gegenseitig helfen. Das letzte Mal wurden diese Reserven in Anspruch genommen, als die US-Ölversorgung 2005 durch den Hurrikan Katrina im Golf von Mexiko unterbrochen war.

Ebenfalls als Reaktion auf die Ölkrise von 1973 trafen sich auf Einladung des damaligen französischen Präsidenten Valéry Giscard d'Estaing erstmals die sechs wichtigsten Industriestaaten zu einem Kamingespräch, um ihre Wirtschaftspolitik besser aufeinander abzustimmen. Bei diesem Treffen der großen Sechs (G6), aus dem inzwischen der G8-Gipfel als jährliche Einrichtung geworden ist, ging es ebenfalls vorrangig um das Thema Energie. Neben der Einrichtung der IEA wurden damals ein weiterer Ausbau der Atomenergie, aber auch massive Energiesparprogramme in allen Industrieländern besprochen.

Sowohl die IEA als auch die G8 sind bis heute reine Organisationen der Industriestaaten. Die IEA hat inzwischen mit großen Schwellenländern wie China, Indien oder Brasilien Kooperationsvereinbarungen geschlossen und erhebt auch für diese Länder wichtige energiepolitische Daten. Auch die wechselnden G8-Präsidentschaften laden jeweils Regierungsvertreter der großen Schwellenländer und aus Entwicklungsländern zu Diskussionsrunden am Rand der jährlichen Gipfeltreffen ein. Doch IEA und G8, die beiden großen Institutionen, denen es nach der Ölkrise der siebziger Jahre gelang, die Weltwirtschaft wieder zu stabilisieren, decken heute nur noch einen Teil der globalen Energiemärkte ab. Eine Erweiterung der IEA um die wichtigsten Schwellenländer und eine Ausweitung der G8 auf ein Bündnis der G20 – so der Vorschlag der kanadischen Regierung – inklusive regionaler Führungsmächte aus allen Kontinenten würden beide Einrichtungen nicht nur demokratischer, sondern in der globalisierten Welt von heute auch handlungsfähiger machen.

Seit dem Johannesburger Gipfel 2002 wird die Gründung einer Internationalen Agentur für erneuerbare Energien diskutiert. Im Jahr 2004 fand auf Einladung der deutschen Regierung in Bonn erstmals ein Weltgipfel für die Förderung und den Ausbau der erneuerbaren Energien statt. Deutsche Entwicklungseinrichtungen wie die Kreditanstalt für Wiederaufbau (KfW) und die Gesellschaft für technische Zusammenarbeit (gtz) fördern den Export deutscher Wind- und Solartechnik in alle Welt. Deutschland setzt sich außerdem dafür ein, dass für umweltfreundliche Energietechniken besondere Regeln im Welthandel gelten. Bei einigen UN-Mitgliedstaaten, vor allem den USA, gibt es Widerstand gegen eine weitere internationale Behörde im schon heute fast unüberschaubaren System der UN-Bürokratie. Deswegen soll IRENA als Netzwerk bestehender nationaler und regionaler Agenturen aufgebaut werden. Nichtregierungsorganisationen und wissenschaftliche Einrichtungen sollen gleichberechtigt in der Organisation mitarbeiten können.

Umweltpolitik und Krisenprävention

Die wissenschaftliche Auseinandersetzung über den Zusammenhang zwischen Umwelt und Sicherheit ist mehrere Jahrzehnte alt. Sie beschreibt Konflikte um die Nutzung von Umweltressourcen und Land als zentralen Teil gesellschaftlicher Auseinandersetzung. Aus einer anfänglich wissenschaftlichen Debatte heraus wurde inzwischen eine Reihe von Instrumenten der Krisenprävention durch Naturschutz und Ressourcenmanagement entwickelt, deren Betrachtung sich – beispielsweise bei der Erarbeitung des Aktionsprogramms Krisenprävention der Bundesregierung – lohnt.

So geht es in vielen der Krisenregionen, in denen sich die Deutschen oder Europäer wirtschaftlich und technisch engagieren, um die Diversifizierung regionaler Wirtschaftsstrukturen – weg von der einseitigen Abhängigkeit von Rohstoffförderung und -export. Genauso wichtig ist es, die Auswirkungen von Investitionen und Exportvorhaben deutscher Unternehmen in Krisenregionen daraufhin zu prüfen, ob sie Umwelt- und Ressourcenkonflikte weiter verstärken oder einer nachhaltigen regionalen Wirtschaftsentwicklung den Weg ebnen. Natur- und Umweltschutzkooperationen können dabei als Ausgangspunkt regionaler und grenzüberschreitender Wirtschaftskonzepte dienen.

Das Aktionsprogramm Krisenprävention der Bundesregierung widmet sich drei umweltpolitischen Themenfeldern: der Kooperation im Bereich Energiesicherheit und Klimaschutz, dem regionalen und grenzüberschreitenden Management von Wasserressourcen sowie dem Naturschutz, basierend auf der modernen Definition der UN-Biodiversitätskonvention von Schutz, nachhaltiger Nutzung und gerechtem Vorteilsausgleich.

Zu den ältesten Instrumenten einer grenzüberschreitenden Zusammenarbeit zwischen ansonsten entfremdeten Nachbarn zählen die zahlreichen internationalen Kommissionen und Gremien zum Gewässerschutz. Die Einführung gemeinsamer, grenzüberschreitender Systeme zum Flussgebietsmanagement war eine Empfehlung des Weltgipfels für nachhaltige Entwicklung (WSSD), der 2002 im südafrikanischen Johannesburg stattfand. Die in Europa entwickelte Idee, die wirtschaftlichen Aktivitäten und den Schutz der Ressourcen in den Einzugsbereichen großer Flüsse, wie des Rheins, der Donau oder der Elbe, politisch gemeinsam zu gestalten, war eine der bemerkenswertesten institutionellen Innovationen der Nachkriegszeit. So war die Internationale Kommission zum Schutz des Rheins (IKSR) das erste Gremium, in dem die gerade gegründete Bundesrepublik Deutschland nach dem Zweiten Weltkrieg gleichberechtigt mit seinen Nachbarn zusammenarbeitete. Sie bildete einen der Bausteine für die einige Jahre später gegründete Europäische Wirtschaftsgemeinschaft (EWG), aus der letztendlich die EU hervorging. Die Grundidee, regionale Kooperation um gemeinsame Ressourcen zu organisieren, lässt sich auch auf zahlreiche Länder des Südens übertragen.

Auch grenzüberschreitende Naturschutzkooperationen haben inzwischen Tradition. Zwischen Südafrika und Mosambik wurde ein Peace Park gegründet, der den Krüger Nationalpark in das Nachbarland erweitert. Armenien und Aserbaidschan liegen eigentlich miteinander im Krieg. Die Nationalparkverwaltungen arbeiten als einzige Behörden weiter zusammen. Im Rahmen des Balkanstabilitätspakts wurden zwei Seenschutzgebiete im Grenzraum von Mazedonien, Montenegro und Albanien gefördert. Insgesamt gibt es weltweit fast 600 grenzüberschreitende Schutzgebiete, die auch dort zu einer Kultur der Kooperation beitragen, wo es sonst kaum wirtschaftlichen oder politischen Austausch gibt.

Deutschland ist nicht das einzige europäische Land, das den Wert umweltpolitischer Kooperation innerhalb der Außenpolitik erkannt hat. So wurde auf der Tagung des Europäischen Rats in Thessaloniki im Frühsommer 2003 das »EU Green Diplomacy Network« aus Ministerialbeamten aller Mitgliedstaaten ins Leben gerufen. Es soll die Zusammenarbeit der EU in internationalen Gremien, also vor allem in der UN, der WTO und den Weltfinanzorganisationen, stärken. Oftmals agieren die Mitgliedstaaten selbst dort, wo eine vertragliche Grundlage zur Zusammenarbeit existiert, nebeneinander oder neben der Europäischen Kommission. Wichtige Themen des Green Diplomacy Network sind die Krisenprävention und die Krisennachsorge.

Vom Brundtland-Bericht zur Weltumweltorganisation

Schon 1987 kam der Brundtland-Bericht zu folgender Schlussfolgerung: »Die immer krasser zutage tretende Umweltkrise stellt für die nationale Sicherheit – ja für das nationale Überleben – unter Umständen eine größere Bedrohung dar als ein gut bewaffneter, übelwollender Nachbar oder feindliche Militärbündnisse. Bereits heute ist in Teilen Lateinamerikas, Asiens, des Mittleren Ostens und Afrikas die Krise der Umwelt zu einer Quelle politischer Unruhe und internationaler Spannung geworden.«

Schon Ende der achtziger Jahre wurde also der explosive Zusammenhang von Armut und Umweltzerstörung als Risiko für Stabilität und Sicherheit begriffen. Im Jahr 1989 regte der damalige sowjetische Staatschef Michail Gorbatschow die Schaffung eines Umweltsicherheitsrats neben dem bestehenden Weltsicherheitsrat an. Nach dem Ende der Sowjetunion gründete Gorbatschow die Organisation Green Cross International, um diese Idee am Leben zu halten. Hauptidee von Green Cross war, dass die UN bei Umweltkrisen so genannte »Grünhelme«, ähnlich der bekannten Blauhelme, in die Krisenregion schicken kann.

Kurz darauf, 1992, fand in Rio die erste UN-Konferenz für Umwelt und Entwicklung statt.

In der heutigen Debatte sind weitere Aspekte hinzugekommen. So trägt die Ausbeutung regionaler Ressourcen für den Weltmarkt in zahlreichen Entwicklungsländern zur Finanzierung innerstaatlicher Konflikte bei. Der jahrzehntelange Bürgerkrieg in Angola wurde auf Regierungsseite durch den Ölexport sowie aufseiten der oppositionellen Unita durch den Diamantenschmuggel bezahlt. Die Warlords Westafrikas finanzieren ihre Herrschaft unter anderem mit dem Export von Tropenholz. Im Bürgerkriegsgebiet des westlichen Kongo wird das für die Handyherstellung notwendige Metall Coltan gefördert.

Diesen so genannten »Gewaltökonomien« steht das Versagen nationaler und internationaler Governancestrukturen in diesen Regionen gegenüber. Die Frage ist, wie die internationale Gemeinschaft auf solche Konflikte schlichtend einwirken kann. So kann die Zertifizierung von Tropenholz oder die Kennzeichnung von Diamanten verhindern, dass Produkte aus Bürgerkriegsgebieten international gehandelt werden und der Konflikt dadurch weiter finanziert wird. Für Rohöl, das sich in seiner chemischen Zusammensetzung je nach Quelle ebenfalls signifikant unterscheidet, gibt es ein solches Zertifizierungssystem bisher nicht.

Als im Rahmen des Entwicklungsprogramms der Vereinten Nationen (UNDP) 1994 ein Konzept der »menschlichen Sicherheit« entwickelt werden sollte, das nicht nur die Sicherheit von Staaten, sondern auch des Individuums garantiert, nannte die UNDP als eine der wichtigen Komponenten auch die Umweltsicherheit.

Im Jahr 2002 fand schließlich, zehn Jahre nach der Rio-Konferenz, im südafrikanischen Johannesburg der Weltgipfel für Nachhaltige Entwicklung statt. Eine der wichtigsten Ideen, die auf dem Johannesburger Gipfel diskutiert wurden, war die Einrichtung einer neuen Weltumweltorganisation.

Langfristig muss es im System der Vereinten Nationen eine Weltumweltorganisation (WEO) geben, die es an Einfluss mit der Welthandelsorganisation WTO oder zumindest der Weltgesundheitsorganisation WHO aufnehmen kann. Zahlreiche Ressourcenkonflikte ließen sich dadurch entschärfen. Zu den Kernaufgaben der neuen Weltumweltorganisation sollte die Sicherung einer umweltgerechten Energieversorgung weltweit gehören. Wie die WHO sollte auch die WEO in der Lage sein, weltweite Kampagnen durchzuführen. Anstatt Infektionskrankheiten zu bekämpfen, wäre es Aufgabe der WEO, mit sparsamen, effizienten und umweltgerechten Energietechnologien die Ärmsten dieser Welt zu versorgen.

Gefördert werden sollte die Umsetzung internationaler Umweltabkommen durch Staaten mit mangelhafter Verwaltungsstruktur und geringen wissenschaftlichen Kapazitäten. Im wissenschaftlichen Bereich ist es besonders wichtig, die Frühwarnung vor Naturkatastrophen, beispielsweise vor extremen Wetterereignissen, Hochwasser oder Gewässerverschmutzung, zu verbessern. Das Umweltprogramm der Vereinten Nationen (UNEP), eine innerhalb der UN stiefmütterlich behandelte Institution, könnte dabei helfen.

Bisher ist das internationale Umweltrecht fragmentiert. Zahllose Verträge und Institutionen existieren nebeneinander her. Streitschlichtungsverfahren mit rechtsverbindlichem Ausgang, wie im Welthandelsabkommen der WTO vorgesehen, sind im Umweltbereich die Ausnahme. Die Möglichkeit, Sanktionen zu verhängen, wie bei der WTO, oder Strafzahlungen anzuordnen, wie bei Verletzung des EU-Rechts, gibt es nirgends. Die Beteiligung von NGOs und die Einsicht der Öffentlichkeit in Umweltdaten sind von Vertrag zu Vertrag unterschiedlich geregelt. Schließlich müsste eine Weltumweltorganisation dafür sorgen, dass der Umweltgedanke auch in anderen Bereichen des internationalen Systems zur Geltung kommt. Die Energie- und die Sicherheitspolitik zählen zu den wichtigsten.

Mare Liberum

Das internationale Seerecht ist der älteste und am weitesten entwickelte Versuch dafür, ein globales Gemeinschaftsgut (»global public good«) gemeinsam zu verwalten und unter die Aufsicht des Völkerrechts zu stellten. Gleichzeitig zeigt das Seerecht, wo die Grenzen des Völkerrechts liegen, wenn nationale Interessen im vermeintlich rechtsfreien Raum zusammenstoßen.

Das moderne Seerecht basiert auf der von Hugo Grotius 1609 erstmals vorgestellten Idee des Mare Liberum, des freien Meeres. Seitdem wurde der freie Zugang zu den Weltmeeren immer weiter eingeschränkt. Schon 1703 schlug der Holländer Cornelius van Bynkershoek die Ausweitung der nationalen Souveränität der Staaten auf einen Drei-Meilen-Zone über den Rand der Landesküste hinaus vor. Drei Meilen weit reichten damals die modernsten Geschütze. Über diese Distanz, davon ging man aus, konnte ein Staat seine Souveränität verteidigen und damit wirkungsvoll in Anspruch nehmen.

Die Geschütze reichen heute weiter, und aus den drei Meilen wurde eine Ausweitung der nationalen Hoheitsgewässer auf die heute übliche Zwölf-Seemeilen-Zone. Außerhalb dieser Zone dürfen auf Butterfahrten weiterhin Waren zollfrei verkauft werden, endet aber noch nicht das Recht der Küstenstaaten zur Rohstoffnutzung.

Die Ausschließliche Wirtschaftszone (AWZ) gilt bis zu einer Ausdehnung von 200 Seemeilen. Innerhalb der AWZ dürfen die Staaten Fischerei betreiben und Bodenschätze unter dem Meeresgrund ausbeuten. Jenseits ihrer Grenzen enden theoretisch die nationalen Hoheitsbefugnisse und beginnt das gemeinsame Erbe der Menschheit, über das die Vereinten Nationen wachen. Praktisch versucht eine Reihe von Staaten derzeit aber, ihre Wirtschaftszone weiter auszudehnen, da unter hoher See mehr und mehr Rohstoffvorkommen, vor allem Öl und Gas, vermutet werden. Sie stützen sich dabei auf zwei rechtliche Schlupflöcher der Konvention: Ausgeweitet werden kann die AWZ, wenn der Festlandsockel, vor dem das Küstenmeer in die Tiefsee abfällt, sich über die 200-Seemeilen-Grenze ausdehnt. Auch unter dem Meer befindliche Gebirgszüge gelten als »natürliche Verlängerung« des Festlandsockels. Entlang dieser Verlängerungen lässt sich theoretisch in jede Richtung eine 200 Seemeilen breite AWZ ausweisen. Wo der Festlandsockel beginnt oder endet, ist nicht immer genau nachzuweisen, vor allem wenn mehrere Länder sich einen Abschnitt des Sockels teilen. Was eine natürliche Verlängerung ausmacht, ist in der UN-Seerechtskonvention nur sehr allgemein formuliert. So ist es kein Wunder, dass unterschiedliche Staaten die topografische Lage auf dem Meeresboden höchst unterschiedlich interpretieren.

In einigen Fällen führt die rechtliche Unklarheit über den Zuschnitt der nationalen Wirtschaftszonen zu massivem Auseinandersetzungen. Im ostasiatischen Meer zwischen den Küsten Chinas, Japans und anderer Anrainerstaaten, wie Korea, Vietnam und den Philippinen, tobt der Streit um eine Reihe von Felsen und unbewohnten Inseln. Dabei geht es nicht um die mehr oder weniger regelmäßig vom Meer freigegebenen Felsen im Pazifik, sondern um die Unterwassergebirgsketten, aus denen diese Felsen herausragen. Je nachdem, welchem Festlandsockel diese Formationen zugeordnet werden, ist der Zuschnitt der nationalen AWZ unterschiedlich zu gestalten. China und Japan haben deswegen deutlich voneinander abweichende Vorstellungen davon, wo sie nach Öl bohren dürfen. Beide Seiten beschuldigen sich, in das jeweilige Hoheitsgebiet des anderen eingedrungen zu sein oder unter diesem gebohrt zu haben. Inzwischen ist die Lage so weit eskaliert, dass Kriegsschiffe beider Streitparteien in der umstrittenen Zone in Sichtweite zueinander patrouillieren und harmlose Fischerboote in die Flucht jagen.

Auch um die Hoheitsgewässer in der Arktis wird gestritten. Früher interessierte sich kaum jemand dafür, über den Nordpol und die ihn umgebenden Eisschollen zu herrschen. Heute werden im Eismeer, ob vor der nordrussischen Küste und vor dem norwegischen Spitzbergen, ob in der Baffin Bay zwischen Kanada und Grönland oder der Beaufortsee im Westen Kanadas vor Alaska, Öl und Gas vermutet. Seitdem arbeiten die Kartografen auf Hochtouren. So hat Dänemark eigenen Angaben nach einen Unterwasserausläufer Richtung Nordpol entdeckt und erhebt deswegen Anspruch auf diesen sowohl symbolträchtigen als auch gewinnversprechenden Punkt im Eismeer. Dänen und Kanadier haben beide ihre Flaggen auf der unbewohnten Hans-Insel in der Baffin Bay gehisst. Kanada zankt mit den USA über die Grenzziehung in der Mitte der Beaufortsee. Der größte Teil der arktischen Nordküste verläuft in Russland. Aber das attraktivste Gebiet mit den meisten bisher entdeckten Energievorkommen zieht sich von Nordnorwegen über die Inselgruppe Spitzbergen bis zum Pol.

Sowohl Kanada als auch die USA haben inzwischen damit begonnen, ihre Kriegsmarine mit eisbrechenden Schiffen auszurüsten, um ihre Hoheitsansprüche im Zweifelsfall auch gewaltsam geltend machen zu können. Sogar die Chinesen haben auf Spitzbergen inzwischen eine Forschungsstation installiert.

Schiedsinstanz über alle diese Streitpunkte sollte eigentlich die Internationale Seerechtskonvention sein, die unter der Ägide der UN ausgehandelt wurde. Allerdings wurde diese noch nicht von allen Staaten ratifiziert. Prominentester Außenseiter sind wieder einmal die USA. Sie wollen sich nicht durch den Hamburger Internationalen Seegerichtshof in ihre nationale Souveränität hineinregieren lassen. Der Nachteil für die USA ist: Bei einer Ausweitung der Hoheitszonen in die rohstoffreichen arktischen Gewässer sind die USA, so lange sie die Konvention nicht unterschrieben haben, auch nicht dabei.

Das internationale Seerecht ist ein Musterbeispiel für die Stärken und Schwächen des Völkerrechts bei der Kontrolle globaler Gemeinschaftsgüter. Konflikte um Ressourcen und nationale Souveränität können nur dann vermieden werden, wenn alle Staaten das internationale Recht und einen gemeinsamen Streitschlichtungsmechanismus anerkennen. Lücken im Recht müssen durch seine Weiterentwicklung und durch rechtlich anerkannte Schiedssprüche gefüllt werden. Dabei ist es wichtig, dass alle Seiten denselben wissenschaftlichen Erkenntnisstand anerkennen. Bei der Weiterentwicklung des internationalen Seerechts sollte Umweltbelangen höhere Aufmerksamkeit als bisher gewidmet werden. Das gemeinsame Erbe der Menschheit, das sich außerhalb der nationalen AWZ befindet, sollte Schutzzone für wandernde Fischarten und Meeressäuger sowie für die noch weitgehend unerforschte Tiefseefauna bleiben. In Frank Schätzings Roman »Der Schwarm« wird sehr eindrücklich, wenn auch etwas fantasievoll, geschildert, dass wir nicht wissen, was uns tief unter dem Meer erwartet. Bevor wir nicht wissen, was wir zerstören, sollten wir die Öl- und Gasvorräte, die hinter dieser letzten Grenze verborgen liegen, friedlich ruhen lassen.

Kioto Plus

Neben der Hochsee und der Arktis ist die Atmosphäre das dritte globale Gemeinschaftsgut, das nur durch völkerrechtliche Regelungen geschützt und gemeinsam genutzt werden kann.

Seit dem Ende des Kalten Krieges und dem Erdgipfel von Rio 1992 ist der Klimaschutz in den Mittelpunkt der globalen Diplomatie gerückt. Die ehemalige US-Außenministerin Albright bezeichnete die Klimaverhandlungen von Kioto als die kompliziertesten Verhandlungen, die sie in ihrer Amtszeit führen musste. Kein Wunder – schließlich handelt es sich beim Klimaschutzprotokoll von Kioto um nicht weniger als ein erstes globales Rahmenabkommen zur Nutzung des für alle Volkswirtschaften zentral wichtigen Energiesektors.

Das Kioto-Protokoll, mit dem 1997 erstmals verbindliche Reduktionsziele für die klimagefährdenden Treibhausgase festgelegt wurden, beruht auf der von fast allen Staaten der Welt unterzeichneten UN-Klimarahmenkonvention. Das Kioto-Protokoll ist das erste weltweite und rechtsverbindliche Abkommen, mit welchem dem ungehemmten Verbrauch von Energie Grenzen gesetzt werden sollen. Allerdings hat das Abkommen zwei entscheidende Schwachpunkte. Die bescheidenen Reduktionsziele, auf die sich die Industrieländer in Kioto verpflichtet hatten, gelten nur bis 2012. Schon heute muss deswegen damit begonnen werden, ein Nachfolgeabkommen auszuhandeln, das weitere und anspruchsvollere Klimaschutzziele vorgibt. Der zweite Haken bei der Sache ist, dass einige der wichtigsten Staaten bei Kioto nicht dabei sind. China, Indien und andere große Entwicklungsländer wurden von vornherein außen vor gelassen. Die USA weigerten sich, das Abkommen zu ratifizieren. Der damalige US-Vizepräsident Al Gore hatte in Kioto noch persönlich für einen Durchbruch bei den Verhandlungen gesorgt. Die Nachfolgeregierung unter Präsident Bush kündigte anschließend an, das unterschriebene Abkommen dem US-Kongress nicht mehr zur Ratifizierung vorzulegen. Russland hat das Kioto-Protokoll zwar ratifiziert, in den Verhandlungen aber so günstige Bedingungen für sich herausgeschlagen, dass es seinen CO_2-Ausstoß noch über Jahre steigern kann.

Universelles Völkerrecht oder Ad-hoc-Koalitionen?

Im Umwelt- und Energievölkerrecht stehen sich zwei Vorstellungen gegenüber: Werden internationale Verträge im Rahmen der Vereinten Nationen geschlossen und stehen sie damit potenziell allen UN-Mitgliedern offen? Oder schließt man außerhalb der UN so genannte Koalitionen der Willigen, Fähigen und Mächtigen, ohne sich auf den mühevollen Zwang zum Konsens einzulassen, der in den Vereinten Nationen herrscht?

Das klassische Beispiel einer Koalition der Willigen ist das Staatenbündnis, mit dem die USA in den zweiten Irakkrieg zogen. Das Beispiel Irak macht auch deutlich, woran es Koalitionen der Willigen fehlt. Nur die UN kann einer politischen Unternehmung die Legitimation der gesamten Völkergemeinschaft verleihen; auf der Grundlage dieser Legitimation und der festen politischen Verankerung in gemeinsamen Institutionen sind eine dauerhafte Beteiligung der Verbündeten und die erfolgreiche Verwirklichung eines solchen Vorhabens deutlich wahrscheinlicher.

Die Alternative zwischen multilateraler Kooperation innerhalb der UN oder einer Koalition der Willigen unter der Führung der USA stellt sich auch im Klimaschutz. Die EU und die Mehrheit der Entwicklungs- und Schwellenländer möchten den Klimaschutz in einem universellen Abkommen im Rahmen der Vereinten Nationen regeln. Grundlage dafür ist die auf dem Erdgipfel von Rio 1992 beschlossene Klimarahmenkonvention. Das Kioto-Protokoll ist der erste Schritt zur Umsetzung dieses von fast allen Staaten der Erde ratifizierten Abkommens. Weitere Schritte sollen folgen. Seit 2005 laufen Gespräche über das Nachfolgeabkommen von Kioto, mit dem Ziel fortgeschriebener Reduktionsziele und eines erweiterten Teilnehmerkreises. Diese Verhandlungen sind – wie für die Vereinten Nationen typisch – langwierig und mühsam. Es besteht immer die Gefahr, dass man sich lediglich auf einen Kompromiss, auf den kleinsten gemeinsamen Nenner einigt. Andererseits können Vorreitergruppen, wie im Fall des Kioto-Protokolls die EU, auch bei diesen auf Konsens angelegten Verhandlungsprozessen die Richtung angeben.

Eines der Kernstücke des internationalen Klimaschutzes ist der Emissionshandel. Da in einem internationalen Emissionshandelssystem die jedem Land zugewiesenen Zertifikate bares Geld wert sind, ist ihre Zuteilung ein Politikum. Bei der anfänglichen Zuteilung der Emissionsrechte kann auf unterschiedliche Weise vorgegangen werden. Industrieländer wie die USA sind dafür, ihren jetzigen – hohen – Treibhausgasausstoß als Grundlage zu nehmen. Bevölkerungsreiche Entwicklungsländer wie Indien und China wollen weltweit jedem Kopf die gleichen Emissionsrechte zuteilen – und würden davon erheblich profitieren. Möglich wäre auch, einen Teil der Emissionszertifikate zu versteigern, ähnlich wie es Ende der neunziger Jahre in Deutschland mit den Mobilfunklizenzen geschehen ist. Die dadurch erzielten Einnahmen könnten in zusätzliche Klimaschutzmaßnahmen gesteckt werden. Wie auch immer ein solches System ausgestaltet wird, es hat auf jeden Fall erhebliche distributive Effekte. Durch restriktive anfängliche Zuteilung von Emissionsrechten können wirtschaftliche Entwicklungsmöglichkeiten beschnitten werden. Auf der anderen Seite kann mit einer großzügigen Zuteilung von Zertifikaten, die auf dem Weltmarkt Gewinn abwerfen, aktiv Entwicklungshilfe betrieben werden. Eine zu großzügige Zuteilung von Emissionsrechten, wie das Kioto-Protokoll sie beispielsweise schon heute an Russland und die Ukraine garantiert, kann andererseits wirtschaftliche Modernisierung dadurch blockieren, dass der Anreiz zur Erneuerung ineffizienter Anlagen fehlt.

Einige UN-Mitgliedstaaten, allen voran die USA, lehnen die Reduktionsziele des Kioto-Protokolls ab. Politische Berater haben der US-Regierung nun vorgeschlagen, außerhalb des Rahmens von Kioto separate Abkommen mit denjenigen Ländern zu schließen, die die Bedenken der Amerikaner teilen. Statt eines universellen Klimaschutzabkommens im Rahmen der UN könnte es demnach auch im globalen Umweltschutz zukünftig Koalitionen der Willigen geben. Modell dafür soll das 2005 geschlossene Abkommen einer asiatisch-pazifischen Klimaschutzpartnerschaft sein, mit der die USA Länder wie China und Indonesien dabei unterstützen möchten, energiesparende Technologien einzuführen.

Das internationale Klimaschutzsystem, das in den kommenden Jahren für den mittelfristigen Zeitraum der nächsten 20 Jahre ausgehandelt wird, muss die wirtschaftliche und politische Machtbalance, die für das Jahr 2020 oder 2030 zu erwarten ist, antizipieren. Welche Philosophie des internationalen Klimaschutzsystems sich letztendlich durchsetzt, entscheidet sich in den kommenden Jahren daran, für welches der beiden Modelle sich die großen Schwellenländer, wie China, Indien, Brasilien oder Indonesien, entscheiden. Können die Europäer und andere Unterstützer des multilateralen Verhandlungsansatzes China und andere davon überzeugen, dass ihre wirtschaftlichen und energiepolitischen Gestaltungsansprüche am besten innerhalb eines universellen Systems nach den Regeln des Völkerrechts aufgehoben sind, oder machen die USA den großen Schwellenländern Asiens und Lateinamerikas Angebote zur technologischen und finanziellen Kooperation, die diese nicht ablehnen können? Bei dieser Entscheidung geht es nicht nur um den Schutz des Klimas, sondern darum, nach welchen Regeln und innerhalb welcher Institutionen sich die energiepolitische Kooperation der großen Mächte im 21. Jahrhundert abspielen wird.

Weltsicherheitsrat

Ende der neunziger Jahre beschäftigte sich der Weltsicherheitsrat der Vereinten Nationen auf Initiative des damaligen US-Präsidenten Bill Clinton erstmals mit einem Thema des so genannten »erweiterten Sicherheitsbegriffs«. Auf der Tagesordnung stand die Aidskrise. Dem amerikanischen UN-Botschafter Richard Holbrooke war aufgefallen, dass Aids vor allem in Afrika nicht nur mehr Menschen tötet als die meisten regionalen Konflikte, sondern auch zum Zerfall sozialer Strukturen und damit ganzer Gesellschaften und Staaten beiträgt.

Die Energiekrise in all ihren Facetten – Konflikte um den Zugang zu Ressourcen, Einsatz von Energie als politisches Druckmittel und Waffe, Gefahr der Energiearmut für weite Bevölkerungsteile – gehört ebenfalls zu einem modernen, umfassenden Sicherheitsbegriff. Wer die Energiekomponente vernachlässigt, wird auch einige der klassischen Regionalkonflikte, mit denen sich der Weltsicherheitsrat traditionell befasst, falsch analysieren und kaum lösen können.

Einige Beispiele dafür:

Die ethnischen Säuberungen im südlichen Sudan und der Provinz Darfur hängen eng damit zusammen, dass es im Süden des Landes reiche Ölvorkommen gibt. Nicht nur die Zentralregierung in Khartum, sondern auch die staatlichen chinesischen Ölfirmen, die dort investiert haben, profitieren vom Ölgeschäft und wollen die Unabhängigkeit oder Autonomie des Südsudan auf jeden Fall verhindern. China hat als ständiges Mitglied des Weltsicherheitsrats daher eine allzu scharfe Verurteilung des Sudan bisher blockiert.

Während des monatelangen Aufgalopps zum zweiten Irakkrieg, der schließlich 2003 zum Einmarsch amerikanischer Truppen führte, spielte das Thema Öl offiziell keine Rolle. Dabei wäre es ehrlicher gewesen zuzugeben, dass dem Irak vor allem deswegen hohe geostrategische Bedeutung zukommt, weil in ihm die zweitgrößten Ölreserven der Region lagern. Für den Fall, dass islamische Fundamentalisten in Saudi-Arabien, dem wichtigsten Ölexporteur der Welt, die Kontrolle übernehmen würden, wäre das irakische Öl für die Weltwirtschaft unverzichtbar. Wahrscheinlich nicht zu Unrecht wurde deswegen vermutet, dass die USA mit einem Regimewechsel in Bagdad auch eine langfristige Sicherung ihrer Ölversorgung erreichen wollten. Wäre der Weltsicherheitsrat seiner Rolle gerecht geworden, hätte er über die energiepolitische Abhängigkeit der Welt von der unsicheren Region am Persischen Golf zumindest diskutiert.

Auch beim Konflikt des Westens mit dem Iran um sein illegales Atomwaffenprogramm spielen die Stellung Irans als wichtiger Ölproduzent und seine regionale Lage eine bedeutende Rolle. China plant, einen großen Teil seiner Öl- und Gaseinfuhren zukünftig aus dem Iran zu beziehen. Russland möchte mittelfristig mit dem Iran – unter dem Stichwort »Gas OPEC« – ein Erdgaskartell bilden. Beide Länder haben kein Interesse daran, es wegen des Atomwaffenprogramms zum Bruch mit dem Iran kommen zu lassen.

Schließlich wird sich der israelisch-palästinensische Konflikt, und mit ihm der umfassendere israelisch-arabische Konflikt, der seit der Unabhängigkeitserklärung Israels zu mehreren Kriegen mit dessen arabischen Nachbarn geführt hat, nicht lösen lassen, wenn die eng miteinander verbundenen und voneinander abhängigen Staaten dieser Region sich nicht auf ein System politischer und wirtschaftlicher Kooperation verständigen. Die Vision einer regionalen Wirtschaftsgemeinschaft stand auch hinter dem Osloer Friedensabkommen, auf das sich Mitte der neunziger Jahre der israelische Premierminister Rabin und Palästinenserführer Arafat einigten. Der Beitrag der Ölstaaten Saudi-Arabien und Kuwait, oder in einem geringeren Maße Ägyptens, könnte es sein, ihren Energiereichtum und die daraus resultierenden Entwicklungschancen mit ihren ärmsten Nachbarn, den Palästinensern, zu teilen. Eine solche praktische Solidarität wäre viel mehr wert als Tausende pro-palästinensischer Demonstrationen und Deklarationen in den arabischen Staaten.

Energie-Governance

Die vielfältigen internationalen Einrichtungen und Arrangements, die in der internationalen Energiepolitik bereits bestehen, lassen sich wahrscheinlich nicht in einem völkerrechtlichen Vertrag zusammenfassen. Stattdessen werden wir vorerst weiter in einem System leben müssen, das die Politikwissenschaftler Governance nennen. Die Internet-Enzyklopädie Wikipedia (www.wikipedia.de) bietet für den Begriff der Governance folgende Definition an: »Governance bezeichnet generell das Steuerungs- und Regelungssystem einer politisch-gesellschaftlichen Einheit (...) Der Ausdruck ist – im politischen Umfeld – alternativ zum Begriff Government (Regierung) entstanden und soll ausdrücken, dass innerhalb der jeweiligen politisch-gesellschaftlichen Einheit Steuerung und Regelung nicht nur vom Staat (›Erster Sektor‹), sondern auch von der Privatwirtschaft (›Zweiter Sektor‹) und vom ›Dritten Sektor‹ (Vereine, Verbände, Interessenvertretungen) wahrgenommen wird.« Immer häufiger arbeiten staatliche Behörden, Unternehmen und NGOs in globalen Politiknetzwerken (»Global Public Policy Networks«) zusammen, um gemeinsame Probleme arbeitsteilig zu lösen. Die Rolle von Regierungen und internationalen Organisationen kann sich oftmals darauf beschränken, diese komplexen Politikprozesse zu steuern oder im Konfliktfall am Ende für klare, demokratisch legitimierte Entscheidungen zu sorgen.

Mit der Integration in den Weltmarkt und mit der Demokratisierung politischer Systeme wächst auch die Rolle von Nichtregierungsorganisationen. Solche Vereine und Verbände können natürlich nur in demokratischen politischen Systemen florieren. Andererseits tragen sie selbst und aktiv zur Schaffung von Demokratie bei. Weltweit operierende Unternehmen sind durch die Kampagnen von NGOs angreifbarer als die staatsmonopolistischen Energiekonzerne des ausgehenden 20. Jahrhunderts.

Ein wichtiger Bestandteil moderner politischer Regelungssysteme ist, dass die wirtschaftlichen Akteure selbst einen Teil der Verantwortung übernehmen. Unternehmensverantwortung – oder wie es heute heißt »Corporate Social Responsibility« – kommt nicht von allein.

Selbstlose, erleuchtete Unternehmer sind eher die Ausnahme als die Regel. Auch werden wirtschaftliche Unternehmen daran gemessen, ob sie sich am Markt durchsetzen, und nicht daran, wie verantwortungsbewusst sie mit der Natur, ihrem Energieverbrauch oder ihren politischen Beziehungen umgehen. Trotzdem können Staat und Gesellschaft für Unternehmen wichtige Anreize schaffen, sodass es sich auch wirtschaftlich lohnt, sich verantwortungsbewusst zu verhalten.

Das abschreckende Beispiel für alle Energiekonzerne ist die Geschichte von Shell. Shell geriet 1995 in die Kritik, als es die Erdölplattform Brent Spar in der Nordsee versenken wollte. Die monatelange Gegenkampagne von Greenpeace führte dazu, dass der Umsatz von Shell europaweit dramatisch einbrach. Während sich vor benachbarten Tankstellen Schlangen bildeten, blieben die Shell-Tankwarte über den ganzen Sommer arbeitslos. Der Konzern verzichtete schließlich darauf, die Brent Spar zu versenken. Die Plattform wurde vor die norwegische Küste geschleppt und dort zerlegt. Auch wenn sich später herausstellte, dass viele der Anschuldigen von Greenpeace, was die an Bord der Brent Spar gelagerten Giftstoffe betrifft, übertrieben waren, so wurde ein für alle Mal verhindert, dass die Nordsee zur Schrotthalde für Ölbohrtürme wird. Fast zeitgleich nahm das Image des Konzerns dadurch Schaden, dass der nigerianische Schriftsteller und Menschenrechtsaktivist Ken Saro-Wiwa hingerichtet wurde, nachdem er gegen Shells Ölbohrungen im Nigerdelta protestiert hatte. Shell wurde nicht nur beschuldigt, mit seinen Ölbohrungen Wasserqualität und Natur des Nigerdeltas empfindlich zu beschädigen, sondern auch mit der nigerianischen Militärjunta bei der Unterdrückung der Volksgruppe der Ogoni, aus der Saro-Wiwa stammte, zu paktieren.

Rapider Bevölkerungszuwachs durch Zuwanderung von außen, ethnische Konflikte und soziale Spannungen sind typisch für die Öl-Eldorados der Dritten Welt. Wichtigster Streitpunkt ist dabei meist die gerechte Verteilung der Öleinnahmen, die eben meist nicht in lokalen Händen, sondern in den Taschen korrupter Bürokraten und brutaler Militärs landet. Das Beispiel Shell hat gezeigt, dass in unserer heutigen globalen Medienlandschaft Unternehmen nicht dabei zuschauen können, wie Umwelt und Menschenrechte dort, wo sie aktiv sind,

Schaden nehmen. Wo der Staat schwach oder korrupt ist, stehen internationale Großkonzerne selbst in der Verantwortung, ihren Anteil zum Schutz öffentlicher Güter beizutragen. Der Fall Shell weist aber auch auf ein Dilemma internationaler NGO-Kampagnen hin: Wie kann der Druck auf einen internationalen Großkonzern aufrechterhalten werden, wenn das Interesse der Medien sich anderen Themen zuwendet? Und wie kann verhindert werden, dass umweltbewusste Verbraucher einfach zur Konkurrenz abwandern, ohne zu wissen, ob deren Performance wirklich besser ist?

Demokratie- und Menschenrechtsaktivisten in Ländern wie Russland und China setzen trotzdem darauf, dass die Integration dieser riesigen Volkswirtschaften in den Weltmarkt auch für einen Demokratisierungsschub sorgt. Als der russische Ölkonzern Rosneft 2006 an die Börse ging, lautete eine Hauptfrage westlicher Investoren, wie es denn mit der unternehmensinternen Transparenz bestellt sei. Gefragt sind offene Auskünfte über Unternehmensabläufe, Umweltschutzstandards und Energieverbrauch genauso wie über die wirklichen finanziellen Verhältnisse und Beteiligungsgeschäfte dieser bisher im Schatten wirkenden Staatsunternehmen. Die russischen Energieriesen, wie die oben zitierte Rosneft, aber auch Gazprom und andere, müssen sich solchen Fragen stellen, wenn sie auf dem internationalen Kapitalmarkt nach Investitionsmitteln suchen. Chinas Energiegroßkonzerne haben sich diesem Anspruch bisher entzogen. Doch mit der zunehmenden Integration Chinas in den Weltmarkt wird der Druck auch auf Petrochina, Sinopec und Konsorten wachsen, Unternehmensbilanzen, Entscheidungsstrukturen und die Umweltauswirkungen ihrer Unternehmensaktivitäten offenzulegen.

Das Recht des Stärkeren oder die Stärke des Rechts?

Die Menschheit steht vor der Alternative, ob die Entscheidung über ihre gemeinsame Energiezukunft friedlich fällt oder ob in naher Zukunft Ressourcenkriege drohen. Wenn nicht das Recht des Stärkeren, sondern die Stärke des Rechts regieren soll, dann braucht die internationale Energiepolitik Regeln und Institutionen.

Ist für die edlen Prinzipien des Völkerrechts und für das feinziselierte Instrumentarium der internationalen Diplomatie wirklich Platz, wenn es bei der Sicherung der nationalen Energieversorgung doch um knallharte Realpolitik geht? Müssen Umwelt, Demokratie und Menschenrechte unter den Bedingungen eines sich beschleunigenden Wettbewerbs um knappe Energieressourcen nicht zwangsläufig auf der Strecke bleiben? Diejenigen, die sich für Realpolitiker halten, sehen die Realität aber oft mit falschen Augen. Zur Realität gehört eben auch, dass Kooperation auf dem Weg in eine nachhaltige und sichere Energiezukunft eher zum Erfolg führt als Konfrontation. In der Spieltheorie, einem interessanten Teilgebiet der Mathematik, in dem das wirtschaftliche und politische Verhalten verschiedener Parteien analysiert wird, gibt es den Begriff der »Co-opetition«. Co-opetition setzt sich zusammen aus den englischsprachigen Ausdrücken für Kooperation (cooperation) und Konkurrenz (competition) und beschreibt ein fruchtbares Wechselspiel aus beiden. Der Grundgedanke lautet, durch Kooperation einen größeren und besseren Kuchen zu backen, um anschließend in Konkurrenz um das größte Stück einzutreten. Das gegenteilige Modell sieht so aus, dass vor lauter Streit der Teller zu Bruch geht und alle die Krümel vom Boden aufheben müssen. Co-opetition ist eine gute Formel dafür, wie die Welt ihre gemeinsamen Energieressourcen bewirtschaften sollte. Konkurrenz belebt das Geschäft, ob auf dem Markt für Öl oder Solarenergie. Aber Konkurrenz und gezielte Kooperation werden sich in Zukunft stärker ergänzen müssen, wenn wir den Übergang zu einer nachhaltigen Energieversorgung schaffen wollen.

Für die Länder der Europäischen Union, die außer einer guten Infrastruktur und ihrem hohen technologischen Standard wenig eigene Ressourcen besitzen, gilt das in besonderem Maße. Am wichtigsten ist, dass die Europäer ihre Energie- und Klimapolitik in Zukunft als Einheit betrachten. Wenn Europas Diplomaten bei ihren Partnern in Indien und China die Einhaltung globaler Klimaschutzstandards anmahnen, europäische Unternehmen sich jedoch gleichzeitig rücksichtslos an der Ausbeutung der letzten Öl- und Gasressourcen der Welt beteiligen, wirken sie wenig überzeugend. Naivität wäre allerdings fehl am Platz. Solange unser Wirtschaftssystem mit Öl geschmiert und mit Gas beheizt wird, haben auch Europas Volkswirtschaften Interesse an einem verlässlichen Zugang zu diesen vorerst unverzichtbaren Ressourcen. Dazu gehört, dass europäische Energiekonzerne gleiche Rechte zur Exploration von Bodenschätzen und für Investitionen genießen wie die amerikanische, russische oder chinesische Konkurrenz. Gleichzeitig ist eine europäische Energie- und Klimapolitik aus einem Guss nur dann glaubwürdig, wenn die EU ihre Unternehmen auf Mindeststandards zum Umwelt-, Menschenrechts- und Minderheitenschutz verpflichtet. Daneben muss mit Hochdruck an der nicht-fossilen Zukunft gearbeitet werden.

Der Weg zu mehr Energiesicherheit führt nicht über ein geopolitisches Tauziehen mit Russland und anderen Großmächten, sondern über eine konsequente Umwelt- und Klimapolitik und die Schaffung eines allseits akzeptierten Rechtsrahmens, in dem Konflikte friedlich und nicht durch die Ausübung wirtschaftlicher oder militärischer Macht gelöst werden. Die Energieaußenpolitik der EU sollte sich deswegen sowohl am Ziel einer nachhaltigen Entwicklung als auch an der Durchsetzung völkerrechtlicher Prinzipien orientieren. Damit wäre schon viel gewonnen.

QUELLEN

Kapitel 1

BUNDESMINISTERIUM FÜR WIRTSCHAFT UND TECHNOLOGIE & BUNDESMINISTERIUM FÜR UMWELT, NATURSCHUTZ UND REAKTORSICHERHEIT: *Energieversorgung für Deutschland – Statusbericht für den Energiegipfel am 3. April 2006*

CLINGENDAEL INTERNATIONAL ENERGY PROGRAMME: *Study on Energy Supply Security and Geopolitics*, Final Report for the European Commission, Den Haag, 2004

DEUTSCHER BUNDESTAG (Hrsg.): *Nachhaltige Energieversorgung unter den Bedingungen der Globalisierung und der Liberalisierung.* Endbericht der Enquete-Kommission, Berlin, Bundestagsdrucksache 14/9400, 2002

DIAMOND, JARED: *Collapse – How Societies Choose to Fail or Succeed*, Viking, New York 2005

DIAMOND, JARED: *Guns, Germs, and Steel*, Norton, New York 1997

INTERNATIONAL ENERGY AGENCY: *World Energy Outlook 2005*, IEA, Paris 2005

INTERNATIONAL ENERGY AGENCY: *World Energy Outlook 2006*, IEA, Paris 2006

MITCHELL, JOHN ET AL.: *The New Economy of Oil – Impacts on Business*, Geopolitics and Society, Earthscan, London 2001

NORDHAUS, WILLIAM & JOSEPH BOYER: *Warming the World – Economic Models of Global Warming*, MIT Press, Boston 2003

PETERMANN, JÜRGEN (Hrsg): *Sichere Energie im 21. Jahrhundert*, Hoffmann und Campe, Hamburg 2006

SEIFERT, THOMAS & KLAUS WERNER: *Schwarzbuch Öl – Eine Geschichte von Gier, Krieg, Macht und Geld*, Deuticke im Paul Zsolnay Verlag, Wien 2005

Speth, James Gustav: *Wir ernten, was wir säen*, Beck, München 2005 (Ein aktualisiertes Vorwort zur US-Klimapolitik sowie weiterführende Beiträge finden sich auf der Webseite der Originalausgabe unter www.redskyatmorning.com)

Stern, Nicholas: *Stern Review on the Economics of Climate Change*, 2006,http://www.hm-treasury.gov.uk/independent_reviews/stern_review_economics_climate_change/stern_review_report.cfm

Süddeutsche Zeitung: *SZ Interview mit Lord Browne, »Das Öl geht uns nicht aus«*, SZ 1.6.2006

World Wide Fund for Nature (WWF): *No Energy Security without Climate Security*, 2006

Yergin, Daniel: *Ensuring Energy Security*, Foreign Affairs, Volume 85, No.2

»Arctic Climate Impact Assessment« (www.acia.uaf.edu)

www.arctic-council.org

www.peakoil.de

Kapitel 2

Brzezinski, Zbigniew: *The Grand Chessboard: American Primacy and its Geostrategic Imperatives*, Basic Books, New York 1997

Cooper, Robert: *The Breaking of Nations – Order and Chaos in the Twenty-First Century*, Atlantic Monthly Press, New York 2003

Deutsche Gesellschaft für Auswärtige Politik: *Jahrbuch Internationale Politik 2003/2004*, Oldenbourg Verlag, München 2006

Fischer, Joschka: *Die Rückkehr der Geschichte*, Kiepenheuer & Witsch, Köln 2005

Lovins, Amory: *Winning the Oil Endgame*, www.oilendgame.com

Oxford Research Group: *Global Responses to Global Threats, Sustainable Security for the 21st Century*, Briefing Paper, Juni 2006

Steinmeier, Frank-Walter: *Russland, Europa und die Welt – Perspektiven der Zusammenarbeit in globalen Sicherheitsfragen* – Rede von Bundesaußenminister Dr. Frank-Walter Steinmeier auf der 42. Münchener Konferenz für Sicherheitspolitik, 5.2.2006

Yergin, Daniel: *The Prize – The Epic Quest for Oil, Money and Power*, Free Press, New York 1991

Kapitel 3

ADOMEIT, HANNES: *Russische Iranpolitik – Globale und regionale Ziele, politische und wirtschaftliche Interessen*, SWP-Aktuell 7, Februar 2006

ARBATOVA, NADEZHDA: *Russia-EU Quandary, Russia in Global Affairs*, April–June 2006

DER SPIEGEL: *Die neue, alte Großmacht*, Der Spiegel 28/2006

ENERGY INFORMATION ADMINISTRATION: *Russia Country Analysis Brief*, U.S. Department of Energy 2006

EUROPÄISCHE SICHERHEITSSTRATEGIE, 12. 12. 2003, http://ue.eu.int/uedocs/cmsUpload/031208ESSIIDE.pdf

FRANKFURTER ALLGEMEINE ZEITUNG: *Berlin schlägt in der EU-Russlandpolitik »Annäherung durch Verflechtung« vor*, FAZ 4.9.2006

GÖTZ, ROLAND: *Europa und China im Wettstreit um Russlands Erdgas?*, SWP-Aktuell 18, April 2006

GÖTZ, ROLAND: *Russlands Erdöl und der Welterdölmarkt, Trends und Prognosen*, SWP-Studie, Dezember 2005

MIHM, ANDREAS: *Gas-Rambo im Diplomatenanzug*, Frankfurter Allgemeine Zeitung, 22.4.06

MÜLLER-KRAENNER, SASCHA: *Die Strategie der Europäischen Union gegenüber Russland und China*, Sicherheit + Stabilität, Mai 2006

RAHR, ALEXANDER: *Wladimir Putin. Der Deutsche im Kreml*, Universitas, Tübingen 2000

SIEGERT, JENS: *Die Pipeline, der Protest und der Präsident. Ein sibirisches Lehrstück über das System Putin*, Osteuropa 9/2006

SCHOLL, STEFAN: *Auf der Röhre sitzen*, brand eins, April 2006

TALBOTT, STROBE: *The Russia Hand. A Memoir of Presidential Diplomacy*, Random House, New York 2002

Kapitel 4

CHIPAUX, FRANCOISE: *Le dilemma nucléaire indien*, Le Monde, 2.3.2006

COMMISSION OF THE EUROPEAN COMMUNITIES: *A maturing partnership – shared interests and challenges in EU-China relations*, COM (2003) 533 fin.

Downs, Erica: *The Chinese Energy Security Debate*, The China Quarterly, March 2004

Energy Information Administration: *Country Analysis Briefs China*, August 2005, www.eia.gov/emeu/cabs/china.html

Gu, Xuewu & Kristin Kupfer: *Die Energiepolitik Ostasiens*, Campus, Frankfurt 2006

Ministry of Economy, Trade and Industry: *New National Energy Strategy*, Mai 2006, http://www.enecho.meti.go.jp/english/newnationalenergystrategy2006.pdf

Stumbaum, May-Britt: *Engaging China – Uniting Europe? European Union Policy towards China*, in: Munzu, Constanza & Nicola Casarini: EU Foreign Policy in an Evolving International System: The Road to Convergence, Palgrave MacMillan, Hampshire 2007

Wacker, Gudrun (Hrsg.): *Chinas Aufstieg: Rückkehr der Geopolitik?*, SWP-Studie, Februar 2006

Worldwatch Institute (Hrsg.): *Zur Lage der Welt 2006, China, Indien und unsere gemeinsame Zukunft*, Westfälisches Dampfboot, Münster 2006

Yale Center for Environmental Law & Policy: *2005 Environmental Sustainability Index*, http://www.yale.edu/esi/ESI2005_Main_Report.pdf

Kapitel 5

Europäischer Rat: *Europäische Sicherheitsstrategie – Ein sicheres Europa in einer besseren Welt*, 2003

Heinrich Böll Stiftung (Hrsg.): *Diaspora, Öl und Rosen – Zur innenpolitischen Entwicklung in Armenien, Aserbaidschan und Georgien*, Berlin 2004

Monnet, Jean: *Erinnerungen eines Europäers*, Hanser, München 1978

Kommission der Europäischen Gemeinschaften: *Grünbuch – Eine europäische Strategie für nachhaltige, wettbewerbsfähige und sichere Energie*, KOM (2006) 105 endg.

Müller-Kraenner, Sascha: *Ukraine and Europe's Energy*, Internationale Politik, Transatlantic Edition, Volume 8

Seifert, Thomas & Klaus Werner: *Schwarzbuch Öl – Eine Geschichte von Gier, Krieg, Macht und Geld*, Deuticke im Paul Zsolnay Verlag, Wien 2005

Vertrag über die Europäische Energiecharta, 1994

World Energy Council: *The Future of European Energy*, WEC, London 2003

Kapitel 6

Sen, Amartya: *Development as Freedom*, Random House, New York 1999

Friedman, Thomas: *The First Law of Petropolitics*, Foreign Policy 2/06

Worldwatch Institute: *Zur Lage der Welt 2005 – Globale Sicherheit neu denken*, Westfälisches Dampfboot, Münster 2005

www.arctic-council.org/

www.bankwatch.org

www.equator-principles.com/

www.freedomhouse.org

www.foejapan.org/siberia/ (Friends of the Earth Japan)

http://www.ifc.org/eir (Extractive Industries Review)

www.transparency.org

www.urgewald.de/

www.worldbank.org/afr/ccproj/ (Weltbank-Webseite zur Tschad-Kamerun-Pipeline)

Kapitel 7

Cirincione, Joseph: *Deadly Arsenals, Tracking Weapons of Mass Destruction*, Carnegie Endowment for International Peace, Washington 2002

Heinrich Böll Stiftung (Hrsg.): *Mythos Atomkraft*, Berlin 2006

Loske, Reinhard et al.: *Für einen neuen Realismus in der Ökologiepolitik*, www.loske.de, 2006

Mez, Lutz: *Auslaufmodell? Die Zukunft der Atomenergie in der EU*, in: Osteuropa 4/2006

Müller-Kraenner, Sascha: *European Neighbourhood Policy – Challenges for the Environment and Energy Policy*, Ecologic Briefs 2006

Opitz, Petra: *Strom aus erneuerbaren Energien. Stiefkind osteuropäischer Energiestrategie?*, in: Osteuropa 4/2006

Petermann, Jürgen (Hrsg.): *Sichere Energie im 21. Jahrhundert*, Hoffmann & Campe, Hamburg 2006

Wissenschaftlicher Beirat der Bundesregierung: *Globale Umweltveränderungen: Strategies for Managing Global Environmental Risks*, Springer, Berlin 2000

Kapitel 8

Brandenburger, Adam M. & Barry J. Nalebuff: *Co-opetition*, Yale School of Management, Doubleday, New York 1996

Carius, Alexander & Kurt M. Lietzmann (Hrsg.): *Environmental Change and Security – A European Perspective*, Springer, Berlin 1999

Die Bundesregierung: *Aktionsplan Zivile Krisenprävention, Konfliktlösung und Friedenskonsolidierung*, Mai 2004

Esty, Daniel C. & Maria Ivanova (Hrsg.): *Global Environmental Governance – Options & Opportunities*, Yale School of Forestry & Environmental Studies, 2002

Kaul, Inge; Isabelle Grunberg; Marc Stern (Hrsg.): *Global Public Goods – International Cooperation in the 21st Century*, Oxford University Press, London 1999

Reinicke, Wolfgang H.: *Global Public Policy – Governing without Government?*, Brookings Institution Press, Washington 1998

Thiele, Ralph & Hans-Ulrich Seidt (Hrsg): *Herausforderung Zukunft – Deutsche Sicherheitspolitik in und für Europa*, Report Verlag, Frankfurt am Main 1999

United Nations Development Programme: *Human Development Report*, UNDP 1994

DANKSAGUNG

Mein Dank geht an zahlreiche Freunde und Kollegen, die mir mit ihren Ideen und Hinweisen geholfen haben, dieses Buch zu schreiben. Zu ihnen gehören Marc Berthold, Maria Ivanova, Mi-Hyung Kim, Andreas Kraemer, Ikuko Matsumoto, Mika Obayashi, Olena Prystayko, Danyel Reiche, Andreas Wagner, Claude Weinber und viele mehr. Seunghee Ham hat mir mit Hintergrundrecherchen über die russische und asiatische Energiepolitik geholfen.

Viele der in diesem Buch vorgetragenen Ideen sind erstmals in der Zeitschrift »Kommune« erschienen, in der ich seit Ende 1998 eine regelmäßige Kolumne schreibe. Mein besonderer Dank gilt »Kommune«-Chefredakteur Michael Ackermann, der den ersten Kontakt zum Verlag herstellte. Nicht möglich gewesen wäre dieses Buch ohne die professionelle, sorgfältige und immer aufmunternde Begleitung von Susanne Eversmann vom Verlag Antje Kunstmann.

Ich möchte besonders dem Yale World Fellowship Programm danken, das es mir ermöglicht hat, vier Monate über das Thema dieses Buches nachzudenken. Hier geht mein ganz spezieller Dank an Daniel Esty und Kel Ginsberg.

Der größte Dank geht an meine Frau Karin Holl, nicht nur für die erste kritische Lektüre der Kapitel, sondern für ihre Hilfe in jeder erdenklichen Weise, sowie an Alexander und Nikolas Holl für viele gute Tipps und aufmunternde Worte.

Widmen möchte ich dieses Buch Christiane Knospe. Du kannst es leider nicht mehr in Händen halten.

Umschlagentwurf: Michel Keller, München,

Typografie + Satz: www.frese-werkstatt.de
Druck und Bindung: Pustet, Regensburg
ISBN 978-3-88897-470-0
1 2 3 4 5 6 • 10 09 08 07